中国商业文化遗产文库

学徒之外

清至民国山西商人实践性商业教育研究

魏晓锴 著

本书为用友基金会『商的长城』资助项目

GUANGXI NORMAL UNIVERSITY PRESS
广西师范大学出版社
·桂林·

学徒之外：清至民国山西商人实践性商业教育研究
XUETU ZHIWAI：QING ZHI MINGUO SHANXI SHANGREN SHIJIANXING SHANGYE JIAOYU YANJIU

出版统筹：汤文辉
出 品 人：乔祥飞
特约策划：李 振
冯丽婕
策划编辑：陈显英
责任编辑：刘洪洋
责任技编：王增元
书籍设计：张 普

图书在版编目（CIP）数据

学徒之外 ：清至民国山西商人实践性商业教育研究 / 魏晓锴著. -- 桂林 ：广西师范大学出版社，2025. 7. --（中国商业文化遗产文库）. -- ISBN 978-7-5598-8211-0

Ⅰ. F729

中国国家版本馆 CIP 数据核字第 2025CU1361 号

广西师范大学出版社出版发行
（广西桂林市五里店路 9 号 邮政编码：541004
网址：http://www.bbtpress.com）
出版人：黄轩庄
全国新华书店经销
三河弘翰印务有限公司印刷
（河北省三河市黄土庄镇二百户村北 邮政编码：065200）
开本：880 mm × 1 230 mm 1/16
印张：16.5 字数：250 千
2025 年 7 月第 1 版 2025 年 7 月第 1 次印刷
定价：148.00 元

序 言

自明代起，山西商人在中国商界创造了500年的辉煌历史。从明朝中叶开始，他们走出家门、跨越区域甚至国界，经营多种行业的商品贸易，至清代发展成为国内实力最为强劲的商帮。中华民国时期，随着时代的变迁，山西商人的贸易结构和贸易格局虽然发生了巨大变化，但在此期间仍保持了持续发展。山西商人经商事业能够获得长期发展，与其商业教育有密切关系。山西商人的商业教育极具特色：既包括父子相传、师徒相授的基础性商业教育，又涵盖规范指引、实际操作的实践性商业教育。其商业教育以经商知识和技能传授为核心，尤其体现在基础性学习和实践性操作方面。作为山西商人基础性教育和实践性教育的重要载体，清至民国的商业规程及教程不仅是山西商人商业实践的重要见证，更是山西商人经营的重要指导和取得成功的重要因素。

商业规程及教程真实记录了山西商人的经商智慧和经验，也为后代从事经商者提供了指导性教材。这些商业规程及教程多以纲目体书写，极大地方便了商号及商人在经商贸易过程中即时查阅参考。商业规程及教程的指导作用体现在对办货采买提供的提示和参考及对异域行商的指引和规范，它指导了山西商人在办货时采用合适的办买方式、严格把控货物规格质量、对货物进行精细化包装加工，对采买花销、加工花销和其他花销合理应付；它提示了贯穿南北东西经商贸易的详细线路和不同路线水陆交通方式的灵活选择，极大地便利了山西商人在各地的贸易经营；它记载了各地的集市的日期，便利了山西商人对集市市场的把控。商业规程及教程内容为商业活动和商人生活服务，涉及诸多行业领域，不仅指导商业活动的各项事宜，还关注到商人生活的细节问题。

明清以来山西商人纵横千万里，足迹遍天下，在盐、铁、茶、粮、布、金融等行业均取得不凡的成就。研究山西商人的成功之道，探讨山西商人的兴衰成败，是明清社会经济史研究经久不衰的课题。多年来，研究山西商人的成果不少，对山西商人教育的整体关注也不少，但以商业规程及教程为对象进行专题研究的学者和成果则不多。魏晓锴先生的《学徒之外：清至民国山西商人实践性商业教育研究》以清至民国的商业规程及教程为切入点，对这一时期山西商人实践性商业教育进行全面、深入考察，洋洋20余万言，这在国内外学界尚不多见。他为山西商人及其商业教育史研究做了一件很有价值的事情。这本书得以出版，值得祝贺！

明清以来，作为国内商帮之首的山西商帮不但进行国内贸易，而且进行跨国贸易，一度发展成为国际性重要商帮。山西商人的成功之道、特色优点、衰落原因乃至经验教训究竟是什么？这是商业史、经济史、社会史研究者长期关注的极富魅力的学术课题，也是当下关心此研究的读者想要获得的答案。看了魏晓锴先生这部《学徒之外：清至民国山西商人实践性商业教育研究》专题研究著作，我觉得从实践性商业教育的角度可以找到答案。该书不但另辟蹊径，令人耳目一新，而且史料翔实，论之有据，殊为可信，可以说是一部很有思想见地的学术著作。

这部著作分绪论、上篇和下篇三部分。绪论包括本书缘起，学术史回顾，研究主题的界定与解析，研究思路、方法与创新等内容。上篇为《清至民国山西商人商业规程及教程研究》，共分7章和结语。书中运用大量研究个案，借助办茶规程、办布规程、办杂货规程、集市规程、山西杂字、外语读本、商业课本等历史资料，详细展示清至民国山西商人实践性商业教育的内容，进而探讨其功能、特征及变迁，重新审视山西商人的经营方式和经营特色，深刻揭示山西商人经营的成功之道。整体而言，这本书从山西商人经商特色着眼，将商业史与商业知识史、商业制度与商务实践、商品经济发展与商业技能培训、商业网络与区域经济等专题研究进行较好结合，开拓出许多新的学术内涵，有助于推动近代商业史、经济史、教育史等学科的发展。下篇为《清至民国山西商人商业规程及教程整理节录》，对具有代表性的4种商业规程及教程、部分山西杂字等进行整理、标点和校对，使之成文可读，为本书增加了历史厚重感。魏晓锴先生可谓学有用心，肯动脑筋，能下苦功，难能可贵！

本书研究的是山西商人，传播的是晋商文化；研究的是商业教育，传播的是智慧经验。作者之所以能够较好地呈现山西商人商业教育的实践性内容，是因为他较为系统地掌握与使用了大量清至民国山西商人商业规程及教程等第一手史料。这些珍贵的商业史料为读者提供了清至民国山西商人丰富的商务经营实践知识：从行商路程到贸易集市，从纳费负税到货品定价，从看货验货到区域特产，从职业伦理到商业技能，从营销宣传到商品开发，等等，呈现出山西商人商务活动与商业教育的大量实情。借助这些近似于碎片的细节记录，读者可以了解山西商人商务活动与商业教育最为真实的一面。

这本书是作者历时5年，辗转晋、豫、鄂等地完成的，其间经历疫情的困扰，备尝写作的艰辛，这种执着的精神令我甚为感动。我与作者初次见面，知悉他是山西清徐人，2013年毕业于南京大学历史系，在山西工作10多年，深受三晋文化的熏陶，对晋商研究情有独钟。工作以来，他先后主持山西省社科联重点课题“万里茶道上晋商会馆开发与保护研究”、中国侨联课题项目“蒙古独立后山西旅蒙商人研究”，还曾参与《中国茶全书》茶规程的编纂。2019年，他成功申请用友基金会“商的长城”重点项目“清代民国山西商人商业教育史料整理与研究”。他在教学之余潜心钻研，笔耕不辍，刻苦耐劳，孜孜以求，终于写出了这部大作，蹚出了一条研究晋商商业史及教育史的新路子，值得肯定。

晋商文化不但是山西特有的历史文化遗产，而且是中华民族的优秀传统文化。习近平总书记高度评价晋商精神，充分体现了晋商在中国经济史中的重要地位。晋商文化内涵值得进一步研究，晋商精神内涵值得进一步挖掘。通过这部著作，作者力求把晋商所代表的三晋文化传播给全国人民，把晋商身上所体现的中华优秀传统文化传播给世界人民。该书的价值在于通过全面系统梳理晋商商业智慧，深入挖掘三晋文化底蕴，推动山西优秀传统文化创造性转化、创新性发展，使之绽放出新的时代光彩，展现出新的蓬勃生机，为全面建设社会主义现代化国家、助推山西转型发展提供理论参考和智力支撑。我相信，魏晓锴先生的这部《学徒之外：清至民国山西商人实践性商业教育研究》的出版一定能够引起学界的关注和反响。

是为序。

张正明

2024年3月

（张正明先生是著名晋商研究专家，研究员，博士生导师，享受国务院政府特殊津贴。曾任第十届全国政协委员、山西省政协副主席、民进中央常委、民进山西省委主委、山西省社会科学院副院长、山西省晋商文化研究中心主任、中国商业文化研究会副会长、山西省历史学会会长。）

目 录

绪 论

上篇 清至民国山西商人商业规程及教程研究

下篇　清至民国山西商人商业规程及教程整理节录

绪　论

一、本书缘起

山西是中华民族的发祥地之一，有着3000年之久的文字记载的厚重历史和独特的历史地理地位。在这一相对完整、封闭的区域，明朝以来的山西商人留下了浓墨重彩的一笔。山西商人从明朝中后期开始崛起，发展到清代，已经成为国内实力最雄厚、经营范围最多元的跨国商人团体，被列为国内十大商帮之首。这一时期山西商人名满中华，饮誉欧亚，业绩辉煌，举世瞩目。至民国时期，随着时代变迁，社会急剧变化，山西商人的商业发展路径与商业教育模式也在发生显著变化，但事业仍得以发展，这与其以代际传承为主要特色的商业教育有着密切的关系。山西商人的商业教育，既包括父子相传、师徒相授的基础性商业教育，又涵盖规范指引、实践操作的实践性商业教育。商业教育的核心是经商知识和技能的传授，它需要基础性的学习和实践性的操作。从某种意义上说，掌握不同的行业技巧、遵循各地的市场惯例、学习各地的语言习俗、了解不同的地理环境、熟悉各地的气候条件等，都是山西商人不断学习和实践的内容。

山西商人在长期的商业经营历程中形成了自身特有的商业教育模式，也留下了大量丰富的商业教育史料。商业教育史料包含诸多内容，其中既有基础性商业教育资料，又有实践性经商教育素材。山西商人的实践性商业教育史料极具特色，包括商品属地、办货采买、行路堆栈、雇工行用、运输线路、银色平码、市场惯例、地理气候、语言风俗等多种行业信息，是他们总结自己的经商经验，在实践过程中形成的宝贵财富。近年来，随着学界对山西商人民间文献的发掘和整理，诸多大型史料丛书先后问世，其中不乏清至民国山西商人实践性商业教育素材，而最具代表性的就是商业规程及教程。不过通过梳理不难发现，目前学界关于山西商人的研究，多从碑刻、账簿、票据、信稿、运单、合同等视角进行探讨，关于商业规程及教程的研究成果却不多，可以说与其庞大的数量和丰富的内容不相匹配。因此，一方面有必要对山西商人商业规程及教程进行系统整理，另一方面也有必要从这一角度入手重新审视学界对于山西商人经营方式和经营特色的认识，进一步探讨山西商人的实践性商业教育问题，揭示山西商人商业经营的成功之道。

山西商人实践性商业教育史料是山西商人商业智慧的结晶，也是后代经营者的教材，本书旨在对清至民国山西商人商业规程及教程进行全方位的整理和系统的研究。首先，从目前学界既有研究角度，提供新视野、新方法、新问题。从商业规程及教程角度探讨实践性商业教育问题是前辈学者没有关注或没有廓清的，比如山西商人办货如何进行、加工如何开展、转输如何完成、营销如何实现、异域如何交流等；以商业规程及教程的角度观察山西商人具体的商业经营，也是山西商人研究较为欠缺的，是一种新的尝试和突破。其次，从行业角度，以茶叶、布匹、纸品、粮食等行业为切入点进行梳理和探讨，以丰富行业史的相关领域研究。再次，从文献的角度，本书对商业规程及教程进行全面、系统的整理，在此基础上予以深入、细致的探讨，以充实文献学方面的相关研究。商业规程及教程内容丰富，是清至民国山西商人亲身经历的经营实践和商业智慧的结晶，是研究这一时期的经济史、社会史、教育史、文化史等领域不可或缺的重要史料。深入系统地整理和研究这些史料，无论是对于深化山西商人、商帮史的研究，还是对于商业教育、商业文化的研究，都具有重要的学术意义。

晋商精神和晋商文化是当代中国商业精神和商业文化关注的重点和热点。习近平总书记在山西考察调研时指出："山西自古就有重商文化传统，形成了诚实守信、开拓进取、和衷共济、务实经营、经世济民的晋商精神。"习近平总书记还强调，要坚定文化自信，深入挖掘晋商文化内涵，更好弘扬中华优秀传统文化，更好服务经济社会发展和人民高品质生活。深入挖掘晋商文化内涵，传承弘扬晋商精神，对于牢记习近平总书记嘱托，担当时代使命，全方位推动新时代经济高质量发展有着极其重要的意义。

晋商精神的内涵是丰富的，晋商文化也不只是诚信文化。清至民国商业规程及教程体现的是山西商人标准化的生产、专业化的营销和系统化的传承。研究历史时期的商业规程及教程，不仅有助于更加深刻地丰富和诠释晋商精神和晋商文化，还有助于为现代商业和现代企业提供一个良性的标准，对于新时代再造"新山西"、建立"新晋商"的目标，展示新时代新商人的良好形象十分重要。从实践性商业教育研究山西商人，从商业规程及教程探寻晋商精神文化，以此传承晋商精神精髓，才能更好地引导今天的商人树立良性经商意识，促进商业活动的健康发展，维护市场秩序的良性运行。

二、学术史回顾

明清以来山西商人在中国商界创造了500年的辉煌历史，不但取得了令人瞩目的成就，而且在我国商业发展史上占有举足轻重的地位，对后世影响深远。山西商人从明代中叶起开始走向兴盛，尤其到了清代，发展成为实力强劲的一支商旅。山西商人贸易的成功，除了拥有坚韧不拔、诚信经营的品质，更与其善于把握机遇、长期积累商业经验、代际传承、与时俱进密切相关。学界对明清时期山西商人的关注和研究自20世纪初开始，从票号金融、万里茶路、商贸经营、商业伦理等几个方面重点展开，既有相关史料的整理汇编，也有整体史的梳理把握，还有行业史的个案研究，当然更多的是对晋商文化、经营管理、兴衰成败等问题的深入探讨。就山西商人商业教育这一主题，学界专门性研究成果亦陆续呈现，主要从整体研究、职业教育、家庭教育、社会教育几个方面展开，具体如下：

山西商人商业教育整体研究主要围绕商业道德伦理、价值观教育展开。在著作方面，具有代表性的是郭三娟的《晋商五百年·崇儒重教》，从儒商角度分析教育，并从家庭教育、私塾教育、道德教育及国外游学等诸多方面着手，详细介绍了商业教育的重要内容，突出了“崇儒重教”的特色。[①]在论文方面，柴国珍的《明清山西商业教育摭论》从树立商业价值观、商业道德伦理教育、商业知识与技能传授、商业人才选拔与培养4个方面探讨商业教育，认为重视商业教育的浓厚氛围为山西商人驰骋商界500年培养了大批的商业人才。[②]张小明的《明清晋商商业教育研究述略》尝试从晋商重视商业教育这一现象入手，解释晋商长盛不衰和商业教育之间的内在联系，对商业伦理道德培养、知识传授、技能训练进行了分析。[③]栗丽枝的《清末民

① 刘建生主编、郭三娟著：《晋商五百年·崇儒重教》，山西教育出版社，2021。

② 柴国珍：《明清山西商业教育摭论》，《太原师范学院学报（社会科学版）》2004年第4期。

③ 张小明：《明清晋商商业教育研究述略》，《中北大学学报（社会科学版）》2009年第2期。

国晋商商业教育转型研究》则是对晋商传统商业教育与新式商业教育的比较研究，认为传统商业教育重视商业道德培养，近代商业教育则是移植西方商业人才培养模式来培养新式商业管理人才，采用补习学校教育与学徒制相结合的模式培养下层商业人才。[①]王兆熙的《晋商的商业教育研究》对晋商重视商业教育的原因进行了分析，在此基础上围绕商业教育的理念、形式、内容和影响展开探讨，认为商业教育磨砺了晋商优秀的品质，提升了晋商的商业技能，也间接影响了本地的社会风气和营商环境。[②]此外，商雅琼的《论明清晋商的教育观》和闫彩丽的《清代晋商教育研究》探讨的是晋商群体的教育，从重教原因、教育观念、教育途径、教育特色等方面揭示了晋商教育的独特之处，其中也涉及晋商的商业教育。[③]关于山西商人商业教育整体研究，值得一提的是张丽的《清代民国晋商商业教育研究：以商书为中心》，认为晋商一方面通过商号中师徒相授在实干中积累经验，另一方面通过具体商业教育读本得到理论的提升。其研究选取晋商商业文书为切入点，从知识教育、技能教育、规范教育、伦理道德教育等方面展开探讨，认为商业教育方法和内容相得益彰，成为山西商人发展壮大的重要因素。[④]

职业教育作为山西商人商业教育的核心环节，主要涉及商人职业技能培养，集中体现在山西商人学徒制方面的探讨。殷俊玲的《晋商学徒制习俗礼仪初考》对晋商学徒制礼俗进行了详细论述，认为它包括入门前的考察习俗、请进后的培养礼仪、出班前的考验3个方面，呈现出程式化和地域化特点，为晋商成功营造了良好氛围。[⑤]王林的《明清时期晋商学徒制教育的思考》探讨了学徒培养与晋商成就、传统教育之间的关系，认为其教育内容具有很强的实用性，教育过程更具实践性，培养了一批经世致用的商业人才。[⑥]杨力、陈焕章的《清代晋商学徒制职业道德教育特点初探》和白燕玲的《明清晋商学徒教育

---

① 栗丽枝：《清末民国晋商商业教育转型研究》，硕士学位论文，上海师范大学，2022。

② 王兆熙：《晋商的商业教育研究》，硕士学位论文，太原师范学院，2023。

③ 商雅琼：《论明清晋商的教育观》，硕士学位论文，华南师范大学，2007；闫彩丽：《清代晋商教育研究》，硕士学位论文，陕西师范大学，2011。

④ 张丽：《清代民国晋商商业教育研究——以商书为中心》，博士学位论文，河北大学，2021。

⑤ 殷俊玲：《晋商学徒制习俗礼仪初考》，《山西大学学报（哲学社会科学版）》2005年第1期。

⑥ 王林：《明清时期晋商学徒制教育的思考》，《菏泽学院学报》2018年第6期。

的当代应用价值》侧重从职业道德教育角度展开，分析了职业道德教育的目的和内容，讨论了其当代价值。[①]高瑞皎的《山西近代的商业教育研究（1902—1937年）》探讨的是近代山西整体的商业教育，其中对晋商学徒的商业教育有专门章节论述，认为学徒选拔、训练方式、培训内容等一系列的商业人才培养模式，为后期新式商业教育的开办奠定基础。[②]陆慧、张杨的《山西商号教育特点解析》认为，山西商人专业教育的主要形式是学徒制，它大大促进了山西商业尤其是票号的发展，成就了一批又一批商人，也成为我国近现代职业教育的萌芽。[③]此外，黄鉴晖的《晋商经营之道》，刘建生、刘鹏生的《晋商研究》和张正明、张舒的《晋商兴衰史》，对晋商的员工选拔、培训、薪酬、激励、任免和日常行为管理制度方面进行了比较翔实的论述，其中涉及山西商人学徒制培养教育。[④]李存华的《明清晋商人力资源管理研究》，许晓静的《明清晋商的教育理念及其对经营战略的影响》，丁丽芳、刘建军的《晋商票号人力资源管理特色分析》，宁若男、潘瑞凯的《浅谈明清晋商企业人力资源管理中的激励与约束机制》，李蕾的《明清晋商管理经营中人员激励问题研究》等重点对顶身股、荐举担保制、学徒制等进行论述，从员工技能提升、人员激励等角度勾勒晋商商业教育的整体面貌。[⑤]以上研究多侧重从经济学及管理学的视角去探讨晋商经营管理，其中涉及晋商员工及学徒的管理及教育，可以说是广义上的山西商人商业职业教育。

家庭教育作为商业教育的发起点，对于山西商人这样具有代际传承性、

---

① 杨力、陈焕章：《清代晋商学徒制职业道德教育特点初探》，《青岛职业技术学院学报》2016年第2期；白燕玲：《明清晋商学徒教育的当代应用价值》，《成都中医药大学学报（教育科学版）》2021年第4期。

② 高瑞皎：《山西近代的商业教育研究（1902—1937年）》，硕士学位论文，山西大学，2020。

③ 陆慧、张杨：《山西商号教育特点解析》，《东方企业文化》2013年第4期。

④ 黄鉴晖：《晋商经营之道》，山西经济出版社，2001；刘建生、刘鹏生：《晋商研究》，山西人民出版社，2005；张正明、张舒：《晋商兴衰史》，山西经济出版社，2010。

⑤ 李存华：《明清晋商人力资源管理研究》，中国农业大学出版社，2018；许晓静：《明清晋商的教育理念及其对经营战略的影响》，《晋中学院学报》2009年第5期；丁丽芳、刘建军：《晋商票号人力资源管理特色分析》，《人力资源管理》2012年第2期；宁若男、潘瑞凯：《浅谈明清晋商企业人力资源管理中的激励与约束机制》，《经济师》2019年第1期；李蕾：《明清晋商管理经营中人员激励问题研究》，硕士学位论文，北京邮电大学，2022。

延续性群体来说至关重要。目前学界关于这一领域的研究主要体现在狭义的商人家庭和广义的商人家族两个方面。首先是山西商人家庭的商业教育研究，涉及商业教育的宗旨、目标、范式和内容等。在著作方面，程光、梅生的《儒商常家》以晋商常家为代表，阐述了商人家庭对读书求学的高度重视，注重读书与做人都要讲求诚信的原则，是为商业教育之根本。[①]古敏的《中国第一商道》提出，晋商家庭教育首先以口头传授和读书为要，先教做人，再教经商，成人方可行商。[②]在论文方面，史良的《明清晋中商人家庭教育初探》认为，明清时期晋中商人普遍重视家庭教育，主要内容包括商业经营教育、中国传统文化教育、入仕教育3个方面，并对重视家庭教育的原因及影响进行了分析。[③]李楠的《明清时期晋、徽商家庭教育研究》则是对晋商家庭教育的比较研究，在对两地商人进行概述的基础上分析了家庭教育的形成背景，从德育内容、智育内容、教育方法3个层面阐释了家庭教育思想，并深度总结了其当代启示。[④]张正明、高春平的《晋商王文素及其〈新集通证古晋算学宝鉴〉》以晋商王文素为例，详细记述了山西商人在长期经营活动中形成的记账制度，而这些在子女接管家族事业的家庭教育中有所体现。[⑤]其次是山西商人家族的商业教育研究。家族教育是家庭教育的延伸，可以说是广义的家庭教育。乔南的《明清山西商人家族教育制度初探》认为，明清时期山西商人家族教育制度随着其经营活动的发展而呈现出不同的发展阶段，经历了为经世致用而习儒—为入仕而习儒—为经世致用而习儒这样一个循环往复的过程。[⑥]王秀玲、万强的《明清时期晋商家族教育浅析》认为，晋商家族教育内容主要是传统思想文化教育和职业技术教育，并对其与商业发展和家族兴盛的互动关系进行了分析。[⑦]刘秋根、张强的《从“武氏家书”看晋商家庭教育》和廖声丰、孟伟的《明清山西商人的家族教育文

---

① 程光、梅生编著：《儒商常家》，山西经济出版社，2004。

② 古敏：《中国第一商道》，金城出版社，2004。

③ 史良：《明清晋中商人家庭教育初探》，《教育理论与实践》2018年第6期。

④ 李楠：《明清时期晋、徽商家庭教育研究》，硕士学位论文，太原科技大学，2015。

⑤ 张正明、高春平：《晋商王文素及其〈新集通证古晋算学宝鉴〉》，《晋阳学刊》1994年第1期。

⑥ 乔南：《明清山西商人家族教育制度初探》，《教育理论与实践》2007年第21期。

⑦ 王秀玲、万强：《明清时期晋商家族教育浅析》，《历史教学（高校版）》2007年第4期。

化——以山西商人规程和武氏家书为例》则是以山西商人家族文书“武氏家书”为切入点，对晋商家族教育展开探讨：前者认为晋商家庭教育主要表现在引导个人品性的锤炼、重视读书习字的锻炼、注重生意技能的培养3个方面；后者则指出明清时期山西商人家庭教育和家族家风及其代际传承与山西商人专门化、职业化教育有机结合，对其经商活动产生的重要影响。[①]晋商常家是家族教育的典型，白明东的《晋商常家的家族教育》和郭鑫鑫的《明清晋商常氏家族德育思想研究》围绕常家的家族教育展开讨论：前者对家族教育的概况、目的、理念、途径进行分析，认为常家通过多种教育途径为商业经营输送了大批学高品优的人才；后者则重点围绕德育思想背景、内容、方法及启示予以探讨，指出德育教育兼具商业和文化特色，不断巩固家族事业的发展。[②]

社会教育作为山西商人商业教育的重要补充，对商人和商帮团体的形成有着重要的影响。学界对于这一方面的研究，侧重结合社会环境阐释其对山西商人群体的影响，主要涉及崇儒重教、捐赠助学、倡导女学等方面。张志娟的《明清晋商教育观的探讨——以“弃儒从商”与“儒商相通”为视角》对明清山西的商业教育风气进行了概述，认为其对晋商的商业教育观产生了重要影响。[③]商雅琼的《明清晋商的伦理道德教育与晋商的成功》指出晋商深深扎根于中华文化的沃土中，儒家文化对其影响深刻，在商场中践履恪守深入骨髓的儒家伦理道德规范，铸就了晋商的辉煌。[④]赵海涛、胡海桃的《试论明清晋商公益伦理思想》认为，晋商公益伦理是明清社会文化和山西本地文化综合作用的结果，大体分为商捐官用、宗亲慈恤和乡友济困3个大类，使晋商与上中下层民众都保持了良性互动，拥有了财富并赢得了名望。[⑤]山西商人

---

① 刘秋根、张强：《从“武氏家书”看晋商家庭教育》，《山西档案》2015年第6期；廖声丰、孟伟：《明清山西商人的家族教育文化——以山西商人规程和武氏家书为例》，《运城学院学报》2023年第4期。

② 白明东：《晋商常家的家族教育》，《太原师范学院学报（社会科学版）》2008年第4期；郭鑫鑫：《明清晋商常氏家族德育思想研究》，硕士学位论文，山西师范大学，2014。

③ 张志娟：《明清晋商教育观的探讨——以“弃儒从商”与“儒商相通”为视角》，《济南职业学院学报》2016年第3期。

④ 商雅琼：《明清晋商的伦理道德教育与晋商的成功》，《山西档案》2007年第2期。

⑤ 赵海涛、胡海桃：《试论明清晋商公益伦理思想》，《郑州轻工业学院学报（社会科学版）》2015年第2期。

女子教育作为社会教育的重要方面，目前研究较为集中。刘莹的《明清时期晋商女子德育的内容、方式及特征》探讨了晋商女子贞节观念、孝义思想及其他道德品质，并对明清时期晋商女子道德教育的方式进行了深入论述。[①]随着科举制的废除和新式学堂的兴起，学校教育提上日程，关于山西商人与新式女子教育的研究亦是学者关注的重点。王瑛的《近代晋中商人的新式教育研究（1903—1937）》对社会转型背景下的新式教育进行研究，其中囊括了晋中地区山西商人创办女子教育部分，分析了晋中商人创办女子教育的原因，并对榆次常家、祁县女子学堂具体案例展开探讨。[②]费欢的《晚清晋商女子教育内容初探——以晋中地区为中心》从传统文化知识、品德教育和行为规范、经商知识与技能3个方面对晋中地区山西商人的女子教育进行剖析，认为晋商由于长期在外经商，见识广博，容易接触新思想、新事物的职业独特性，女子教育在传统社会中别具一格。[③]她的硕士论文《近代社会变迁下的晋商女子教育研究（1840—1937）》以时间为序，对晚清时期和民国前期的晋商女子教育进行了详细考察，认为伴随政治、经济、社会、文化改变和晋商家族的转型，晋商女子教育在宗旨、内容、方法、管理等方面不断完善，并对家族商业和近代教育产生重要影响。[④]

此外，山西及各地文物部门、博物馆及私人收藏家还收藏各种山西商人商业抄本，诸如《商人要录》《贸易须知》《交易须知》等经商手册，对商业教育的研究极具意义。这类经商手册出现的时间多在明清时期，学界称之为“商业书”“商人书”“商书”，曾引起学者关注。陈学文的《明清时期商业书及商人书之研究》对明清时期全国各地商业书种类及内容进行概述，并以商业书来探讨商人的经商行为、商品流通、水运交通发展等。[⑤]孙文学的《从商业教科书看明清晋商教育思想》将其称为“商业教科书”，认为

① 刘莹：《明清时期晋商女子德育的内容、方式及特征》，硕士学位论文，山西师范大学，2013。

② 王瑛：《近代晋中商人的新式教育研究（1903—1937）》，硕士学位论文，山西师范大学，2014。

③ 费欢：《晚清晋商女子教育内容初探——以晋中地区为中心》，《今古文创》2021年第22期。

④ 费欢：《近代社会变迁下的晋商女子教育研究（1840—1937）》，硕士学位论文，山西师范大学，2022。

⑤ 陈学文：《明清时期商业书及商人书之研究》，台北洪叶文化事业有限公司，1997。

它是选拔和培养商业人才的教材。[①]值得一提的是，复旦大学张海英的系列论文及著作《走向大众的“计然之术”：明清时期的商书研究》对明清时期的商业文书进行了研究，称之为“商书现象”。[②]张海英探讨的重点是明清商书的基本状况及时代背景，对于本书的写作启示良多。从研究史料看，该研究对于清至民国山西商人的商业规程及教程所涉不多，时间范围主要是明清时期。事实上，步入近代以来，随着社会变化，山西商人商业文书也在变化，新事物如电报、火车、轮船等出现，新的经商要素体现在商业规程中，团体制度、法律法规、提倡国货等体现在商业教程中，这对山西商人的经营模式和商业教育所产生的重要影响，值得进一步探讨和总结。

综上所述，学界在山西商人商业教育领域的研究大多着眼于该社会群体的教育范式、内容与方法等，并从择业观、教育观、道德观等方面进行探讨。前人有关山西商人商业教育的研究成果为本书的写作提供了重要的文献参考和前期学术支撑，但该领域研究仍有深入拓展的空间。第一，已有的山西商人史料有待新的解读与利用，新的民间文献亟待继续深入挖掘与整理。以往学术研究表明，已有的晋商教育研究大多集中在家族、家庭基础教育，对商业教育，特别是对实践性商业教育的史料整理与研究不足。明朝以来山西商人书写了500年的辉煌史，其中商业经验和智慧的总结和传承至关重要。山西商人商业教育更多通过商业实践进行代际传承，因此对其商业规程及教程进行系统整理与研究，有助于推进晋商学及史料学发展，探寻更具特色的实践性商业教育模式，从而丰富中国传统商业教育整体史的研究。第二，对山西商人商业教育的整体史与比较的研究不足。明清以来山西商人商业教育并非孤立的，它与区域社会紧密关联，因而商业教育的研究不能仅停留在教育本身，而应该将其放在一个总体史的大背景中寻找新的学术问题。“透过教育看晋商，走出晋商看教育。”通过商业教育史料整体梳理与比较分析，将之融入明清以来的山西商人研究背景中。我们要了解的不仅是山西商人的商业贸易经营，更重要的是对不同行业、地域、时间的商业教育进行比较分析，发掘其特色。第三，对山西商人实践性商业教育研究不足。中国

① 孙文学：《从商业教科书看明清晋商教育思想》，载《纪念〈教育史研究〉创刊二十周年论文集（4）——中国学科教学与课程教材史研究》，出版地不详，2009。

② 张海英：《走向大众的“计然之术”：明清时期的商书研究》，中华书局，2019。

传统商业教育的研究，从内容上看，一定程度上对有关区域商业与市场变迁中商业教育实证研究不足。对于山西商人长期以来经商贸易经验与智慧代际传承的实践性商业教育，虽然也有学者进行过探讨，但是从总体研究来看还显得较为薄弱。明朝以来山西商人兴盛时间长、活动地域广，尤其是清至民国，时代发生急剧变化，可以将其作为一个整体思路，通过对实践性商业教育的研究，探讨明清以来山西商人整体的成败得失。

三、研究主题的界定与解析

（一）研究主题及相关概念

本书的研究主题为“清至民国山西商人实践性商业教育”，研究主体是清至民国山西商人实践性商业教育史料，具体是指这一时期山西商人以传授实践性经商知识技能为主的商业规程及教程。清代和民国时期是山西商人经商事业发展的高峰，尤其步入近代，随着商品结构变化，专业分工越来越细，应运而生的以手写传抄为主，少数为印刷出版的商业规程及教程大量出现和传播，说明这一时期山西商人的商业教育模式已经从以父子相传、师徒相授的基础性商业教育为主，过渡到重视商业知识和经验系统传授的实践性商业教育。这些商业规程及教程，从形式上来看是陈述已经发生的经历，是事实性的；从功能上来讲是服务即将开展的商贸，是规范性的。它们在静态的文本范式方面蕴含培训教材的意义，而在动态的经商实践方面具有操作要领的性质。为数众多的商业规程和教程所涉内容十分丰富，为我们提供了当时商品生产、流通、交易、消费乃至社会生活的方方面面，既是清至民国山西商人经商的范本和指引，也是我们研究清至民国商业教育的重要资料。商业规程及教程包含了实践性商业教育的丰富内容，反映了清至民国山西商人商业活动的专业技术、基本准则和学习理念，是这一时期山西商人经商经验和智慧的高度总结。对其进行深入研究，有助于我们进一步了解清至民国山西商人的经商实践和经营实态，探索社会变迁时期实践性商业教育的特征。

本书的研究对象是清至民国山西商人实践性商业教育，可从两个层面加以理解：一是作为经商实践的组成部分，对山西商人商业史的研究；二是作为商业教育的经验总结，将实践性商业教育史料作为山西商人商业教育史整体或个案的研究。本书的时间范围是清至民国，从实践性商业教育的角度，结合时段、区域、行业等特点，对山西商人商业经营之道进行研究和探索。

本书所依托的实践性商业教育史料，是清至民国山西商人在商业实践过程中形成的一些针对性较强的经商经验、商业知识及其他多种信息文本，分为规程和教程两大部分。

规程是收藏界按照同一类型的商人文书给出的名词界定。《现代汉语词典》将“规程”定义为“对某种政策、制度等所做的分章分条的规定”[①]。另外，规程也可细论为“规则”和“程序”，《近现代汉语辞源》将“规则”定义为“在形状、结构或分布上合乎一定的方式”[②]，将“程序”定义为“事情进行的先后次序”[③]。从以上概念可以看出，“规程”一般是指某一团体、某一单位为了指导和规范所属成员的行动，保证整体工作质量，以文书形式制定的工作规定。清至民国的山西商人留下的“规程”，是学界及收藏界对现存这类民间商业文献中同一类型的规则、流程等文本的统称，也是山西民间商业文书中最具特色的一部分。从内容来看，这些规程就是指导商人如何进货、如何堆栈、如何雇工、如何加工、如何与官府及地方打交道、如何换算银色平码、如何缴纳厘税、如何运输、如何包装等的手册。与基础性商业知识教授不同，这些商业技能是通过实践来掌握的。也就是说，这些小册子是在商业实践中总结并编写出来的，其教育作用也是在商业实践中体现出来的，因此成为典型的实践性商业教育素材。笔者曾指出，办茶规程“是山西茶叶商人在长期的茶叶贸易过程中形成的经商经验与智慧的总结”[④]，办布规程“是其商业智慧的结晶，也是后代经商者的教材”[⑤]。孟

① 中国社会科学院语言研究所词典编辑室编：《现代汉语词典》，第7版，商务印书馆，2016，第490页。

② 黄河清编著：《近现代汉语辞源》上册，上海辞书出版社，2020，第592页。

③ 黄河清编著：《近现代汉语辞源》上册，上海辞书出版社，2020，第180页。

④ 魏晓锴：《从办茶规程看清代民国山西商人茶叶贸易》，《福建论坛（人文社会科学版）》2021年第1期。

⑤ 魏晓锴、冀苗：《从办布规程看清代民国山西商人布业贸易》，《近代中国》2021年第2期。

伟等指出，山西商人的商业规程是“收藏界给出的界定，多半是依照文本形式、样式或者初步的内容等直观的角度给出‘称谓’”[①]。晋商文化基金会编《办布规程》中提到，山西商人商业规程是“对经商活动过程的要求和规定”[②]。商业规程是山西商人在长期商业经营中的商贸活动记录和经商经验总结，既是山西商人经营活动的过程文书，又是办货贸易的行动指南。

山西商人的商业规程是经商实践中用来传授的规范化学习文本和程式化操作手册，其种类多样，其中的办茶规程、办布规程、办杂货规程、集市规程囊括了山西商人商业规程的主要大类，最能体现山西商人实践性商业教育的本质属性和核心要义，所以本书主要选取这几类规程进行研究。

关于教程，《近现代汉语辞源》将“教程”定义为“教学的顺序、方式或课程等”[③]。《现代汉语词典》将“教程”定义为“专门学科的课程（多用于书名）”[④]。从以上概念可以看出，教程一般是按一定逻辑顺序和接受能力，组织某一学科领域的知识与技能而构成的教育素材，其目的是更好地指导和规范教育活动。清至民国是商业教育的发展和转型时期，随着大众教育的兴起和学校教育的普及，出现了大量以识字为基础的蒙学读本和专业商科课本，其中与山西商人密切相关的是具有实践特色的商业教程。“商业教程”是笔者对现存山西民间商业文献中同一类型的商业知识和商业技能等教科素材采用的称谓，也是现存这类文献中具有特色的一部分。从内容来看，所谓商业教程，是指包含基本识字、算数、货品实物名称、生意实操用语、经商注意事项等基础商业知识的教材（课本）。这些教材是在商业实践中总结出来的，其教育作用也是在商业实践中体现出来的。它是实践性商业教育素材的重要组成部分。商业教程的实质是山西商人经商贸易知识和技能的教材（课本），其中山西杂字、外语读本、商业课本最能体现山西商人商业教程的本质属性和核心要义，所以本书主要选取这几类教程进行研究。

---

① 孟伟、廖丰声：《清代山西茶商的茶规及其学术价值浅论》，《盐城工学院学报（社会科学版）》2022年第1期。

② 山西省晋商文化基金会编：《办布规程》，中华书局，2019，第3页。

③ 黄河清编著：《近现代汉语辞源》上册，上海辞书出版社，2019，第792页。

④ 中国社会科学院语言研究所词典编辑室编：《现代汉语词典》，第7版，商务印书馆，2016，第659页。

山西商人的商业规程及教程有着十分重要的价值。首先，商业规程及教程是记录山西商人经商贸易的第一手史料，揭示了经商贸易运作的诸多面向，包含采办、加工、运输、营销、学习等内容，展现了丰富多彩且生活化的商业运作场景。其次，作为山西商人商业教育史料中最具特色的部分，商业规程及教程为研究山西商人商业知识技能传承提供了新的素材，充实了晋商文献的相关研究。商业规程及教程不仅是商人经商的重要内容，还是商业教育的重要遗产。以往学界研究山西商人多从票据、账簿、信稿、运单、合同、碑刻等方面入手，从规程及教程角度进行研究的成果并不丰富。商业规程及教程不但涉及基本商品信息，而且涉及办货采买、行路堆栈、雇工行用、税厘办缴、银色平码、异域沟通等多方面技能，涵盖山西商人在茶叶、布匹、纸品、粮食、皮毛、牲畜、药材、金属等多种行业的经营，对其进行整理和研究，能够为山西商人商业经营及商业教育的研究提供新的思路和新的方法，对整体商业史和教育史的研究具有极大的推进作用。随着更多的山西民间商业文献挖掘、整理和研究，积淀深厚的晋商文化也将进一步迸发出更强大的生命力。

（二）清至民国山西商人商业规程及教程介要

2013年，中华书局、三晋出版社出版了山西省晋商文化基金会编的《晋商史料系列丛书·商业读本卷（一）·交易须知》。2014年，中华书局、三晋出版社出版了《晋商史料系列丛书·商业读本卷（二）·商人要录　贸易须知》。2019年，中华书局出版了《晋商史料系列丛书·商业读本卷（三）·民国商业课本　商人通识》，此书收录的民国时期山西商人商业课本，为我们研究晋商及经商职业教育史提供了不可多得的历史信息，极具研究价值。

2018年，商务印书馆出版的刘建民主编的《晋商史料集成》是目前已出版的晋商原始文献中规模最大、种类最全、编选最精的一种。刘建民将多年来收藏的山西商人文献归类付梓，达88册之巨，包含契约、万金账、股票、信件、账册、票据、规程、商业信息、单据、诉状呈文、族谱、墓志、分家书、收支账等内容，共分13个门类。其中第67—71册的规程类极具特色，内容是山西商人在经营活动中所做的商业记录，其中包括行事规则和经营流程。这一大门类是编者通过对相关史料进行析类定性后整合而成。规程有一次性记录留存的规程，也有一代代商人补充记录的规程。规程以手写记录为主，也有一小部分是雕版印刷的。《晋商史料集成》收录的规程主要有办茶规程、办布规程、办杂货规程、集市规程、行路规程等，各个规程内容丰富且独具特色。

2021年，刘涛将多年来收藏的山西杂字文献归类付梓，命名为《清至民国山西杂字文献集刊》，由广西师范大学出版社出版。这套大型杂字文献丛书共20册，收入山西杂字文献261种。山西杂字是指流传于山西境内具有地方特色的杂字文献。这些杂字文献对山西地域文化有较为生动、全面的反映，是研究地方文化、经济、社会民众生活等的重要参考资料。《清至民国山西杂字文献集刊》收录的山西杂字涵盖基层教育、民俗民风、吃穿住行、生产活动、文化娱乐等方面，其中第1—7册的商业杂字文献极具价值。

本书上篇第一章至第四章的研究主要依据《晋商史料集成》收录的办茶规程、办布规程、办杂货规程、集市规程等史料。兹列举如下：

第一章《从办茶规程看清至民国山西商人商业教育》依据《晋商史料集成》第67册收录的办茶规程，包括《清中期羊楼洞、羊楼司买茶规程》《清中期武夷买茶规程》《光绪二十七年办红、黑茶规矩》《宣统二年庆喻堂办茶、办杂货规程》《清代各地发茶规例》《清代安化办红茶规矩》《清代做砖茶用纸规程及各码头规程》《民国六年办茶规程》《民国八年运费价目及卖茶规例》《民国年间市山买茶规程》《湖南省安化全县产茶地图》等11部，时间最早为清中期，最晚至民国初年。

第二章《从办布规程看清至民国山西商人商业教育》依据《晋商史料集成》第68册收录的办布规程，包括《嘉庆四年朝仪撰绸缎梭布行必需》《咸丰年间湖北各处办布规程》《同治十年余庆堂各处办布底稿》《宣统二年胡宅万有富记布店各路布码目折》《清代太谷锦泰蔚布庄办布规程》《清代王宅志恒堂记迭花布底》《清代湖北、河南办布规程》《民国五年赵州买花规程（附山西及省外各州府平码）》《民国六年赵元乐等办花规章》《民国年间河北、河南、山西等处办布规程》《民国年间河北、河南、山西办布规程》《民国年间全国各地办布规程》《买花规程》等13部，时间最早为嘉庆年间，最晚至民国初年。

第三章《从办杂货规程看清至民国山西商人商业教育》依据《晋商史料集成》第68—69册收录的办杂货规程，包括《道光元年杂货规程》《咸丰六年某号第吉本各路买货代发脚》《咸丰六年程宅某号第二本杂货作载随平码》《咸丰七年应用杂货本》《咸丰十年瑞庵堂记各省办货路程规例》《同治七年各类杂货兼兰州秤头、行规谱》《光绪十二年杂货、茶布规程平码》《光绪十六年李霖浍记则例前本》《光绪十六年李霖浍记则例后本》《光绪十八年广顺源记花名折》《光绪二十二年春秋记颜料规例》《光绪二十二年颜料规例》《光绪二十七年办杂货规程》《清代天津办杂货规程》《清代买纸张、杂货、糖等货物规程》《民国三年王宅槐茂堂杂货规程》《民国八年宝善堂记货商杂志》《民国十三年合记售诸货名堂目录》《民国十八年米彩莘杂记本》《民国二十三年恒裕王记办杂货规程》《天津东昌等处办杂货规程》等21部，时间最早为道光年间，最晚至民国二十三年（1934年）。

第四章《从集市规程看清至民国山西商人商业教育》依据《晋商史料集成》第70册收录的集市规程，本书选取的是《清代百忍堂记集宝册》，时间为清中期至民国初年。

上篇第五章至第七章的研究主要依据《清至民国山西杂字文献集刊》《晋商史料集成》《晋商史料系列丛书·商业读本卷》收录的山西杂字、外语课本、商业课本等史料。兹列举如下：

第五章《从山西杂字看山西商人经商职业教育》依据《清至民国山西杂字文献集刊》收录的《认字杂样本》《杂言体杂字书》《训蒙杂字》《紧要杂字》《约据杂字》《文约契书》《日用杂字》《四言杂字》《春学必用》等杂字教程，时间最早的可确定为光绪十二年（1886年），最晚的可确定为民国二十八年（1939年）。

第六章《从外语读本看清代山西商人经商职业教育》依据《晋商史料集成》第72—73册收录的外语读本，包括《道光年间蒙古蕃语》《光绪十一年王大兴俄罗斯蕃语》《光绪十六年槐德堂回子话（俄语）》《光绪三十四年仰参俄罗斯蕃语》《宣统元年□□宅□和堂蒙古书一本》《清代袁贵钰记万宝全一本（蒙语）》《蒙语读本（一）》《蒙语读本（二）》《蒙语读本（三）》《俄语读本（一）》《俄语读本（二）》《俄语读本（三）》等12

部，时间最早可确定为道光年间，最晚至民国年间。

第七章《从商业课本看民国山西商人经商职业教育》主要依据3部《晋商史料系列丛书·商业读本卷》收录的民国时期商业读本，包括《商人通识》《民国十六年初级小学补习科用商业课本（第一册）》《民国十六年初级小学补习科用商业课本（第二册）》，时间基本可以确定为民国初年。

四、研究思路、方法与创新

（一）研究思路

本书是在整体史的关怀之下，将山西商人的商业教育置于时段、区域与行业的多维度时空进行讨论，在充分掌握原始资料基础上，从实践性商业教育的角度研究清至民国山西商人经营的成功之道。本书重点围绕山西商人实践性商业教育史料——商业规程及教程的整理和研究展开，并以这一时期山西商人实践性商业教育议题为核心。具体如下：

第一，本书建立在系统的学术史梳理与扎实的史料整理工作基础之上。首先对目前学界关于明清以来山西商人的商业教育研究进行系统梳理和分析，结合相关研究背景和研究史料，确立研究主题；其次对清至民国山西商人的商业规程及教程进行爬梳和整理，确立研究的视角和切入点。

第二，本书在对清至民国山西商人商业规程及教程系统整理分析基础上，结合这一时期山西商人的行业、区域特色，对不同行业、不同文本体现出来的实践性商业教育实态进行精细化研究，以深度揭示清至民国山西商人实践性商业教育的特征。本书用动态的研究思路，分层次对这一时期山西商人实践性商业教育的嬗变过程展开考察，结合时段、区域与行业特点进行分析和总结。

第三，本书始终将山西商人商业教育置于中国传统商业教育大背景中，考察实践性商业教育在清至民国山西商人贸易经营中的地位，用宏观的、整体的视角与比较的研究方法把握研究的主线。本书还从传统历史基因与近代转型的视角，考察明清以来山西商人实践性商业教育的整体概况和发展变化脉络特征，总结这一时期山西商人商业经营的成功之道。

（二）研究方法

1. 历史实证方法

本书的研究内容首先属于历史学研究，因此研究导向整体为文献分析法。通过尽可能收集清至民国山西商人不同类型的实践性商业教育类史料，挖掘和利用近年出版的《晋商史料集成》《清至民国山西杂字文献集刊》等，将原生态的民间文献与传世文献结合起来，在掌握原始资料的基础上展开系统整理，推进实证研究的深入。本书研究对象是清至民国山西商人的商业规程及教程，通过对《晋商史料集成》《清至民国山西杂字文献集刊》中的50多部规程及教程进行爬梳与整理，以及对山西商人的其他相关史料的持续搜集整理，尽可能不漏失零散的、有相关性的文献，在此基础上进行系统分析，提炼核心观点并推得结论，以期增强说服力。

2. 多学科理论与方法

目前学界对明清以来山西商人的研究取得了长足进步，既有史料搜集与整理方面的突破，也有研究理论与方法方面的创新。本书拟采取多学科研究方法，通过多学科交叉研究方法对清至民国山西商人实践性商业教育实态做进一步的探究，将历史文献学的理论和方法贯穿具体实证研究之中。此外，商业规程涉及和经济相关的大量文本信息，本书采用图表分析进行量化处理；商业教程涉及和教育相关的文本信息，本书采用基础教育、社会教育理论进行具体考察。本书还重点运用教育学、经济学等学科理论与方法，系统地对清至民国山西商人的实践性教育进行综合探讨。

3. 多维比较方法

比较研究方法在研究清至民国山西商人实践性商业教育过程中必不可少。本书不仅对实践性商业教育的内涵进行精细化的把握，厘清清至民国山西商人商业规程及教程的整体脉络，还要将不同商业规程及教程进行横向比较，将商业规程及教程与其他商业文书进行对比，对清至民国不同时期的实践性商业教育内容进行对比。根据历史与区域的实情对个案进行精细化讨论，在个案讨论的同时进一步深化研究主题，展开比较研究。通过多维度的比较方可对这一时期山西商人实践性商业教育实态及特征有更为清晰的认识。

（三）创新之处

1. 新史料的整理与利用

近年来，大批有关山西商人的民间文献不断被挖掘、搜集和整理，在此基础上形成了《晋商史料集成》《清至民国山西杂字文献集刊》等大型山西商人史料丛书。这些丛书收录了大量清至民国山西商人的实践性商业教育史料。本书将坚持回到原生态史料的本身，从商业规程及教程这一原始资料出发，进行系统整理，完成清至民国山西商人实践性商业教育史料汇编。在充分梳理相关学术史研究的基础上，结合地方志、清代笔记等相关史料，厘清这一时期山西商人实践性商业教育的基本脉络。

2. 新研究视角的转换

学界以往对山西商人的研究，多从票据、账簿、信稿、运单、合同、碑刻等视角进行。本书在区域经济社会变迁视野下，以商业规程及教程为切入点，对清至民国山西商人实践性商业教育展开讨论，从商业教育的角度揭示这一时期山西商人经商活动的内在机制。特别是通过商业教育与经济社会互动的研究视角，将教育、经商与传承有机地串联起来，通过宏观的视野转换与微观的个案研究相结合，将商业教育置于地方社会、商业贸易、商业传承的变迁之中。通过具体案例分析，揭示其商业运行及实践性教育内在发展的独特历史特征。

3. 新的研究脉络与学术问题的建构

在总体史研究脉络下，将山西商人的商业教育历史纳入清至民国特定的时空之中，立足于这一时期的商业规程及教程，从时段、地域、行业等维度探讨山西商人的实践性商业教育，总结这一历史时期山西商人的成功之道。本书将清至民国山西商人研究置于商业教育史的整体过程之中予以考察和分析，对于明清以来山西商人的商业教育发展与变迁的历史或有更为全面的认识。本书还从区域行业发展与市场史角度对商业教育展开深入研究，与地方行业经济、市场制度的变迁相结合，同时关注区域优势、群体特征、行业特色，探索商业教育在经商基础、专业训练以及代际传承方面的具体实态与特征。

上篇　清至民国山西商人商业规程及教程研究

第一章　从办茶规程看清至民国山西商人商业教育

山西商人从明代中期开始进行大规模茶叶贸易，到清代实现飞跃式发展，这种局面一直持续到民国。在数百年时间里，这支实力强劲的商旅积累了丰富的办茶经验，并在此基础上形成了办茶规程。办茶规程囊括了采茶、制茶、运茶、卖茶等方方面面，它不仅是茶商进行贸易的参考书，还是山西商人茶叶贸易史的记录和商业智慧的结晶。

清至民国山西商人茶叶贸易趋于鼎盛，除了与山西商人坚韧不拔、不畏艰难的品质有关，也与他们善于积累、总结办茶经验密切相关，这些在办茶规程中得到了集中体现。办茶规程指导山西商人进行标准化生产、专业化流通和精细化营销，是山西茶商贸易传承发展的重要指引和参考，它充分体现出山西茶叶商人的工匠精神、创新精神和商业智慧。

第一节　山西商人办茶规程中的标准化生产

山西商人的办茶规程是山西茶商为茶叶贸易而编写的应用型文书，涉及茶叶生产、加工、运输、销售等各个环节。清至民国的办茶规程记录了山西茶商从福建及两湖等地采购、加工茶叶，而后千里迢迢转输到北方草原及经恰克图运往俄罗斯的情形。这一时期山西茶商经营的主要茶叶，即办茶规程中提到的“红、黑茶”，是专门供给草原民族的发酵茶。早在清代前期，这些茶叶的规格、品种就已标准化，并分为东口茶和西口茶，东口茶以“二四”（每片砖茶3.25千克，每箱装24片）、“三六”（每片1.5千克，每箱装36片）为主，西口茶则以“二七”（每片2千克，每箱装27片）、“三九”（每片2千克，每箱装39片）为主。山西商人从事茶叶贸易的特点是参与茶叶生产与销售的各个环节，将茶叶的产、供、运、销合为一体进行经营。

山西茶商对茶叶贸易的每一个环节严格把关，首先从采办原茶开始进行标准化生产。武夷山地区地理位置优越，茶叶资源丰富，星村、下梅等地为重要产茶区。《清中期武夷买茶规程》记载了这两地茶叶的特质：“星村、下梅此二处办茶之地，办小种并工夫大箱茶可在星村办买，办嫩庄可到下梅办买，岩茶小焙小种本山上山好茶俱出星村之地，中山下路之茶俱出下梅街。”在注明具体产地的同时，用简洁的语言概述原茶的品质。接着指出办买不同茶叶的要领：“办上小种并工夫大箱要有色有味，白斑、红红绿绿、油头条索门门全。要办嫩庄，不以气味、水色、土地好坏，总以紧实细嫩为先。办口庄之家亦要星村坐庄，本山白毫囊子堆子俱出，在贩家之客问贩家办买。”[①]将优质茶叶的标准从色、香、味等方面进行描述，以保证货源质量。除了记载办买上小种、工夫大箱、口庄等茶的标准，办买嫩庄、洋庄等茶，武夷办茶规程也有严格的标准。《清中期羊楼洞、羊楼司买茶规程》记载了洒面、二面等茶的采买标准：“洒面茶每斤一十六七码至一十八十九码，二面茶每斤一十二三码至一十四五码，炒茶每斤一十一二码至一十二三码，籽尖每斤十码至十二码，里茶每斤八九码至一十一码。”[②]安化红茶办买标准最为严格，办茶规程详细规定了上佳茶叶标准：“买茶定要细嫩鲜明，条紧条元、尖锋如针、身分承重、香气盈鼻乃至佳之货也；泡水必然红艳，其红如血，一眼到底，明亮可金而叶片雀舌全红软嫩，奇蕊者也；水味必甜而浓厚，碗水亦必灵矣。”[③]通过茶身、茶形、茶色、茶香以及茶叶入水之后的颜色和气味，评定茶叶的品质。

清代办茶规程对于如何办买原茶，注明“货物名称+产地+质量”的形

① 《清中期武夷买茶规程·福建省建宁府崇安县武夷山办茶处》，载刘建民主编《晋商史料集成》第67册，商务印书馆，2018，第341—342页。

② 《清中期羊楼洞、羊楼司买茶规程·洞地买茶》，载《晋商史料集成》第67册，第302页。

③ 《清代安化办红茶规矩·湖南安化办红茶规矩》，载《晋商史料集成》第67册，第571页。

式是规定之一，其中质量仍从色、香、味等方面注明。《宣统二年庆喻堂办茶、办杂货规程》详细记载了23种茶叶的产地，分布于浙江、安徽、湖南、福建等省，其中福建崇安、湖南安化等地茶叶种类最多。对重要产区安化，民国办茶规程给予更多关注，加入了安化全部产茶点的具体介绍，甚至绘有安化全县产茶的详细地图，明确优质茶叶的位置，从采办源头确保质量。[①]

办茶过程需要采购的不止原茶一项，与其相关的纸和颜料、洋庄茶所用的铅桶、口庄茶所用的篓篾及生产过程的其他用品等都需一并置办。这些货物的采办都不是随意的，其大小样式、价格明细、上佳之物的出处都有详明规定。清至民国的办茶规程均详细备注了每一物品的规格、出处、价格、厘税等。尤其是用纸的采办，子目庞大且类型众多，有白绫纸、梅红纸、净红纸、色染纸、丹红纸、云阳纸、江西纸、潼关纸、京稿纸、小毛边纸、光边纸、准切边纸等，办茶规程对产区、颜色、样式都有明确规定。山西茶商对采购物品的精益求精是保证茶叶质量的重要因素。

茶叶的生产是一个十分烦琐的过程。办茶规程显示，清至民国山西茶商主要在福建及两湖茶叶产区采办原茶，之后雇工进行规模化生产。这一时期山西茶商的制茶工序亦呈现标准化特征。成品茶从毛茶到产出，一般经过筛茶、炒茶、踹茶、打官堆、押砖、包装等工序，茶商对每道工序都严格把控。以清代中期羊楼洞办东口茶为例，炒茶、押砖为关键性步骤，均有专门的规式。“开炒之日可炒四锅，以后每日可炒十二锅。每锅打冷吊足斤二十二斤，装篓不过二个六七，计热吊足秤七斤半装一篓。”“三六”“二七”茶略有不同，“将茶过了冷筛，革了末，将好末作三六打底用，二七不可用”，之后“才入锅及出锅，过了热筛打了官堆，才打热吊。装篓三踹才缝善，打了毛印才成串”。[②]押砖更为严格，“开押之日可押二三十箱，以后可押六七十箱。押时将茶打了冷吊，入锅蒸好才提包入斗，整好搬出，扛上工扛押好，将牌行押完出斗剪了边，隔一夜包起纸，才入箱捆箱”[③]。此外，对于箱篓打吊、

① 参见《湖南省安化全县产茶地图》，载《晋商史料集成》第67册，第735页。

② 《清中期羊楼洞、羊楼司买茶规程·炒茶式》，载《晋商史料集成》第67册，第304页。

③ 《清中期羊楼洞、羊楼司买茶规程·押砖式》，载《晋商史料集成》第67册，第304—305页。

包砖用纸和裁票都有专门程式。清代安化办红茶更为细致，仅筛茶就分四筛四茶，严格把关："头筛一茶正粗雨过蹬，分码过扇发拣，拣净复振用正小雨；二筛二茶勿粗雨过蹬，分码过扇发拣，拣净复振用正小雨；三筛三茶，正中雨过蹬，分码过扇发拣，拣净复振用正小雨；四筛四茶，正小雨过蹬，分码过扇发拣，拣净复用勿小雨。"①民国年间的办茶规程对茶叶包装更为讲究，严格区分口庄箱和洋庄箱，口庄对应的是东口、西口及草原，而洋庄主要面向洋行及外国茶商。针对不同类型的用纸，如何进行垫、裱、裁均有严格标准，甚至画箱壳格式、写红字等都绘有细致的图样。②

除了对生产加工程序严格把关，山西茶商对每一环节所需工种人数及细节都有详细的规定。在清至民国规模化的茶叶生产中，包工制是一种普遍形式，即茶商与当地或外地包工商定或立约，由包工负责用人。《清中期武夷买茶规程》中，即有委托"行老板"雇工情形。"星村行口，房银及柜台称手管店人系行老板租请，客号不管，客与老板结账。"③羊楼洞、羊楼司办茶则由"经纪"包办，"押砖炒篓等人俱系经纪承揽"④。规程中还出现大量"雇掌管规例"，由"掌管"包揽，各司其职，保证生产有序进行。"如办八九万货可用六七人，大掌管工银二十两二，二掌管工银一十八两，三掌管工银一十六两，四掌管工银一十四两，五掌管银一十二两，六掌管工银一十二两，七掌管工银六两，每人一天饭银八分，工饭银八八扣九三兑参平，众掌管各有执业。"⑤掌管承办的事项很多，"凡山内裁纸张、打样茶号、茶箱壳、剪茶砖边、包砖茶，皆众掌管应办之事"⑥。众掌管之中，尤以大掌管为最："将进山，备带敬神炮、应用纸墨笔砚、出动账本、课纸、安息香、补蒲草扇、洗汗巾、肥皂、凉席、雨伞、端阳扇、吃油酒米面盐酱、蔬菜、枣

---

① 《清代安化办红茶规矩·做红茶底式》，载《晋商史料集成》第67册，第595页。

② 《民国六年办茶规程·裁西、洋箱纸票规例》，载《晋商史料集成》第67册，第661页。

③ 《清中期武夷买茶规程·星村办茶规例》，载《晋商史料集成》第67册，第348页。

④ 《清代做砖茶用纸规程及各码头规程·羊楼洞规例》，载《晋商史料集成》第67册，第614页。

⑤ 《清中期羊楼洞、羊楼司买茶规程·雇掌管规》，载《晋商史料集成》第67册，第332页。

⑥ 《清中期羊楼洞、羊楼司买茶规程·洞地规条论》，载《晋商史料集成》第67册，第302页。

糖、粉条、咸菜、茶烟、蜷焗、供鸡、沙药、如意丹俱着大掌管办买。”至开炒之日，大掌管带来客人进山，“照应炒茶人等号茶字样”[①]。清至民国在安化办茶，则由江西“包头”大量雇用“宁工”，即江西南昌府义宁州人工。《清代安化办红茶规矩》有完整的《包头江西人立约规例》13条；《民国六年办茶规程》有《安山踹办红茶定请包头规矩》，其中记载“由汉请宁州包头一名，包头进山随带宁州人三十四名”。[②]清至民国山西茶商的标准化、规模化生产是保证茶叶贸易发展的重要因素。

第二节　山西商人办茶规程中的专业化流通

清至民国，山西商人在茶叶生产和贸易过程中实施的标准化极大地提高了茶叶生产的效率，保证了茶叶生产的品质，稳定了茶商的贸易信用。与原产地的茶叶生产相比，茶叶的转输同等重要。清至民国山西商人的茶叶贸易涉及多个省份，在那个交通相对落后的年代，如何将长途运输的成本和货物损失降至最低，是整个贸易过程中不可忽视的问题。茶商一般从山西境内出发前往产茶地，在产茶地对茶叶加工后再运往东口和西口，最后销往口外。从这一时期的办茶规程可以看出，运河是山西商人茶叶贸易的重要流通中转通道，最初是以苏州为重心，沿运河北上，后逐渐将重心转移到汉口，以通州、张家湾为水路终点。事实上，在湖南、湖北茶路开辟之后，途经汉口的成茶运输路线便逐渐稳定下来，尤其是沿汉水北上到河南赊旗（社旗）的路线。由赊旗上岸之后，运输方式逐渐灵活，沿途转输码头亦逐渐拓展。总的来说，虽然茶商不尽相同，但运茶路线大体一致，即从茶山到汉口，汉口到通湾，通湾到东口、西口，东口、西口到草原腹地及经恰克图运往俄罗斯境内。这些行商过程中开辟的路线相对固定，代代沿用。

从祁县出发到汉口，这一路线几乎成为清至民国山西茶商办茶的“黄金

① 《清中期羊楼洞、羊楼司买茶规程·汉口小论底》，载《晋商史料集成》第67册，第309页。

② 《民国六年办茶规程·安山踹办红茶定请包头规矩》，载《晋商史料集成》第67册，第668页。

路线”，他们还编成专门的路程歌谣，供后代办茶者铭记。无论是湖北羊楼洞、羊楼司的办茶规程，还是湖南安化的办茶规程，对这一路线均有体现。清代道光年间各码头规程中有《从祁邑起程赴汉口二十四天路程歌》：

盘牛褫鲍长，七栏新木岗。
郭丈临小遂，确明信李广。
溪杨车汉境，四十里望武昌。[①]

这首歌谣说的是由祁县启程去往汉口进行茶叶贸易途中要经过的主要城镇。咸丰年羊楼洞、羊楼司买茶规程中《自祁至汉路程目》、光绪年安化办茶规程中《祁县至安化水陆路程底》对这一线路均有详细介绍。此外，民国年间安山办茶规程还出现《湖南办茶歌》，也是以歌谣形式描述从安化出发至汉口的流通路线。原文整理如下：

益阳开头刘公滩，清问沙它湾不湾。
毛家先生算八字，姑嫂二人望关公。
白马头上生设子，莲子亦想到炉林。
青竹云亭里石山，六角洞庭机下水。
鸭蛋毛岸石头关，嘉鱼牌洲金口铎。
□□□□□□□，黄鹤楼中咫尺间。[②]

事实上这些歌谣并非完全为山西商人原创，而很可能是其在湖南一带经商时，依据当地渡船的“排古佬”所唱的《行江排歌》稍加改编而成。在益阳有一首流传至今的《行江排歌》，与这首歌谣极为相似，它唱的是由益阳放木排到南京，从资水入洞庭进长江自汉口下南京一路的地名。原文为：

益阳开头下刘工，沙头羊角清草坪；

---

① 《清代做砖茶用纸规程及各码头规程·从祁邑起程赴汉口二十四天路程歌》，载《晋商史料集成》第67册，第601页。

② 《民国六年办茶规程·湖南办茶歌》，载《晋商史料集成》第67册，第639页。

毛角子先生算八字，姑嫂二人问关公；
白马头上生虱子，玲子一响到芦陵；
芦陵滩上把排湾，青竹云亭磊石山；
磊石山上铜钟响，逍遥快乐南津港；
城陵矶，道陵矶，罗山下去是新堤；
…………
鸭塘、茅埠、石头关；
嘉重、牌洲、金口铎，黄鹤楼中吹玉笛；
黄鹤楼中鹤不存，一路顺水下南京。[①]

从以上两首歌谣内容的对比可以看出，山西茶商极有可能是在此地听到了渡船老倌的吟唱，认为这首《行江排歌》有利于记忆经商时的地名，遂按照湖南方言的发音方式将其记录下来，进行精简压缩和口语化改编，使之更为押韵顺口，方便联想和记忆，最后附于办茶规程之后，以便为后人行商提供方便。

清至民国山西商人的茶叶贸易线路相对稳定，运输方式亦相当专业。与标准化、规模化茶叶生产相对应的是专业化、多元化的茶叶转输。因长途贸易涉及水陆码头切换，山西茶商通常根据具体情况灵活选择，尽量减少途中的消耗。水运和陆运是常见的运输方式。由于水路运输有着运量大的优势，因此规模化的茶叶运输首先考虑水运。陆路运输主要有车帮和驼帮，车帮一般用马车和牛车运输，有时还用骡子运输；在途中遇到极为难走的路，还需要人力运输。从茶山出发到汉口，两湖境内多有河湖，以装船水运为主，有时也要水陆转换。据道光年间办茶规程载，从茶山到汉口，黄土堪和新店为重要中转地：山内发黄土堪为人力，旱路十五里，系用小车推，一车推箱两只或串若干；黄土堪发新店装船，水路十六七里，每箱作一担，三串作一担；新店发汉口装船，水路五百里，亦是每箱或三串作一担。[②]咸丰年间办茶规程中，滩头成为重要中转地，从山内至滩头、滩头至汉口均为水脚，

① 叶梦：《风里的女人》，中原农民出版社，1994，第186—187页。

② 参见《清代做砖茶用纸规程及各码头规程·山内发黄土堪、黄土堪装船发新店》，载《晋商史料集成》第67册，第618页。

“盒茶十篓作一担”[1]。到光绪年间，牛形咀、新店为重要中转地：羊楼岗发牛形咀系用小车子推，牛形咀发新店装船，新店发汉口共四百里，“此处装船走黄盖湖，出湖由岛口入长江系下水路迳赤壁，鏖山上有孔明祭风台，过六矶口，此处甘宁庙。……过荆口大峻山嵩口至汉口”[2]。

自汉口装船至通湾，纵贯湖北、河南、河北三省辖境，分别涉及运输转换的水、陆、旱码头。茶叶流通的专业化，除了反映在水陆码头的车脚转换，还反映在转输路线的市场化格局及链条化的行业分工上，如货栈、行会、脚户、脚力等，涉及承揽、包揽缴纳厘税、装卸行栈等专门化业务。办茶规程显示，从汉口至通州几乎所有的码头，山西茶商都会委托专门的行会与货栈承揽和代理茶叶的区间性运输。茶叶转输的费用和劳务，除了特定码头的几项由茶商负责，其他诸多事项包括在“行用”和“栈用”中，即便过闸、税厘的实际操作也大多交由行栈包揽。汉口作为重要的茶叶货物中转地，至清代中期茶栈业务已较普遍，无论是在福建还是两湖办茶，汉口装船规例均有“行用”记载。道光年间办茶规程显示，汉口装船发樊城，由“晋太行”和“李二方行”承揽。[3]咸丰年间规程中有“汉口投行”专项，详列汉口诸多茶栈，如“晋阳船行”“李二方行”“晋魁栈”“裕林栈”“泰来栈”“武马店”等，并附有各行栈的规例。到新店亦是委托“行内”，“客住行内，钉包行李起坡随行入行”，如发仙桃镇，凡雇船系“李二方行”或“晋太行”包揽。[4]从汉口到通湾，出湖北进入河南后，赊旗镇成为重要的中转地，茶叶贸易的专业化流通和链条化分工在赊旗镇体现得尤为明显。赊旗镇北上多为陆路，车载驼拉人扛均有涉及。道光年间从赊旗镇发茶至北舞渡系装牛车，“二箱作一担，六串作一担，小箱四只作一担”，雇用车户和脚行，付与脚银和行用。[5]咸丰年间赊旗镇至汝州发牛车或马车，亦是同样

① 《清中期羊楼洞、羊楼司买茶规程·滩头发汉口水脚》，载《晋商史料集成》第67册，第290页。

② 《清代各地发茶规例·新店发汉镇》，载《晋商史料集成》第67册，第550页。

③ 参见《清代做砖茶用纸规程及各码头规程·汉口装船发樊城》，载《晋商史料集成》第67册，第621页。

④ 参见《清中期羊楼洞、羊楼司买茶规程·新店发仙桃镇》，载《晋商史料集成》第67册，第311页。

⑤ 参见《清代做砖茶用纸规程及各码头规程·赊镇装牛车发舞渡》，载《晋商史料集成》第67册，第623页。

装法，付与脚银和栈力银。此外，赊镇还可“代发太谷县”，系用骡脚和驼脚。如骡脚发太谷，每箱作七十斤；驼脚发太谷，每箱作二十斤。“如发郭家嘴，是装车以大箱论。”①在光绪年间的办茶规程中，从赊旗镇发往北舞渡、襄县、汝州、柳园口、花园口、郭咀口、汜河口、定州等地均有专项规例，还包含“赊镇发各路行用规”“栈用规”“发脚毛银扣头”等，并对驼帮、骡帮及车装3种发货解价换算进行例证阐释，详细说明从赊旗发往各地的运输方式、装运规格、银色平码扣用等事项。②

从通湾至东口、西口及以北的草原，茶叶流通更为专业和成熟。通州为大运河的终点，茶叶可在此上岸，但该处有户部官仓粮食卸载，所以山西茶商有时会选距通州十五里的张湾（张家湾）。清代的办茶规程中，有大量通州、张湾发货的专项规例。道光年间通州发口、庙（喇嘛庙，今内蒙古自治区多伦县）均系驼脚，“砖茶二十一箱作一车，盒茶八十七串作一车，发货轮帮，接十车发一车”；张湾发口、庙，“作载现付，浮捎欠脚，与通州俱一样”。③“发货轮帮”，说明这一时期茶叶运输规模化，不但形成了专业化的运输团队，而且有了相对成熟的市场惯例。咸丰年间通州发货规程中，多次提到“轮帮”“占帮”，对于如何运转也有详细规款。《通发庙规例》就记载了通州“挨帮发货”的7条惯例。有了专业化的运作，这一时期从通州、张湾均可直接“拨发”沙河及牛山，然后转运口、庙。④光绪年间从通州发东口亦要“占帮”，仍遵循“挨次论帮”之惯例。⑤一段段水陆行程的衔接保障了茶叶的安全转输，而每一段行程的转输方式、计量方式、货币形态、支付方式等不尽相同。在茶叶流通线路上，各地码头行栈的功能和作用不可低估。清至民国山西商人茶叶贸易能够周而复始地北上万里之遥的草

① 参见《清中期羊楼洞、羊楼司买茶规程·赊旗镇代发太谷县》，载《晋商史料集成》第67册，第330页。

② 参见《光绪二十七年办红、黑茶规矩·赊发货解价车驼骡估高矮底》，载《晋商史料集成》第67册，第418页。

③ 《清代做砖茶用纸规程及各码头规程·张湾发口庙》，载《晋商史料集成》第67册，第634页。

④ 参见《清中期羊楼洞、羊楼司买茶规程·通拨沙河牛山规、湾拨沙河牛山规》，载《晋商史料集成》第67册，第309页。

⑤ 参见《光绪二十七年办红、黑茶规矩·通州发东口底》，载《晋商史料集成》第67册，第437页。

原，真正的“拉运人”虽然是车夫、驼脚，但实际上少不了行栈、货栈等专业性组织。从办茶规程可以看出，由于运输方式不同，运载计量单位也不相同，或者以箱计，或者作担，或者作车；或者以串计，或者拆解，或者总算。而与之对应的货币形态也大不相同，有元银、纹银、宝银，也有制钱，诸如大钱、十足钱、京钱等；支付方式有先给后运，但更多的是运前预付、垫付，地头总算。这种专业性的货物流转通常是由货栈、行栈协助完成的。茶叶商人或与其临时约定，或长期合作，相关费用在办茶规程的“行用”“栈用”中有具体规定。

办茶规程显示，由于茶叶类型、规格、数量不同，而且涉及相关辅助用品等，所以相应的运输方式也有不同，分为“正载”与“浮捎”两大部分。茶叶产品为主项，运输时称为“正载”。包茶专用纸张属于必要的辅助用品，运输时称为“浮捎”；包装框篓损坏替换与维修类物品，通常亦在“浮捎”之列。成品的砖茶、盒茶以“正载”为主，而苫席、纸、竹篾通常是必需的“浮捎”。在道光至光绪年间的办茶规程中，从茶山到汉口，汉口到通州、张湾，通州、张湾到口地的茶叶运输都有“浮捎”。无论是船装、车载还是驼运，均涉及“浮捎”；竹篾、纸张、套皮、票箱、零星等物，通常俱作“浮捎”。在茶叶转输中，山西茶商与不同运输方式的字号和个人发生着诸多方面的联系，从中灵活选择以降低成本。另外，不同品种、规格的茶叶对应的运输计量、税厘计量、银色平码等亦不相同，其中，路途码头的损坏、丢失及增补辅助用品，乃至与每一处码头行栈的长期合作关系，这些在规程的数量变动中都有记载。

从清末开始，随着轮船和火车时代的到来，山西茶商较早地搭上了现代运输的“顺风车”，并与传统的牛马驼车运输相结合，使得茶叶的流通更为畅通。清至民国的办茶规程中均出现专门的轮船、火车运载规例。《清代安化办红茶规矩》对汉口装轮船运通州的茶叶，每箱红茶水脚厘金、码头税、保险费额及银色、平码、扣用事项均有具体说明。[①]《光绪二十七年办红、黑茶规矩》提到汉口装轮船运茶是从光绪元年（1875年）开始的，先是奉旨由招商局包运，后也选择由祥发源运送。《汉口装轮船例底》对红茶大箱、东大箱、西老茶、茶梗4类茶叶水解银、关税、提货装船费缴付事项均有交

① 参见《清代安化办红茶规矩·厘金发脚》，载《晋商史料集成》第67册，第573页。

代，其中涉及"中堂亲兵捐""育婴堂功德"等杂项，对办茶之人沿途坐船、吃饭、旅费等也做了补充说明。[①]光绪二十八年（1902年）起，汉口装轮船运茶由发通州改发丰台，与开始用火车运茶有关。民国六年（1917年）《汉口轮船规例》记载了口庄红茶由招商局及祥发源从汉口运至丰台每箱运费保险情况。火车运茶与轮船类似，从汉口出发装运的记载大量出现在清末至民国时期安化办茶规程中。由汉口用火车运茶从光绪二十八年开始，"予帮初走茶货"；三十一年（1905年）由汉口装火车包送汜水，有大花茶、茶梗，后加天尖；三十四年（1908年）包榆次，以花茶、茶梗为主；宣统元年（1909年）发祁县，主要是黑茶。[②]民国六年《汉口火车规例》则专门对红茶、金尖发祁县、太谷、榆次等地各项花销有详细记载。[③]随着正太、京绥、京汉铁路的修通，山西茶商的茶叶流通进入了铁路运输的快车道。《民国八年运费价目及卖茶规例》中，不仅出现"京汉京绥联运蒙茶广告"[④]，还附有专门的"运茶合同式样"[⑤]，正太铁路、京汉铁路、京张铁路连为一体，由太原至丰台、丰台至天津、天津往东北地区及丰台往东口、汉口运茶全线接通，茶叶流通专业化特色更加显著。

第三节　山西商人办茶规程中的精细化营销

从清代到民国，山西茶商经营茶叶的各项细节，除了体现在茶叶的生产和流通上，还体现在茶叶的营销方式上。茶叶贸易途经的地区固然重要，但

---

① 参见《光绪二十七年办红、黑茶规矩·汉口装轮船例底》，载《晋商史料集成》第67册，第439页。

② 参见《光绪二十七年办红、黑茶规矩·汉口火车规例》，载《晋商史料集成》第67册，第442—443页。

③ 参见《民国六年办茶规程·汉口装火车发祁规例》，载《晋商史料集成》第67册，第642页。

④ 参见《民国八年运费价目及卖茶规例·京汉京绥联运蒙茶广告》，载《晋商史料集成》第67册，第724页。

⑤ 参见《民国八年运费价目及卖茶规例·西成公司蓝票所双方定立规则》，载《晋商史料集成》第67册，第729页。

运输方式与费用及其货币使用与支付方式更值得注意。透过办茶规程可以看到，无论是国内贸易还是对外贸易，其营销规模都是相当可观的，而运输成本直接影响茶叶销售价格、销售利润。茶叶运输中的“正载”和“浮捎”，正是山西茶商“精打细算”抑或“科学管理”的反映，一定程度上体现了茶叶贸易过程中营销的精细化。办茶规程显示，不同码头和路段所缴纳的费用不尽相同，但每一段路程所花费用均需纳入成本，摊到最小的计算单位箱、篓、盒、串中。因为这一数字直接影响北上后茶叶销售的核心问题——成本加上预期利润的销售价格，即规程提到的“每箱、篓均迭价”。

清至民国的办茶规程中频繁提到各种数字，这一系列的数字背后蕴含着山西茶商的精打细算。例如每件迭价的记账单位为“参平纹银·两”，而其每件的各项平均费用则精确到小数点之后的8位数字。这在日常生活中是罕见的，近似于度量衡的“理论计算”。但是，倘若以10万箱总合，则表现出的是万、千、百、十（两）、钱、分、厘，茶叶营销的利润就大不一样了。以光绪年间安化办茶为例，赊镇发汝州、禹州、襄县之西箱、花茶装牛车，如装西箱，惯例每车“正载”装3担半，“外捎”1箱1串，如无串子，解银内除。规程中有具体例算法：“置一串以六串归之，作担一分六厘六毫六，按每担解银若干，下银二两合除。假如每担解银一两六，以一两四合除，该除银二三三为是。”如装花茶，“正载”14件，“外捎”两件为3担半算账，每担解比西箱高银5分合付，如多装1件要除内之捎载，具体例算法：“置一件为实以一十六件为法归之，一件内应捎一分二厘五，以四件作担三厘一毫二丝五，即以一两六钱解价，合该除捎银五分。”[①]西箱茶以“串”论，算法精确到“毫”下面的“丝”，花茶以“件”论，算法则精确到“丝”下面的“忽”，而茶叶贸易单位至少在10万箱，茶庄一年的生产、转输、交易总额庞大，由此不仅可以看到山西茶商在经营活动中的精细化程度，也可以看到其规模化程度。

山西茶商注重茶叶的品质，标准化生产是茶叶能长时间行销的保证；在茶叶流通过程中，灵活选择运输方式及专业化流通途径可以最大限度降低成本。为进一步获得利润，在茶叶运出产地之后，茶商还会根据市场状况，进行初加工

① 参见《光绪二十七年办红、黑茶规矩·赊发汝州、禹州、襄县西箱装牛车例底》，载《晋商史料集成》第67册，第418页。

后的再加工，这是清至民国山西茶商精细化营销的又一体现。通过规程可以看到，根据市场需要，山西茶商对不同类型的成品茶常常会通过重新包装进行商品转换。《清中期羊楼洞、羊楼司办茶规程》中有《东口修茶谱》和《庙地修茶规例》，“东口”即张家口，“庙地”为喇嘛庙，“修茶”为营销的一种手段。口地和庙地修茶，对砖茶和盒茶均有涉及。东口修砖茶分“单包捆”和“包捆”，修盒茶分“单捆”和“装捆”，所用材料有箱壳、套皮、篓壳、竹篾、纸张等。[①]庙地修砖茶分“包捆”“单捆”“补捆”，修盒茶分“补捆”“装捆”“单捆”，所用材料有箱壳、套皮、千斤、竹篾等。[②]

在茶叶运输途中，山西茶商根据沿途市场需要适时卖掉部分茶叶也是常见情况。例如光绪年间安化办茶规程中，有从安山出发，途经赊旗、归化城（今内蒙古自治区呼和浩特市）、东口、兴化（今内蒙古自治区多伦县南）等地的卖茶注意事项，涉及老茶、红茶、黑茶、花茶的价格以及使用银色、平码、扣头等。[③]

在茶叶的重要流转地汉口，山西茶商的精细化营销表现得更为明显。办茶规程显示，在羊楼洞及安化茶山的生产环节中，即已根据市场需求分为“口庄”和“洋庄”。“口庄”主要为东、西两口及草原地区而制，“洋庄”主要面向汉口的洋人及洋行。《清代安化办红茶规矩》中不仅有《办洋庄规例》和《办洋庄裁纸规例》，还有专门的《汉口卖洋庄茶规》和《汉售洋庄规款》。《汉口卖洋庄茶规》具体介绍了卖洋庄的各项开销，有过磅费、挂藤费、封裱费、店费、茶炉费、火估费、公所费、炉口费、起驳力堆工钱、码头费、善查费等；[④]《汉售洋庄规款》则详细阐明在汉口售与洋庄交易时的注意事项，包括使用银色、平码、扣头，还涉及如何取样、留底、

① 参见《清中期羊楼洞、羊楼司买茶规程·东口修茶谱》，载《晋商史料集成》第67册，第325页。

② 参见《清中期羊楼洞、羊楼司买茶规程·庙地修茶规例》，载《晋商史料集成》第67册，第325页。

③ 参见《光绪二十七年办红、黑茶规矩·赊镇卖茶扣头例底》，载《晋商史料集成》第67册，第414页；《归化城卖茶例底》，载《晋商史料集成》第67册，第429页；《东口卖茶例》，载《晋商史料集成》第67册，第430页；《兴化镇卖茶例》，载《晋商史料集成》第67册，第431页。

④ 参见《清代安化办红茶规矩·汉口卖洋庄茶规》，载《晋商史料集成》第67册，第577页。

开条、交接、记账等。[①]光绪年间《售洋庄例底》中，对如何讨价还价着墨尤多。民国年间的营销规例更加完善，规款内容中，“汉口售洋庄”加入茶叶公所银、警查银、学堂经费银等支付事项；[②]规款类型上，不仅有“售洋庄”，还有“改口庄”等不同营销对象的详细规例。在汉口除直接卖与洋行和茶站，山西茶商也会根据市场需要，适时进行商品加工转换。《汉口改口庄》规款就记载了在原有基础上进行人工踩、焙及簝叶，所用材料有箱壳、棕绳、官堆纸、内外票、押条、扛条等。[③]

清至民国山西茶商的生产加工链条上，除要用到原茶，还需用到大量的箱、篓、蔑、铝、纸等附属产品。在茶叶生产过程中，纸的重要性不言而喻，无论是写帖记账，还是包茶、垫裱、内外票、贴签等，都需要用到类型多样且数量庞大的纸。在清至民国山西茶商的办茶规程中，几乎都涉及“买纸”“裁票”“裁帖”“包砖”“垫纸”等专门规例。这些规例具体介绍了“如何买”，但更多的是详细说明了“如何做”，即对买来的纸如何进行加工、如何合理花销。宣统年间的办茶规程中，不仅有“裁帖套”的规例，还有“染连”“染杂纸”“熬苏稿红”等专门规例。纸的加工类型有裁、染、印等，染和印在加工技术方面存在略微差异，前者主要将颜料和纸货相结合，后者则主要是将图案因素融入其中，这些都是在原产品基础上进行再加工。办茶融入办纸，无论是茶还是纸，都是根据市场需求，通过再加工提升其附加值，获得更多利润。纸货商号出现在办茶规程中，体现在营销链条上。在清至民国山西商人的办杂货规程中，“茶”“纸”频繁出现在一起，而纸货流转地点则密集于赊旗、汉口、樊城、东昌、吴城等地，与同一时期茶叶流通线路上的重要节点基本一致。山西茶商在茶叶贸易中延长了营销链条，由原料产品的采办延长至加工后的销售。除办纸，在办茶规程中还间有“买木耳”“做变蛋方”“做料面菜方”等[④]，这些作为茶叶贸易的“副产品”，是以茶为主的商人进行精细化营销的具体体现。此外，规程还出现

① 参见《清代安化办红茶规矩·汉售洋庄规款》，载《晋商史料集成》第67册，第599页。

② 参见《民国六年办茶规程·洋行杂费》，载《晋商史料集成》第67册，第667页。

③ 参见《民国六年办茶规程·汉口改口庄》，载《晋商史料集成》第67册，第667页。

④ 详见《清中期武夷买茶规程》，载《晋商史料集成》第67册，第367页；《宣统二年庆喻堂办茶、办杂货规程》，载《晋商史料集成》第67册，第486页、第548页。

"治疯狗咬方""治漏疮方"等各种药方[①]，也是应对办茶中遇到的突发情况、降低经营成本的案例。正是这种精细化的营销，使得山西茶商能够在不断变化的市场环境中保持优势，不断发展。

小　结

从明代中叶开始，山西商人从福建及两湖茶区采购、加工茶叶，而后千里迢迢转输到东、西口，再至草原腹地及更远的地方贩卖。如此情形年复一年，周而复始，持续了数百年时间，到清至民国臻于鼎盛。办茶规程包含了茶叶生产经营的基本内容，囊括了茶商贸易的各个方面，是山西茶商在长期的茶叶贸易过程中形成的经商经验与智慧的总结。它犹如教科书一样，由茶商为茶叶贸易而作，由上一代教给下一代，虽然随时代变迁而略有差异，但其基本的规矩和规则变化并不很大。不同历史时期山西茶商办茶规程的相继传承，充分说明了其约定俗成的民间性制度和机制的延续性。在整个茶叶贸易过程中，作为相对固定的贸易主体的山西茶商，虽然他们所经营的茶叶在品质、形制、包装、运输、销售等方面各有不同，但是他们对茶叶贸易的每一个环节都能做到严格把关并形成相应的准则和机制。透过办茶规程，我们看到的是山西商人经营茶叶贸易的立体而又复杂的面相：在原产地标准化、规模化的生产加工，因地制宜、灵活多样的专业化流通，精打细算、科学管理的精细化营销。茶叶贸易是不断流动的，茶商的历史也是不断前进的，这段历史中有传承也有创新。办茶规程还原了清至民国山西商人茶叶贸易的复杂面相，展示了这一历史时期山西茶商的工匠精神、商业智慧和创新品质，这也是现代山西商人乃至中国商人理应具备的贸易品格。

---

① 参见《清代做砖茶用纸规程及各码头规程》，载《晋商史料集成》第67册，第602—603页；《清中期武夷买茶规程》，载《晋商史料集成》第67册，第368页。

第二章　从办布规程看清至民国山西商人商业教育

山西商人的商业贸易从粮食开始，之后把盐、绢、布、棉、茶、烟、煤等商品逐渐纳入其经营范围。其中，茶叶和布是最为重要的经营种类。明清之际，随着商品经济的发展和人口数量的递增，布的需求愈发旺盛，商品属性越来越突出，布业成为山西商人贸易经营的重点。在长期的布业贸易过程中，山西商人通过总结经商经验形成的办布规程，囊括了贩布、运布、售布的方方面面。从中可以看到，山西商人在贸易中不仅重视办布的地点，对布的品质严格把关，还为了最大限度地增加其附加值，他们并不简单贩卖，而是把棉花加工成布，对生坯布进行多种工序的再加工，还对相关商品进行加工处理。他们重视布的营销，对各处花销了然于心，根据市场惯例精打细算，灵活应对。注重品质和科学经营既是清至民国山西商人布业贸易的成功之道，又是其贸易品格的集中体现。

第一节　山西商人办布规程中的采办事项

清至民国山西商人布业贸易涉及采办、加工、运输、销售等环节。在整个贸易链条中，采办是首要亦是最为重要的一环。其办布规程显示，布商对采办的地点非常重视，主要集中在湖北、河南、河北、重庆、山东等地，办布规程还列出具体的办布之处，详细指明所属府州及具体方位。《清代王宅志恒堂记迭花布底》载，禹州“系（下）〔汴〕梁省开封府所管之地，在赊镇正北，距赊三百六十里；在洛阳县东南，距洛三百二十里”[①]；许昌“系

① 《清代王宅志恒堂记迭花布底·禹州》，载《晋商史料集成》第68册，第270页。

（下）〔汴〕梁省许州所管，在禹州东北，距禹五十里”[①]。《同治十年余庆堂各处办布底稿》载，洛阳县“其处在李村西，比距三十里黄河南，离河五十里，系河南府首县”[②]。《民国年间河北、河南、山西等处办布规程》载，东石固“相距李家庄五百六十里，至石庄三百余里”[③]。诸如此类详尽记录地理方位的规条，在这一时期的办布规程中不胜枚举。清代山西商人办布地点主要集中在湖北。《咸丰年间湖北各处办布规程》中列举了该省15个重要集镇：旧口镇、多宝湾镇、新州镇、石牌镇、沙市镇、泗港镇、沙洋镇、后港镇、永隆河、蚌湖镇、德安府、唐县镇、汉口镇、长江坡、樊城镇。旧口镇是山西商人的办布重镇，办布规程以旧口镇为中心，将其他地方与旧口镇做比较，比较价格、布样等。如多宝湾镇“所使银两样式与旧口等耳。……所出之布系细布，较比旧口布宽一寸，短一尺”[④]。旧口镇为湖北重要的办布集散中心，很多地方出产的布发往旧口镇，山西商人在此集中办买，然后运输北上。如永隆河“若逢旧口集，快机户向旧卖者尚属不少，即如咱帮，亦有在彼办者”[⑤]。除了旧口镇，汉口镇也因四路通达，成为布业贸易的“集镇之地”“水旱码头”[⑥]。民国年间，山西商人办布重心逐渐转移，德安府成为比旧口镇更具规模的办布地点，布商一般在以德安府为中心的胡金店、云梦县、孝感县、厉山镇、唐县镇、王家店、晏家河等地采购土布。此时，办布重心进一步北移，河北、甘肃、天津等也成为重要的办布地点。

山西商人采办的方式也较为灵活，通常情况下分为两种，一种是直接采办，一种是委托代办。直接采办是山西商人直接在当地办买，委托代办是山西商人委托当地的行店和经纪人代为采办。在办布规程中，一般会首先说明各处办布方式。清代山西商人一般在自己家乡设置本号开展布业贸易，如嘉庆年间设在平遥的朝仪绸缎梭布行，同治年间设在平遥的余庆堂，清末设在太谷的锦泰蔚布庄、设在祁县的王志恒记。除在家乡设置本号，山西商人在

① 《清代王宅志恒堂记迭花布底·许昌》，载《晋商史料集成》第68册，第271页。
② 《同治十年余庆堂各处办布底稿·洛阳县》，载《晋商史料集成》第68册，第131页。
③ 《民国年间河北、河南、山西等处办布规程·东石固布》，载《晋商史料集成》第68册，第405页。
④ 《咸丰年间湖北各处办布规程·多宝湾镇》，载《晋商史料集成》第68册，第64页。
⑤ 《咸丰年间湖北各处办布规程·永隆河》，载《晋商史料集成》第68册，第83页。
⑥ 《咸丰年间湖北各处办布规程·汉口镇》，载《晋商史料集成》第68册，第90页。

办布地点也会设置许多布庄、布铺等长庄，招募管事、会计、伙计来经营和打理。外出办布时，如果办布地点设有长庄，就住在长庄栈房或另住别店。办货时遇到发货便利、方便安静、食用自然之处，也会随机应变，更改安庄之处。完庄之后要仔细查问，把所办之布的信息，如“漂白本色长短多寡”“夏布买价”“定价行情”“成卷坐底花销”“何日跟出走于几帮”等查清，统计列单之后带回本号，以便卖货时作为参照。[①]各个布庄时常同本号寄信联系，每月择日往本号寄正、副信两封。布商伙计在采办时会先住在行店内，在当地布庄和集市办买布匹。办布商在布庄买布时，店主会给一间房屋，配置紧要家具，有的布庄会给烟钱和酒肉吃食钱，而是否管饭则根据地方情况而定。遇到集市时，布商会赴集市买布。赶集要带钱、推小车去买布，运买布钱和返程带回的布也要出车费脚银，“每吊钱出车钱三文，由集推布，每匹脚钱二文”[②]。

对采办的标准，山西商人最为重视。办布规程显示，在采办过程中，山西商人对布的品质严格把关。清至民国布商经营的种类较多，规格、类型复杂多样。按照材质，布可划分为锦、绫、绸、缎、麻布、棉布等。锦为蚕丝纺织的布料，绫为蚕虫自织布料，绸为丝麻混纺的布料，缎为细麻丝纺织的布料，麻布为粗麻丝纺织的布料，棉布为棉丝纺织的布料。布业贸易以棉布和麻布为主，其中由苎麻为原料编织成的夏布最受欢迎。夏布分为半漂夏布、加漂夏布、浆夏布、折夏布、京庄夏布、定机夏布等。按照工艺，布可分为梭布、坯布、漂白布、色织布、印染布、毛青布等。梭布为家庭木机所织的布；坯布为没有经过加工、印染等工艺的布；漂白布是经过化学漂白，去除杂质和油脂的布；色织布是用染色的纱线编织而成的布；印染布是将坯布染色而成的布；毛青布是“取松江美布染成深青，不复浆碾，吹干，用胶水参（掺）豆浆水一过”[③]而成的布。在办布规程中，常出现的布种有大布、干布、小干布、口布、重布、袍料、梭布、诸梭、洋布、粗布、白布、斜纹布等。山西商人根据市场需求确定办布种类，如咸丰年间湖北旧口发山西平遥的布有“提尖白布”“顶庄白布”“锦白布”“晚庄白布”“彩边白生

---

① 参见《清代太谷锦泰蔚布庄办布规程·隆昌初去嘱单》，载《晋商史料集成》第68册，第175—176页。

② 《同治十年余庆堂各处办布底稿·马家集》，载《晋商史料集成》第68册，第136页。

③ 宋应星著、潘吉星译注：《天工开物译注》，上海古籍出版社，2016，第130页。

兼紫花布”“拔尖晚庄白布”[①]，湖北后港口镇所出的布有“正号广弘打青胎布”“副号胎布”“三副号胎布”“信茂义胎布”“永丰德胎布”“丰德副号胎布”[②]。从规程中布的丰富种类，足见山西商人做事之严谨，贸易之年久，规模之宏大。采办布匹种类复杂，规格也极为讲究。山西商人对布的品质严格把关，对各处之布的线条数、长宽、重量、匹卷等均有明确标准。[③]

民国时期，除了传统土布，布业规程对洋布的种类、规格、价格等也都做了详细记载。《民国年间全国各地办布规程》记录了各种东、西洋布种类和品质，涉及东洋细斜缎、东洋包斜纹缎、东洋巴黎呢、西洋泰西宁绸、西洋花德国缎、西洋西丝绸等。在办布时，山西商人要货比三家，总结各处布的特点及优缺点，如开州布“城东之布微显青牙色，城西之布自来亮白，城南之布自来牙色，城北之布（仝）是。硫黄熏过，甚白，不吃染色”[④]。为了保证布的质量，他们在办布时格外仔细，绝不含糊。在临到天气大热之时，嫩色之货少办少买，诚恐“木箱到路发潮，到至汉路其内生火，货物起点防坏”[⑤]。此外，还规定了“三处有头”不买：“一名石灰头，价钱大小不要，真乃大坏事。一名汾头，价钱要小还不碍事。一名捶头，布不发卷齐实不买。”“五样之布”必须谨慎：“稀稍、夹页、机短、稍七、页分五样之布，买下不可入卷。”[⑥]办布规程多次提到办布必须细心过目，不可坏大事。对商品质量严格把关，成为山西商人布业贸易能够持续发展的关键所在。

在布的包装上，山西商人亦特别讲究，按照规格挑选布匹后，还会把所办之布用心妥善包装。在长途运输过程中，布匹难免会有潮湿发霉、破损残缺、浸油污等损坏，遭此情况布价必跌，如规程中言“病布跌银，潮霉每匹一分，水湿每匹二分，破每匹一分，油每匹五分”[⑦]，所以布的包装极为重

---

① 参见《咸丰年间湖北各处办布规程·旧口镇》，载《晋商史料集成》第68册，第58—60页。

② 参见《咸丰年间湖北各处办布规程·后港镇》，载《晋商史料集成》第68册，第80—82页。

③ 参见《同治十年余庆堂各处办布底稿·禹州》，载《晋商史料集成》第68册，第113页。

④《同治十年余庆堂各处办布底稿·开州》，载《晋商史料集成》第68册，第135页。

⑤《清代太谷锦泰蔚布庄办布规程·嘱我号规》，载《晋商史料集成》第68册，第163页。

⑥《同治十年余庆堂各处办布底稿·马家集》，载《晋商史料集成》第68册，第136—137页。

⑦《民国年间全国各地办布规程·三原县卸、卖布及买、发布规则》，载《晋商史料集成》第68册，第433页。

要。办布规程显示，山西商人在包装布匹时，会按照尺寸对准，以规定匹数合为一包，再用油纸包成筒（规程原文写作“甬”），数筒合为一捆，装箱或装篓，最后加上苫布（包装布匹的材料）防止损坏或被打湿。包装时会用到布口袋、纸、赛纱皮、麻袋、蒲包、竹席、篾篓、箱子、捆口绳、竹签等材料，其中仅包装用纸的种类就有油纸、里纸、改连纸、毛边纸等。油纸还细分为连六油纸、连八油纸、顶大油纸、小油纸等，篾篓包装种类有双底双盖竹篓、加大竹篓子等，捆口绳种类有竹篾条、棕绳等。这些材料的配置均由山西布商完成。山西商人对布的包装精益求精，有效保证了布的品质。

第二节　山西商人办布规程中的加工环节

办布规程显示，清至民国山西商人的布业贸易不仅是简单采买和贩卖，还包括对布进行初加工和再加工，以增加产品的附加值。

布的初加工一般是对棉花进行加工。在布业贸易中，除了采办布匹，山西商人还会根据市场需求，在特定地区采买棉花，作为商品直接销售或进行初加工。棉花同布一样都是民生之本，明朝之后逐渐取代丝、麻成为中国最重要的天然纤维作物。办布规程详细规定了棉花品质好坏高低的标准和品类特征，将棉花分为头牌花、二牌花、三牌花，列举了不同产地棉花的特点。例如关东、锦州、冀州、京东、乐亭、青邑的棉花为顶尖的好花，其花绒细、长、软，扯开时花蕊如丝；太仓州、南通州、澄州府、上海县棉花绒细、绵、软，但是花色发暗；安陆府、天门县、甘镇驿仓棉花毛眼绒细，非常干净；沔阳县、沙湖、岳口、沙市仓与河沙仓相似，武昌府、东北一代仓与获鹿仓相似，就是相较起来毛眼软些，成色最低，也最不干净。采办好原棉后，山西商人会委托布行或者自己开设作坊，将原棉经过分梳、除杂、加捻、卷绕等工序加工成棉纱，而后纺织成布。“凡棉布寸土皆有，而织造尚松江，浆染尚芜湖”[①]，一般来讲，在江南等地进行棉花加工情形较多。办布规程对原棉产地和棉布市场都有详尽记载，体现了山西商人对棉花加工在布业贸易中的重要性的认识。

---

① 宋应星著、潘吉星译注：《天工开物译注》，上海古籍出版社，2016，第117页。

除了将棉花加工成布，在布业贸易中，山西商人更多的是通过多种加工程序，对生坯布进行再加工，增加布匹的附加值。布的再加工分为漂、染、踹、绣、缝等工序。漂为漂白，是通过化学方法对生坯布进行漂白处理，去除生坯布中的杂质、污渍和油脂，以保证丝织物的白度。染为染色，是使用植物染料和矿物染料给白布上色。踹为踹布，是把染好色的布卷在卷轴上，放在磨光的石板上，上压千斤重的“凹”字形重石，由踹工踩着巨石两端，左右来回运转，使布变得更加紧密、光滑和柔软。绣为绣花，是在布上作绣，多为“龙凤”“时花”“十景”等[①]。缝一般是对布匹进行对缝、锁边等。办布规程显示，山西商人对布的加工贯穿于布的整个运输过程中。

对布的再加工，最典型的是印染环节。山西商人或委托颜料庄代为染布，或直接在贸易路途中开设染坊。染色材料多为自己置办，如同治年间庆余堂在河南五女店染一九南府色布时，桃红、西湖绿“此二宗色随客自备”[②]。河南禹州、许州都是重要的染布地点，其中许州五女店染布技术最为成熟。办布规程详细记载了印染的颜色、规格、种类等。现将同治年间山西商人在许州五女店染布颜色列表如下（表2-1）。

表2-1　同治年间河南许州五女店染布颜色一览表

主色	分类
白	漂白、鱼白、水白、月白、深鱼白、深鱼
红	大红、枝红、桂红、真红、桃红、鱼红、临朱、板朱红、毛桃红、光桃红
黄	鹅黄、金黄、杏黄、米黄
绿	油绿、砂绿、官绿、松绿、柳绿、湖绿、玉绿、豆绿、果绿、西湖绿
青	皂青、光青、蓝底双青、玉青、蛋青、伏青、真青、西湖水玉青、糖青
蓝	宝蓝、洋蓝、老蓝、月蓝、顶蓝、石蓝、苏蓝、松花蓝、砂蓝
其他	漳灰、紫檀、毛光、棕色、京棕、京酱、棕色、铁色、秋霄、秋香

资料来源：根据《同治十年余庆堂各处办布底稿·五女店》（载《晋商史料集成》第68册，第116页）相关内容整理。

① 参见《嘉庆四年朝仪撰绸缎梭布行必需·绣工行规》，载《晋商史料集成》第68册，第13页。

② 《同治十年余庆堂各处办布底稿·五女店》，载《晋商史料集成》第68册，第116页。

从表2-1可以看出，染布颜色种类丰富，同一颜色差别细微，说明许州五女店染色加工技艺之高。办布规程在染布颜色后还附有特定地区染色价码。如《同治十年余庆堂各处办布底稿》详细记载了五女店染色的5种价码："一九南府色布价码""大号梭颜色加头（大号之布，丈九长）""一四标光色布染价码""一五有光色梭染价码""汉口梭颜色加头"。[①]布的种类不同、颜色不同，染价亦有差别，如"豆绿六桶三分四，西湖绿三桶六分五，大红三十六桶三分五，棕色六桶三分四"[②]。炼染不同材质的布料，价格也不相同，如"炼绢每匹一分二，炼绸绫每匹八分，染桃红绫一钱四"[③]。同一染料染不同的布，如京庄夏布、细夏布、定机夏布，价格也不同。办布规程中复杂而详细的记载体现了山西商人对染布的熟悉程度。

办布规程显示，山西商人除了经营布匹，还经营皮毛等杂货。对于这些商品，山西商人也会进行加工，笔者认为可将其纳入布业贸易的组成部分。"办毛"与"办布""办花"不同，运费高、捐税大，"羊毛销路，美中销毛十成只占二三，外国需用羊毛"，销路远不如布。[④]在运输过程中，皮毛还极易因天热发黄、虫患叮咬导致损耗过重。在市场需求上，毛皮的腥膻之气虽"习久而具化"，但是"南方不习者不堪也"[⑤]。南方人穿不惯毛皮，北方天气渐暖之后亦用不上，所以办毛不如办布、办花占据大宗，其畅销地主要在青海，尤其是西宁。

从办布规程看，有的单独成篇，有的散布于办杂货规程之中。这说明山西商人有的单营布类，有的在经营布之外兼营菜蔬、果干、糖、茶、纸张、日用品、香料等杂货。《民国年间全国各地办布规程》就列有《天津海关估百货价格表》，以备办货时对照参考。除了加工布，山西商人也在布业贸易中对纸张、茶叶、日用品等进行初加工和再加工，以提升产品的价值。这也使得山西商人能够在庞大而复杂的布业贸易中保持优势，获得发展。

---

① 详见《同治十年余庆堂各处办布底稿·五女店》，载《晋商史料集成》第68册，第116—118页。

② 《咸丰年间湖北各处办布规程·石牌镇》，载《晋商史料集成》第68册，第73页。

③ 《嘉庆四年朝仪撰绸缎梭布行必需·论盛泽货》，载《晋商史料集成》第68册，第7页。

④ 参见《民国年间全国各地办布规程·西宁贪羊毛沿途外缴》，载《晋商史料集成》第68册，第445页。

⑤ 宋应星著、潘吉星译注：《天工开物译注》，上海古籍出版社，2016，第121页。

第三节　山西商人办布规程中的营销把控

山西商人在布业贸易中，除了采办和加工，对布的营销也极为重视。办布规程显示，清至民国山西商人对布的营销主要把握两个方面：一是掌控各处花销，精打细算；二是把握市场惯例，灵活应对。

整个布业贸易会涉及很多花费，对这些花费，山西商人可谓精打细算。按照布业贸易的环节，办布花费一般分为采办花费、加工花费和运输花费。采办花费有买布钱、经纪钱、伙食钱、杂役钱、烟茶酒肉钱、行用钱、出用钱等。如同治年湖北旧口办布，“店主与客房屋一间，家具以及调货高低随客自便，使钱一千，出用钱二十文，系店主、经纪各得钱十文，每天出（火）〔伙〕食钱一百六十文，烟茶杂使钱系客自备”[①]。除买布费用，其他花费得根据不同地区情况而定，例如有的烟茶酒肉钱需要山西商人自己承担，有的则由当地布庄筹备。

从办布规程来看，布价涨跌不定，买价随时变动，“买布庄钱九八四，买布看庄系托店主包价，办买譬定价每匹布钱六百一，与客抽回用钱十五文，以时价钱数合银”[②]，所以山西商人必须找准时机，在供应充足、市场价低时大量“贪货”，等布匹市场供不应求时高价卖出，以达利益最大化。

山西商人采买成品布有采办花费，在加工环节也有加工花费。其中，包装工钱有苫布工钱、卷绳工钱、油纸钱、蒲包布袋钱等，加工布钱有漂白钱、染色钱、踹工钱、薰工钱、绣工钱、缝工钱、折工钱等，加工毛钱有上药钱、拣毛钱、晒毛钱等。对于每项花费，办布规程均有详细说明。《民国年间全国各地办布规程》中有“每卷熏、踹工钱八十二文五”[③]“折工五十文，缝工钱二十五

① 《同治十年余庆堂各处办布底稿·旧口镇》，载《晋商史料集成》第68册，第122页。
② 《咸丰年间湖北各处办布规程·新洲镇》，载《晋商史料集成》第68册，第67页。
③ 《民国年间全国各地办布规程·晏家河阔布式》，载《晋商史料集成》第68册，第441页。

文”[①]“每卷染水钱六元五”[②]“女工男工拣毛晒毛，成捆工资二钱”[③]之款。这些工费均摊在每匹布的成本中，体现在每匹布的销售上，“一应油纸、理纸、麻袋、蒲包、绳绳，每匹摊银二厘五”[④]。

除了采办和加工花费，运输也需较大花费。运输花费包括运费和税费。清至民国山西商人布业贸易中的运输主要是通过水路和陆路两种方式进行。清代前期和中期，水路一般走运河，如办布规程中提到的“苏州布船发东路系由运河卸”[⑤]，需要付过河钱和船只钱，以每担结算，“以四大卷作一全担，以八小卷作一全担，每担出过河钱二分”[⑥]。清末出现用火轮船走海路运输的情况，如“计路四千八百里，火轮船出吴淞口，昼夜不息，飘海走大洋”[⑦]。陆路一般通过骡子、骆驼和马车运输。骡子运输一般称为“绑骡”，运费开销有详细的“绑骡规则”。[⑧]骆驼运输一般交由驼帮，称为“绑驼”。陆路同样是以每担结算，每担出骡脚钱、绑驼钱、车力钱、车马柜钱等。水路和陆路的运费价格不同，每段路程的价格也有异，如“旧〔口〕至河下，每卷力钱布街十四、熊街十六；旧至樊城，每卷水脚钱七十”[⑨]。《民国年间河北、河南、山西办布规程》提到了“火车运货解费”[⑩]，轮船和火车运输大量用于布业贸易中，可见山西商人善于把握时机，灵活选择，最大限度地降低成本，获得利润。

办布运输途中还涉及各种税费，包括关税、厘金、会馆抽钞、官项钱、

① 《民国年间全国各地办布规程·厉山镇》，载《晋商史料集成》第68册，第446页。
② 《民国年间全国各地办布规程·平凉买布规则》，载《晋商史料集成》第68册，第451页。
③ 《民国年间全国各地办布规程·青海省贪羊毛规则》，载《晋商史料集成》第68册，第444页。
④ 《咸丰年间湖北各处办布规程·沙市镇》，载《晋商史料集成》第68册，第75页。
⑤ 《嘉庆四年朝仪撰绸缎布行必需·嘉庆八年冬标布价》，载《晋商史料集成》第68册，第46页。
⑥ 《咸丰年间湖北各处办布规程·新洲镇》，载《晋商史料集成》第68册，第69页。
⑦ 《清代太谷锦泰蔚布庄办布规程·从上洋至天津水路程》，载《晋商史料集成》第68册，第208页。
⑧ 参见《民国年间全国各地办布规程·新野发潼绑骡、装车规则》，载《晋商史料集成》第68册，第434页。
⑨ 《咸丰年间湖北各处办布规程·旧口镇》，载《晋商史料集成》第68册，第63页。
⑩ 《民国年间河北、河南、山西办布规程·火车运货解费》，载《晋商史料集成》第68册，第415页。

行用钱、火耗平色银等。清代前期运输中最主要的是榷关税，咸丰以后，厘金成为主要开销。办布规程显示，每段路程厘金数目不等，山西商人对布业贸易中所花费的各项厘金都进行了精确统计。厘金并不是固定不变的，在咸丰年间旧口镇发禹州的规程中就有“旧口新添官厘金每卷钱一百文”[①]。山西商人精打细算，缴纳厘金灵活办理，“如行至纳厘税之处，见景生情，总以活办变理为要”[②]。民国时期，时局动荡，捐税繁杂，缴纳陡增，办布规程提到运输中要交的名目有车厂银、城防局银、船捐、印花税、火耗洋、商税洋、常关税、坐税银、担头银、落地税、警捐、保商捐、特捐等数十种之多。要在缴纳这样多的苛捐杂税后获利，必须进行精细化营销，才能获得生存和发展。

在布业贸易中，电报的广泛使用是山西商人与时俱进的又一体现。对于电报费，山西商人亦是精打细算，发报以字数、地区、翻译计价，“四等电每字六毛六，外省电每字一角三二”[③]。邮费花销同样如此，“汉邮河同元亨字印花布，每个邮包内打九匹，每匹一两三六”[④]。他们精确把控各项花费，并规定“本客经手自报，万不可含糊报矣”[⑤]。对花费精打细算并一应均摊在每匹布中算作成本，加上利润，精准地把握布的销售价格，是山西商人布业营销的一大特色。

布业贸易中的精细化营销还体现在山西商人善于把握市场惯例，灵活应对方面。办布规程显示，山西商人在掌握各地货币情况、熟悉各地金融市场惯例的基础上，能够根据市场变化灵活应对；还熟练掌握各地称量单位，将本号的“平砝”同办布之地进行比对，得出两者之间每百两的差，按照“某地平比本号平每百两大多少”样式详细记录，从而更有效地进行贸易。规程不仅列举了本号及山西各地平砝，还指明“外省各州府县每百两比各公砝平大小”，布业贸易所到之处，对平码均有详细记录。[⑥]这些平码并非一成不

---

① 《咸丰年间湖北各处办布规程·旧口镇》，载《晋商史料集成》第68册，第63页。

② 《清代太谷锦泰蔚布庄办布规程·隆昌去嘱单》，载《晋商史料集成》第68册，第170页。

③ 《民国年间全国各地办布规程·拍电规则》，载《晋商史料集成》第68册，第439页。

④ 《民国年间全国各地办布规程·汉口规式》，载《晋商史料集成》第68册，第462页。

⑤ 《清代太谷锦泰蔚布庄办布规程·樊城》，载《晋商史料集成》第68册，第245页。

⑥ 参见《民国五年赵州买花规程（附山西及省外各州府平砝）·山西各州府县比太谷县公砝平每百两大小》，载《晋商史料集成》第68册，第365页。

变，随着时间推移，平码可能逐渐有异，重新立规亦为常事。《咸丰年湖北各处办布底稿》中就提到道光十二年（1832年）五月赊旗镇新定行规和秤头平码的情况：重新修秤3杆，山陕会馆存1杆，东西两路头周流各1杆，规定“其彼钱平每百两比曹平大银三两二，可使银两样式系九九银，宝银皆可，惟足纹银不行”。[①]其后列有公议各货物所用平码，粉皮称、粉面称、粉条称、油饼称、核桃称、葡萄称等均以赊钱平作为标准，“行规元银，系以九四扣纹银，九三扣宝银”[②]。在清至民国的布业贸易中，对市场惯例严格考量，把握营销金融法则，灵活应对，也是山西商人在复杂的布业贸易中能够保持优势的重要因素。

小　结

布是山西商人经营的主要大宗商品之一。在长期的布业贸易实践中，山西商人积累了大量经验，办布规程就是其经验的结晶，也成为他们从事贸易活动的教科书。正如规程所言，“择本行日用之必需者聊为志焉以备参考”，“将目前现在行情货物书明于后”[③]。从办布规程可以看出，山西商人不但重视办布的地点，而且对布的品质严格把关。在布业贸易中，他们并非简单地贩卖，而是将棉花加工成布，对生坯布进行再加工，对相关的皮毛和杂货进行加工处理，最大限度增加产品的附加值；他们格外重视布匹的营销，对各处花销了然于心，精打细算、科学管理，灵活应对，这些都是山西布商在复杂的市场变化中长期立于不败之地的关键因素。尤其值得一提的是，山西布商对布的加工精益求精，不断雕琢自己的产品，可谓工匠精神的一大体现。总体而言，注重品质、科学经营以及精益求精的工匠精神，是山西商人进行布业贸易的生存之道，也是其贸易品格的集中体现。清至民国山西商人积极活跃于全国的布业流通领域，创造了极大的经济利益，也成为“南布北运”商品流通格局中的生力军。

---

① 参见《咸丰年间湖北各处办布规程·赊旗镇》，载《晋商史料集成》第68册，第104页。

② 《咸丰年间湖北各处办布规程·赊旗镇》，载《晋商史料集成》第68册，第110页。

③ 《嘉庆四年朝仪撰绸缎梭布行必需·题记》，载《晋商史料集成》第68册，第5页。

第三章　从办杂货规程看清至民国山西商人商业教育

除了茶叶、布匹等，纸品也是清至民国山西商人经营的主要商品。在其办杂货规程中有大量涉及办纸的规程，是山西商人进行纸品贸易的重要指引和参照。依照办杂货规程，山西商人在采办纸品过程中，对质量严格把关，广泛参与裁剪、染色、印刷等加工制作环节，实现了纸品的再生产，提高了产品附加值。他们对纸品的流通也极为重视，在流通路线、运输方式、经营管理等方面都体现出专业化特征。纸品贸易还与其他商品贸易发生广泛联系，茶叶、布匹等商品对纸的需求为纸品贸易提供了巨大的市场。纸品作为诸多商品贸易的一种，扩大了山西商人的经营范围，完善了山西商人的经营结构，体现了山西商人的贸易品格。

第一节　山西商人办杂货规程中的纸品采办

清至民国山西商人经营着数量庞大的纸品。办杂货规程显示，这一时期各类纸品名称多达200种以上。其命名方式众多，有以形制命名的，如各种表纸、连纸、笺纸；有以颜色命名的，如梅红纸、刷绿纸、亮青纸；有以纸品纹饰命名的，如白底蓝花纸、黄罗纹纸、素花白绫纸；有以规格命名的，如三三表辛纸、一八净红纸；有以产地命名的，如高丽纸、宣纸；有以原材料命名的，如桑皮纸、棉纸；有以用途命名的，如奏本、门神纸；等等。

采办是山西商人进行纸品贸易的首要步骤，如何采办到种类繁多且质量上乘的纸品，是纸品贸易持续发展的关键。山西商人对纸品质量的严格把关，首先体现在对纸品产地的重视。

商品出处是办杂货规程中常见的一种子规程，一般以商品名称为条目，记录各商品的产地等信息。纸品的出处，有的在专门的纸品出处规程中出现，如《清代买纸张、杂货、糖等货物规程》有《纸张出处》、《民国八年宝善堂记货商杂志》有《各省色纸出处》；有的记录在综合性的出处规程中，如《道光元年杂货规程》有《诸样杂货出处》、《咸丰七年应用杂货本》有《诸货出处》。从这些出处来看，山西商人所经营的纸品大多产于江西、福建两省。《道光元年杂货规程》中《诸样杂货出处》记有纸品36种，其中出于江西的有19种，出于福建的有5种；[①]《民国八年宝善堂记货商杂志》中《各省色纸出处》记有46种纸品，其中出于江西的有42种，出于福建的有3种。[②]当然，一些纸品的出处并不是唯一的，如《清代买纸张、杂货、糖等货物规程》的《纸张出处》记有“五合大毛边，出江西广信府，福建登州府九日县、顺昌县亦出”[③]。在采办过程中，山西商人通过纸品的基本信息来把握评价标准。

山西商人之所以关注纸品的产地，是因为它直接关系到纸品的质量。办货规程记录的纸品有200多种，几乎每种都记录产地、触感、色泽、规格等。《道光元年杂货规程》记录：“表辛：出湖南衡州府湘潭县，夷阳汉庄顶高，白果上，东山次，龙山更次。”[④]《民国二十三年恒裕王记办杂货规程》记录：“锦纸：出东府次，朱镇佳，杭州更佳。”[⑤]在长期经营过程中，山西商人还在产地标准上衍生出字号标准，产生了一种品牌信任。如清代《天津东昌等处办杂货规程》专门记录了东昌府“义源纸局”[⑥]“德胜纸局”[⑦]等字号的纸品价格和交易规则。到了民国，这种趋势进一步加强，在纸品名前冠以字号名并以等级区分。《民国十八年米彩莘杂记本》记有“同

① 参见《道光元年杂货规程》，载《晋商史料集成》第68册，第509—620页。

② 参见《民国八年宝善堂记货商杂志》，载《晋商史料集成》第69册，第339—367页。

③《清代买纸张、杂货、糖等货物规程·纸张出处》，载《晋商史料集成》第69册，第254页。

④《道光元年杂货规程·诸样杂货出处开录于后》，载《晋商史料集成》第68册，第583页。

⑤《民国二十三年恒裕王记办杂货规程·纸札》，载《晋商史料集成》第69册，第422页。

⑥ 参见《天津东昌等处办杂货规程·东昌买义源纸局》，载《晋商史料集成》第69册，第495页。

⑦ 参见《天津东昌等处办杂货规程·东昌买德胜纸局》，载《晋商史料集成》第69册，第495页。

发荣川连纸”“复源生白官纸”等；[①]《民国二十三年恒裕王记办杂货规程》则分等级记录了经营贡川纸的9家字号，其中“魁元”“和记”为“头户”。[②]可以看出，山西纸商与纸业字号有着长期的贸易合作关系，对这些字号货物信赖有加，他们达成商业信任，共同造就品牌效益。

除了产地，山西商人还以触感、色泽等实践经验判断纸品质量。首先是以触感为标准，细滑为佳，粗糙乃至纤维突出者为差。如《咸丰七年应用杂货本》提到“棉连纸，要白净光洁，不要漏连帘”[③]；《同治七年各类杂货兼兰州秤头、行规谱》提到方白麻纸“要白净硬者好，麻渣多黑次”[④]。“净”“洁”都有手感光滑的含义，是高质量的表现；反之，渣多者手感粗糙，归于次品，更有甚者漏帘扎手，为山西纸商所摒弃。其次是以色泽为标准，色匀且正为佳。《同治七年各类杂货兼兰州秤头、行规谱》中有粉连纸“要纸细白，无云者好”[⑤]；《清代买纸张、杂货、糖等货物规程》记色宫尖“朱红为上，色要亮，面色匀者佳”[⑥]。“白”“朱红”“亮”是对纸张色泽的标准，“无云”指纸浆厚薄均匀、不结团，“面色匀”指纸张染色均匀，都是要求纸品视觉效果整齐。这两种方法都是山西纸商在长期的纸品贸易实践中总结出的经验。

在采办过程中，山西商人除了关注纸品的产地，还关注价格、去向、用途等其他信息。如《清代买纸张、杂货、糖等货物规程》中有“潼关纸：出陕西汉中府，捻火纸煤用”[⑦]，“长连：出河南固司县，消于朱仙镇，做

① 参见《民国十八年米彩莑杂记本·各种纸张类》，载《晋商史料集成》第69册，第385页。

② 参见《民国二十三年恒裕王记办杂货规程·贡川字号》，载《晋商史料集成》第69册，第411页。

③《咸丰七年应用杂货本·诸货出处》，载《晋商史料集成》第68册，第667页。

④《同治七年各类杂货兼兰州秤头、行规谱·新抄海菜杂货兼兰秤头、行规》，载《晋商史料集成》第68册，第728页。

⑤《同治七年各类杂货兼兰州秤头、行规谱·新抄海菜杂货兼兰秤头、行规》，载《晋商史料集成》第68册，第728页。

⑥《清代买纸张、杂货、糖等货物规程·纸张出处》，载《晋商史料集成》第69册，第264页。

⑦《清代买纸张、杂货、糖等货物规程·纸张出处》，载《晋商史料集成》第69册，第256页。

染色染连使用，周口亦用”[①]。这些记录虽少，但说明了山西纸商经营纸品的种类丰富。另外，从清代到民国，山西商人一直经营有进口性质的“洋纸”。如《清代买纸张、杂货、糖等货物规程》记录“洋连纸”“金银花洋兰”“素洋兰”等“洋纸”均出广州[②]；咸丰六年《广东杂货规矩》中有用“番银”进行“洋兰”交易的记录[③]。我国机器造纸工业始于光绪十年（1884年），至甲午战争前，国内只有两家机器造纸厂。[④]在这期间，山西商人较早地开始采办机器纸，《光绪十八年广顺源记花名折》中出现了“机器洋粉连”等机器纸的记录，其他规程也多有“机器纸”记载。[⑤]山西商人花费大量篇幅记录纸的各项品质，体现了他们对纸品质量严格把关、一丝不苟的精神，这也是清至民国山西商人的纸品贸易能够延续发展的重要因素。

第二节　山西商人办杂货规程中的纸品加工

办杂货规程显示，清至民国山西商人从事纸品贸易并不是单纯贩卖，而是融入了大量的加工环节，以提高纸品的附加值。纸品的加工比较复杂，不仅涉及多个环节，还需要技术工人以及资金等支持，但山西商人仍以各种方式参与其中。

纸品贸易中的加工，主要体现在纸品的裁剪上。例如帖套是一种纸制函套，类似信封，与不同的精致纸张配套。它的制作工序最主要的是裁剪，故称“裁帖套”。在办杂货规程中，裁帖套在子规程中频繁出现，地点主要在山东东昌和山西曲沃。帖套主要用来盛装规格固定的纸，故裁帖套的尺寸标

---

① 《清代买纸张、杂货、糖等货物规程·纸张出处》，载《晋商史料集成》第69册，第258页。

② 参见《清代买纸张、杂货、糖等货物规程·纸张出处》，载《晋商史料集成》第69册，第265页。

③ 参见《咸丰六年程宅某号第二本杂货作载随平码·广东杂货规矩》，载《晋商史料集成》第68册，第650页。

④ 参见上海社会科学院经济研究所轻工业发展战略研究中心：《中国近代造纸工业史》，上海社会科学院出版社，1989，第51页。

⑤ 参见《光绪十八年广顺源记花名折》，载《晋商史料集成》第69册，第58页

准要求极严格。《清代买纸张、杂货、糖等货物规程》的《帖套尺寸》记录了近20种不同尺寸的帖套，如“官单纸做大改式封，长八寸四，宽三寸三八，重九两”[①]；《东昌府裁帖套》记载，一刀“生上净纸”可做“九五大套”808个，每包200个，工钱25文，重1斤；[②]等等，说明帖套裁剪加工的不同规格。

纸品规格的裁剪加工虽然相较于裁帖套要简单一些，但在纸品加工子规程中，对如何进行裁剪加工的规则仍有十分详细的规定。例如《天津东昌等处办杂货规程》中的《东昌府裁纸规例》记载：“大赛边：每一篓计六刀，每刀一百九十五张，每一篓做云尖纸一十二刀，余纸三十张，除破碎，每篓水工银一两四钱至一两八钱不等。”[③]《天津东昌等处办杂货规程》还记录了“毛卜纸”以大化小的加工规格：“毛卜纸：每篓计一十二刀，每篓裁小码二百六十四刀，每刀按一百九十六张数拆小码，每刀九十，每刀印工钱三个。”[④]纸品裁剪是一种较初级的加工方式，由于纸张均有固定规格，故裁剪是纸品加工必不可少的环节，甚至很多纸品名称都显示出“裁剪”特色，如各种“剪边纸”“裁边纸”“切边纸”等。剪纸本身也是一种商品，技术要求更高，产品附加值也更高，规程中就有“长青剪纸”“洋剪纸”等商品。山西商人将大多数纸品裁剪工作集中在裁帖套的中心东昌和曲沃进行。他们大量经营这些裁剪特点明显的纸品，也反映出他们广泛参与了纸张剪裁加工。

染色是山西商人对纸品更为复杂的一种加工方式。纸张本身大多接近白色，但市场对各种有色纸需求很大，如民间遇有过节、婚娶、祭祀等就常用到红、黄、金、绿等颜色的纸。办货规程显示，山西商人在很多情况下，在纸品贸易中融入了“染纸”的加工环节，加工地点主要是在河南的朱仙镇。《清代买纸张、杂货、糖等货物规程》中的《朱仙镇染纸规例》记载了染纸用的原料、工钱、价码等信息，如“毛把纸做大丹红一刀，用丹

---

① 《清代买纸张、杂货、糖等货物规程·帖套尺寸》，载《晋商史料集成》第69册，第160页。

② 《清代买纸张、杂货、糖等货物规程·东昌府裁帖套》，载《晋商史料集成》第69册，第179—180页。

③ 《天津东昌等处办杂货规程·东昌府裁纸规例》，载《晋商史料集成》第69册，第518页。

④ 《天津东昌等处办杂货规程·毛卜纸》，载《晋商史料集成》第69册，第534页。

三两，工银二钱四”，开价“大红加二码”。除各种红纸，该号还染黄、金、绿、铜等色纸。[①]《民国二十三年恒裕王记办杂货规程》中的《朱镇作坊做色纸规例》记载了染不同颜色纸的工钱：“银红工银三两二，大红工银二两，紫色工银两六，蓝绿金黄工银一两，青黄古铜工银九钱。”[②]《宣统二年庆喻堂办茶、办杂货规程》中有《沠染连歌》，记录了染各色纸之要诀，歌曰：“金色染连俱是全，每一架中九样颜。桃大二红共十五，青三黑（碌）〔绿〕五刀半。鹅黄紫（碌）〔绿〕淡（兰）〔蓝〕色，各是刀半共为全。”[③]染纸的原料主要是纸和颜料，二者都需要专门采办。以染制“云笺”为例，朱仙镇是它的主要产地之一，是在原纸基础上刷“云粉”制成。《道光元年杂货规程》记载：“云粉：出云南，白亮的刷云笺用。”[④]山西商人在朱仙镇染“云笺”，需要先采办云南“云粉”和江西原纸；除了原料，还需要技术工人以及资金等支持，足见山西商人为进行纸品贸易所付出的代价。

在纸品贸易中，除了进行裁剪、染色等加工，山西商人还从事纸张印刷，其纸品贸易包含大量印刷产品。清代中期办货规程中多有经营《诗经》、《易经》、“四书”、门神等印刷纸品的记录。《天津东昌等处办杂货规程》有一套较完整的做书规程，包括《东昌做“四书”规矩》《书中张页》《四书开价规例》3个子规程。《东昌做“四书”规矩》记录的是做“四书”的各项花费。[⑤]《书中张页》记录的是所做书籍用纸数。[⑥]《四书开价规例》记录的是“四书”等书籍的售价。[⑦]版画是山西商人经营的又

---

① 参见《清代买纸张、杂货、糖等货物规程·朱仙镇染纸规例》，载《晋商史料集成》第69册，第238—239页。

② 《民国二十三年恒裕王记办杂货规程·朱镇作坊做色纸规例》，载《晋商史料集成》第69册，第423页。

③ 《宣统二年庆喻堂办茶、办杂货规程·沠染连歌》，载《晋商史料集成》第67册，第486页。

④ 《道光元年杂货规程·诸样杂货出处开录于后》，载《晋商史料集成》第68册，第598页。

⑤ 参见《天津东昌等处办杂货规程·东昌做“四书”规例》，载《晋商史料集成》第69册，第514页。

⑥ 参见《天津东昌等处办杂货规程·书中张页》，载《晋商史料集成》第69册，第514页。

⑦ 参见《天津东昌等处办杂货规程·四书开价规例》，载《晋商史料集成》第69册，第515页。

一大纸类印刷制品，最突出的是家家户户每年都要消费的门神画，市场亦很庞大。《清代买纸张、杂货、糖等货物规程》记载：“门神：出东昌府聊城县，样式开庄，一刀重一斤，大裁一十七对，二裁二十五对。”[①]《咸丰六年某号第吉本各路买货代发脚》记录了在东昌做门神画的信息，指明了不同质量的门神画用纸，最好的是“正顶梅”红纸，价格为次一等的“正行梅”两倍之多。[②]《同治七年各类杂货兼兰州秤头、行规谱》则记录门神纸出于山西和西安，兰州发往西宁的货物有“门神一担”，该号可能是将门神纸从山西运至兰州，印刷成门神画后再运至西宁。[③]除了门神画，山西商人还经营其他神像印刷制品。如《天津东昌等处办杂货规程》中的《全码一刀各样底处》《柜处卖套码规矩》记录了门神、财神等上百种民间神祇印刷制品。[④]对纸品的再加工，极大地提高了山西商人在纸品贸易中的竞争力和影响力。

第三节　山西商人办杂货规程中的纸品流通

清至民国山西商人除了对纸品的采办和加工，对流通也极为重视。通过办杂货规程可以看出，山西商人在纸品贸易流通中的专业化十分明显。首先表现在行商路线的相对固定。笔者对办杂货规程中涉纸文献所反映的路线信息进行了整理，具体情况见表3-1。

① 《清代买纸张、杂货、糖等货物规程・纸张出处》，载《晋商史料集成》第69册，第270页。

② 参见《咸丰六年某号第吉本各路买货代发脚・东门神》，载《晋商史料集成》第68册，第633页。

③ 参见《同治七年各类杂货兼兰州秤头、行规谱・计开新抄海菜、杂货兼兰秤头、行规列于其后》，载《晋商史料集成》第68册，第717页；《同治七年各类杂货兼兰州秤头、行规谱・计开各货税纹银行市规矩开列于其后》，载《晋商史料集成》第68册，第730页。

④ 参见《天津东昌等处办杂货规程・全码一刀各样底处》和《天津东昌等处办杂货规程・柜处卖套码规矩》，载《晋商史料集成》第69册，第461—464页。

表3-1　办杂货规程中纸品贸易路线一览表

规程名目	年份	字号	经营纸品情况	主要贸易路线
《道光元年杂货规程》	1821年	曲沃某字号	约40种纸品	曲沃—赊旗—汉口—吴城
《咸丰六年某号第吉本各路买货代发脚》	1856年	祁县某字号	约50种纸品	祁县—赊旗—运河网络各地
《咸丰六年程宅某号第二本杂货作载随平码》	1856年	祁县某字号	涉及纸品生产加工	汉口—赊旗
《咸丰十年瑞庵堂记各省办货路程规例》	1860年	瑞庵堂记	涉及纸品生产加工	湘潭—武昌—镇江
《同治七年各类杂货兼兰州秤头、行规谱》	1868年	不详	约50种纸品	西宁—兰州
《光绪十六年李霖沧记则例后本》	1890年	李霖沧记	有独立纸规程	天津、大兴等地至通州
《光绪十八年广顺源记花名折》	1892年	广顺源记	以纸品为主营之一	无
《光绪二十二年春秋记颜料规例》	1896年	春秋记	以纸品为主营之一	无
《光绪二十二年颜料规例》	1896年	春秋记	以纸品为主营之一	无
《清代买纸张、杂货、糖等货物规程》	1906年	太原商号	以纸品为主营之一	东昌、赊旗等地至太原
《民国八年宝善堂记货商杂志》	1909年	宝善堂	有独立纸规程	无
《民国十三年合记售诸货名堂目录》	1924年	不详	以纸品为主营之一	无
《民国十八年米彩莘杂记本》	1929年	米焕文商号	有独立纸规程	无
《民国二十三年恒裕王记办杂货规程》	1934年	恒裕王记	有独立纸规程	吴城—赊旗
《清代天津办杂货规程》	不详	寿阳宗艾镇某字号	有独立纸规程	天津—小范，东昌—获鹿

资料来源：本表据刘建民主编《晋商史料集成》第68册、第69册办杂货规程中相关子规程内容整理制作。

清至民国山西商人的纸品贸易一般从商号所在地出发，因此办货规程中大多都有关于其本号的信息，多数商号归户于晋中一带，少量分布在晋南等地。山西商人经营的纸品，原产地主要在江西、福建，加工地主要在河南、山东。他们的行商路线基本上是从山西出发，在河南赊旗等地顺运河南下赣、闽等地采办纸品。采办完成后，通过南方发达的水路网，将纸品汇集至汉口、樊城等处入运河，运至朱仙镇、东昌府等地对纸品进行加工，然后陆路发往山西、陕西及西北、东北各地，也可经运河直达北京通州，向北陆运至草原腹地。《道光元年杂货规程》记录了从山西曲沃经河南赊旗，由运河至湖北汉口，再辗转于江苏、江西等地采办货物的路线，大量纸张就在江西采办。[①]《咸丰六年某号第吉本各路买货代发脚》记录了以运河重要市镇赊旗镇为中心，到山西、山东、河南、湖北等地的运输情况。[②]显然，沿运河线路是山西商人纸品贸易的最重要通道，各商号都以运河为中心开辟相对固定的运输线路。

其次，山西商人进行纸品贸易的运输方式虽然主要是水运，主要通道是运河，但是如遇到运河阻塞等，也会以陆运方式，或者在阻塞处换为陆运抵达终点。所用的工具也是灵活的，驼、骡、马、牛车以及人力挑扛都很常见。清末民初，随着现代化交通工具的引入，山西商人纸品流通较早地搭上了轮船、火车等现代运输的“顺风车”。《清代买纸张、杂货、糖等货物规程》中记录了利用“火轮舟”运输的情况。[③]《民国八年运费价目及卖茶规例》详细记载了正太铁路的纸张运费为每“二十吨每法里一元一二”[④]。轮船、火车相较传统的木船和骡马，不但速度快，而且运量大，运费也更稳定。

---

① 参见《道光元年杂货规程·曲沃县往赊旗镇》和《道光元年杂货规程·赊旗镇往东津湾》，载《晋商史料集成》第68册，第605—619页。

② 参见《咸丰六年某号第吉本各路买货代发脚》，载《晋商史料集成》第67册，第621—644页。

③ 参见《清代买纸张、杂货、糖等货物规程·海味出处》，载《晋商史料集成》第69册，第200页。

④《民国八年运费价目及卖茶规例·正太铁路运货总价单》，载《晋商史料集成》第67册，第683页。

再次，在纸品流通过程中，运费、税费是最主要的花费，山西商人对这类花销的管理亦相当专业。办杂货规程显示，运费、税费大量体现为计件付费，每种纸品都有明确的规格，且与运费、税费密切关联，在运费与税费子规程中就有很多这方面的记录。陆路运费在规程中称“脚钱”，水路运费称“水脚”。《光绪十二年杂货规程、茶布规程平码》中有“毛边：三篓一中担”需过载水脚“毛银五钱四分”[①]，《清代天津办杂货规程》记录“天津发李家庄，每担水脚大钱三百上下，外加上下船小力钱一百”[②]。税费名目众多，以厘金最为常见。《光绪二十七年办杂货规程》记录，大黑纸在三原县“每担厘金银二两零四”[③]；《民国三年王宅槐茂堂杂货规程》载，该号光边纸由常德至汉口需纳“厘金钱六十”[④]。其他税费还有入城税、火耗银、学捐银等。《同治七年各类杂货兼兰州秤头、行规谱》记录，广本纸在西宁“入城每担税纹银五钱八”[⑤]；《光绪十二年杂货规程》记录，在安徽涧溪过关，需按货品报税，按包缴杂使费，按船缴验船钱，“每加五分加三火耗，九兑纹银”[⑥]；《民国六年办茶规程》中的《由汉大船来安铝、纸、吃食沿途报厘金规》载，纸品等货物过长江城陵矶，除了纳厘金，“以四成加军饷，另有印花税等，奉饬每正税一串附收警察捐三十文”[⑦]。民国年间税费不但名目繁多，而且缴算复杂。《民国三年王宅槐茂堂杂货规程》记录了祁县“民国四年新起落地税，其税无论何货物件，纳税有谱，税征大洋，如不够大洋，付小洋；每毛丁大洋八分，外加税票一张，钱十个；每税洋一元，外加征收钱二十二个”[⑧]，同时用到大洋、小洋、税票和铜钱。

---

① 《光绪十二年杂货规程、茶布规程平码·北舞渡杂货过载担头水脚规矩》，载《晋商史料集成》第68册，第765页。

② 《清代天津办杂货规程·天津发李家庄》，载《晋商史料集成》第69册，第118页。

③ 《光绪二十七年办杂货规程·西安省》，载《晋商史料集成》第69册，第115页。

④ 《民国三年王宅槐茂堂杂货规程·常德》，载《晋商史料集成》第69册，第316页。

⑤ 《同治七年各类杂货兼兰州秤头、行规谱·计开各货税纹银行市规矩开列于其后》，载《晋商史料集成》第68册，第714页。

⑥ 《光绪十二年杂货、茶布规程平码·陈集买菜规矩》，载《晋商史料集成》第68册，第764页。

⑦ 《民国六年办茶规程·由汉大船来安铝纸吃食沿途报厘金规》，载《晋商史料集成》第67册，第649页。

⑧ 《民国三年王宅槐茂堂杂货规程·祁县落地税》，载《晋商史料集成》第69册，第326页。

由于地域不同，地方性贸易规则千差万别，直接影响着流通花销。其中，最常见的是各类用银、钱、秤规则，重要的产纸区往往会有专门的纸类秤平。《咸丰十年瑞庵堂记各省办货路程规例》中的《江西草帽平比买各货平》记录了几种江西纸类专用秤平，如“表辛（平）每百两（比草帽平）小二钱二分”“毛边（平）每百两（比草帽平）小一两二钱”[①]。秤平的差异对纸品贸易成本的影响很大。山西商人对各类贸易规则的重视和运用也集中体现在办货规程中。运费、税费等流通成本核算清晰便捷，是纸品流通专业化特征的又一体现。

办杂货规程较全面地展示了清至民国纸品贸易专业化流通的特点，这也是山西商人的纸品贸易能够不断发展、生生不息的重要因素。

第四节　纸品贸易与其他商品贸易互为补充

清至民国山西商人的办杂货规程显示，纸品经营与其他商品经营有着密切的联系，其中与茶叶贸易最为紧密。从明朝中叶开始，山西商人就从福建及两湖茶区采购、生产茶叶，而后千里迢迢转输到草原腹地及更远的地方贩卖。在茶叶贸易中，茶叶采办、生产、加工、运输都与纸品密切相关，尤其是茶叶包装。山西茶商经营不同类型的茶叶，运往不同的地区，包装极为讲究。以种类来说，有箱茶、篓茶、盒茶等；以销售地论，有口庄、洋庄、广庄等，因此产生了“东口三六大箱”“广庄工夫大箱”等专业包装方式。各式各样的包装体现了茶叶贸易的成熟；无论何种包装，纸张都是必不可少的原料。办杂货规程显示，几乎所有的办茶规程中都有办纸的子规程，办茶用纸量最大的要数包茶和贴票。这方面记录最清晰的是《清中期羊楼洞、羊楼司买茶规程》，其中“东口三六大箱”包装用纸情况见表3-2。

---

① 《咸丰十年瑞庵堂记各省办货路程规例·江西草帽平比买各货平》，载《晋商史料集成》第68册，第691页。

表3-2 《清中期羊楼洞、羊楼司买茶规程》载“东口三六大箱”包装用纸情况表

用途		用纸	纸价
包茶砖		京榜纸，每张包砖一块，每千箱用二十五块	每块钱一千三五，每块一十五刀
包茶砖		改连纸，两张包砖三块，每千箱用二十九块	每块钱九百上下，每块一十二刀
包茶砖		大改连纸，每张包砖一块，每千箱用一十二块	每块钱一千一百上下，每块一十五刀
包茶砖		票板纸，每张包二块，每千箱用二十九块	每块钱二千零五上下，每块十刀
包茶砖		折表纸，每块砖用纸一张半，每千箱用二十一块	每块钱一千二上下，分头、二、三印，头印每块八十刀
贴票	内票	黄尖纸，每张裁票二十个，每千箱用一十九刀	无
贴票	内票	元花纸，每张裁票一十八个，每千箱用二十一刀	无
贴票	外票	连四纸，每张裁票一十六个，每千箱用二十四刀	每块钱七千五，每块□□刀
贴票	外票	改连纸，每张裁票九十个，每千箱用二十刀	每块钱九百上下，每块一十二刀

资料来源：本表根据《清中期羊楼洞、羊楼司买茶规程》（载《晋商史料集成》第67册，第297—298页）整理编制。

押砖是山西商人生产加工茶叶的主要程序之一。在《清中期羊楼洞、羊楼司买茶规程》中《押砖式》子规程记录押砖动辄“五六千箱”[①]，如果5000箱“三六”箱茶全以较常见的改连纸算，仅包茶砖纸就约需145块，合钱约130500文。该规程所记当时担砖等一般人力工钱一天约150文。[②]相比之下，用纸确实是一笔较大的花费。茶叶贸易用纸量大，茶商对纸极为重视。一般而言，办茶前先要将各种纸张裁剪、刷印妥当，以备使用。《清中期羊楼洞、羊楼司买茶规程》的《汉口投行》子规程中有“到汉之日，赶紧先买纸张刷印，

① 《清中期羊楼洞、羊楼司买茶规程·押砖式》，载《晋商史料集成》第67册，第305页。

② 参见《清中期羊楼洞、羊楼司买茶规程·开押用人》，载《晋商史料集成》第67册，第291页。

票纸齐备，着一人将纸押上先走”[①]。办好做茶用纸为办茶头等大事，茶商对裁、印纸张的花费记录十分细致，例如做贴票要刻版，“大砖外票板每块银二钱二，内票板每块银一钱八”[②]；要刷印，“每千张足数工价银三分二”[③]。这些都说明山西茶商极其重视办茶用纸，不光亲自采购纸品，还要对纸张进行加工。茶叶包装用纸常为自行裁剪，有的还要用到染纸，纸上还要刷印字号标识或名称。在办茶规程中，采办纸品类型众多，有白绫纸、梅红纸、净红纸、色染纸、丹红纸、云阳纸、江西纸、潼关纸、京稿纸、小毛边、光边纸、准切边纸等的颜色、产区、样式均有标准和要求。

除了生产和加工，茶叶运输亦与纸品关系密切。《清中期羊楼洞、羊楼司买茶规程》中多个运输和报税子规程涉及纸张，如《临清关报税》记载“每块折表纸正税元银一钱，京榜改连纸每块正税银八分”[④]；《赊旗镇发汝州》记载“纸张浮捎”，即纸张作为捎带，不算运费[⑤]。这说明茶商向北运输的货物中必须有纸，这些纸主要是用来修茶的，即要定时检查茶叶包装的纸张破损、脱落情况，酌情修补。《东口修茶谱》就反映了这种情况，其中提到“纸张不够再买”[⑥]。可能修茶所用的纸就是做包装后所剩的纸，跟随茶叶“浮捎”运输，在途中随时用来修补茶叶包装。

办茶规程是办杂货规程中涉及纸品最多的规程，说明办茶与修纸有相当紧密的联系。中国古代“四大名纸”没有产于山西境内的，造纸的主要原料棉、麻、竹、檀等，山西也不占优势，那么山西商人缘何涉足纸品贸易呢？办茶规程提供了一种可能的解释：办茶为纸品提供了巨大的市场，山西商人开始亲自采办、加工包装用纸，修茶的需要使纸张一路随茶北上，自然地为南方纸品开辟了市场，办茶时大量用纸可能是促使山西商人从事纸品贸易的

---

① 《清中期羊楼洞、羊楼司买茶规程·汉口投行》，载《晋商史料集成》第67册，第298页。

② 《清中期羊楼洞、羊楼司买茶规程·刊砖票板规例》，载《晋商史料集成》第67册，第336页。

③ 《清中期羊楼洞、羊楼司买茶规程·刷印票规》，载《晋商史料集成》第67册，第336页。

④ 《清中期羊楼洞、羊楼司买茶规程·临清关报税》，载《晋商史料集成》第67册，第322页。

⑤ 参见《清中期羊楼洞、羊楼司买茶规程·赊旗镇发汝州》，载《晋商史料集成》第67册，第325页。

⑥ 《清中期羊楼洞、羊楼司买茶规程·东口修茶谱》，载《晋商史料集成》第67册，第325页。

一个直接原因。

除了茶叶，其他商品包装也需用纸，布就是又一大宗。《清代太谷锦泰蔚布庄办布规程》中的《京都夏布》子规程就记录了该号包装布匹用纸情况。如“八二荣昌县漂白提尖衣料：四箱四钱、四钱二五、四钱二，每箱计数一百五十二匹，双大油纸六张，八一麻布箱套一个”[①]，即布匹先用油纸包好，再装入箱内，箱外套麻布套，其中油纸的作用主要是防潮。有的布包装更精，用纸更多。如《咸丰年间湖北各处办布规程》载，在湖北办布，有的布匹要用红纸绒“托包”[②]；有的则要在油纸基础上加一层“里纸”，进一步保护布匹。[③]纸品包装不仅广泛应用在各种固体商品上，还应用在液态商品的包装上。《光绪十二年杂货规程、茶布规程平码》中的《常德灌桐油规矩》记载，在常德每灌桐油一篓需加皮纸110张、封口纸10张、糊篓纸若干；到了曲沃县交易时，每篓桐油要去纸皮4～6斤。[④]山西商人的纸品贸易，极有可能是从茶叶、布等大宗贸易中逐渐独立出来的。

纸品用途广泛、市场广阔，但利润较低，所以山西商人并不单纯经营纸品。在山西商人的所有办货规程中，没有任何一份规程显示纸是该商号绝对的主营商品，故没有单独的办纸规程，办纸规程都收在各类办货规程中。纸品不是作为茶、布等大宗商品的从属，就是与其他货物并列为杂货之一种。《清代买纸张、杂货、糖等货物规程》是纸品贸易内容较丰富的规程，可纸品也只是与干菜、颜料、糖果、海味、茶叶、烟等货物地位相当，被归为杂货贸易之一种。

办杂货规程显示，几乎所有的山西商人长途贩运贸易的重要节点，如汉口、东昌、朱仙镇、赊旗镇、曲沃等，都是纸品贸易的重要集散地，并记录有大量当地贸易规则，这说明在商品流通过程中，山西商人很可能也从事纸品贩卖。杂货出处繁杂，需在各地采办，各种杂货在一个市镇的市场又往往有限，因此山西商人很可能在采办、运输纸品等杂货途中采用边贩边卖的灵

---

① 《清代太谷锦泰蔚布庄办布规程·京都夏布》，载《晋商史料集成》第68册，第218页。

② 参见《咸丰年间湖北各处办布规程·石牌镇》，载《晋商史料集成》第68册，第72页。

③ 参见《咸丰年间湖北各处办布规程·石牌镇汉口镇》，载《晋商史料集成》第68册，第92页。

④ 参见《光绪十二年杂货规程、茶布规程平码·常德灌桐油规矩》，载《晋商史料集成》第68册，第737页。

活营销方式，不舍小利，灵活周转，极具行商特点。

杂货是山西商人在茶、布以外经营较多的行当，以纸为主的商品是杂货的一大品类，纸品贸易无疑扩展了山西商人的经营范围，完善了山西商人的经营结构，对山西商人产生了较大的影响。

小　结

办货规程指导一代代山西商人不断完成茶、布以外最大宗、最复杂的纸品贸易。山西商人在经营过程中重视纸品质量，从事纸品加工，进行专业流通，善于灵活营销，使得纸品贸易能够持续发展。山西商人所经营的纸品，既有各种手工纸，又较早开始经营机器纸；既有常见的生活生产用纸，又涉及“高丽纸”及进口染料“洋兰”做成的“洋纸”。[①]从经营模式来说，山西纸商不同于狭义的纸商，他们不仅买卖纸品，还根据市场需求灵活选择采购、加工、销售地点，积极参与纸品的各种标准化生产加工，并由此渗入茶叶、布匹以及各色杂货贸易，形成了“多元一体”的庞大贸易网络。他们还重视运用新式交通工具进行专业化流通。总之，清至民国山西商人对纸品的经营管理之道，体现的是科学化的管理、精细化的营销以及精益求精的工匠精神。这既是山西商人的成功之道，也是现代商人应该具有的贸易品格。

---

① 《清代买纸张、杂货、糖等货物规程·纸张出处》，载《晋商史料集成》第69册，第265页。

第四章　从集市规程看清至民国山西商人商业教育

清至民国山西商帮发展成为全国经济实力强大的商帮之一，他们除了在食盐、茶叶、布匹、药材、烟叶、酿造等商品经营方面取得不凡成就，在粮食的经营方面也取得不菲的成就，并形成自身的经营特色。

在清至民国山西商人的商业规程中，《清代百忍堂记集宝册》为极具特色的一部集市规程。“百忍堂记”是清朝中晚期到民国初年山西商人经营的字号，其主要业务是在华北地区进行粮食贸易，范围最远到达上海等地。“百忍堂记”在国内粮食贸易商号中具有代表性，其集市规程也成为研究清至民国山西商人从事粮食贸易的重要史料。从《清代百忍堂记集宝册》可以看到，山西商人在粮食贸易中经营多种粮食作物，对各地度量衡和贸易成本精确把握，对各项花销精打细算，以获得最大利润；在华北各重要集镇交易买卖，并以北京为中心通往东南西北，形成了复杂的贸易路线；在流通中把控交通费和税杂费；根据粮食贸易特点，及时把握买卖时机；对各地市场货币体系驾轻就熟；合理进行粮食囤放和农产品期货贸易。这些都成为山西商人的粮食贸易能够持续发展的重要因素。

第一节　山西商人集市规程中的粮食采购

《清代百忍堂记集宝册》（下文简称“《宝册》”）显示，清至民国山西商人的粮食贸易可分为采购、流通和营销3个主要环节。

在粮食采购中，山西商人除了采购粮食作物，还采购部分经济作物。从

《宝册》中的粮食种类可以看到，山西商人经营的主要是小麦、大米、玉米、谷子、糜子等粮食作物，以及芝麻、大豆、瓜子等经济作物。《天工开物》载："四海之内，燕、秦、晋、豫、齐、鲁诸道，烝民粒食，小麦居半，而黍、稷、稻、梁仅居半。"[①]小麦是山西、河北、河南、山东等地主要的粮食作物，"麦"在《宝册》中出现得也最为频繁。由此可以推断，小麦是华北地区粮食商品化率较高的一种作物，也是山西粮食商人在该地区经营的最主要的商品。

山西粮商在采购过程中用到的粮食量具和度量衡体系等多有不同。《宝册》中记载了山西粮商常用的各种量具，以及不同地区的量具对比、粮食的价格等。在《宝册》中常见的量具有市斗、大斗、大石斗、大米斗、集上斗、下乡斗、河下斛、侣斛、一号斛、清斛、老斛、芝麻斗、粗粮斗、管、桶等，种类十分丰富。在采购粮食时，山西商人要对不同地区的粮食量具进行容量大小的换算。如在河北定兴县，"大米斗二十一管六，芝麻斗二十二管五"[②]，这里的"管"是粮商的一种地方性量具，因为是用竹筒制作而成，所以称为"管"。在规程中，山西粮商对不同地区度量容积的衡量常常用"管"表示，并通过管的数量进行粮具容量的对比。还有如黄土坡："此处有粮店，芳斗去付，一号斛一石零七八，此斛说一百零三管，去再斛系清斛，九十二管。"[③]斛也是一种粮食计量容器，一斛的容量比市斗大，比市石小。由此可见粮食贸易度量衡体系之差异。此外，每个集的斗数是不一样的，甚至每个集内不同粮店的计量也不同。如毕家庄"斗数不一，河下市斗囤内随后细住"[④]，王家泊"有私斗两张，陈家斗打二十管七，马姓斗打二十管三"[⑤]，可知斗和管之间也存在不同程度的换算。不仅如此，由于斗、斛等量具容量不一，在买进卖出时还需扣除交易换算的费用，如"斗买斛交，扣一石三三，扣斗用钱一百，花销五五"[⑥]。由以上可知，山西粮商在华北地区粮食贸易中会遇到各种不同的度量衡器具，遂在粮食经营中以自

① 宋应星著、潘吉星译注：《天工开物译注》，上海古籍出版社，2016，第21页。

② 《清代百忍堂记集宝册》，载《晋商史料集成》第70册，第438页。

③ 《清代百忍堂记集宝册》，载《晋商史料集成》第70册，第434页。

④ 《清代百忍堂记集宝册》，载《晋商史料集成》第70册，第478页。

⑤ 《清代百忍堂记集宝册》，载《晋商史料集成》第70册，第499页。

⑥ 《清代百忍堂记集宝册》，载《晋商史料集成》第70册，第474页。

身本位的量具与别的量具做对比，并一一记录在册。山西粮商对粮食量具和度量衡体系的熟练掌握，为其在采购中精打细算提供了空间。

为了获取最大利润，山西粮商不仅要对桀枀的度量衡体系驾轻就熟，还要对采购中的各项成本严格把控。粮食采购中的花销主要包括买粮花销及用人花销。买粮花销涉及店用钱、栈用钱、店内花销、庄子钱、入房钱、斗用钱、斛钱、斗钱、小斛钱、口袋钱、口绳钱、挣口钱、囤用钱、堆用钱、道租钱等。山西粮商在华北地区买卖粮食时，需离开家乡到买粮贩粮地短期居住，所以在《宝册》中经常会出现“店”“栈”“庄”等字样，店用钱、栈用钱、庄子钱即住店以及行用经纪等日用开销。除了粮食本身的进价成本，称粮器具也需要根据不同地方的规格支付不同的费用，规程中类似“斗钱”的粮食称量费用一般指这类花销。与经营茶叶、布匹不同，粮食更多的是以麻袋装运、绳子封口，所以粮食采购后的包装要产生口袋钱、口绳钱、挣口钱等费用。粮食采买之后、运输售出之前，需要堆存在特定地点。由于粮食贸易属大宗商品交易，粮商也会适时囤积，这其中产生的花销就是规程中记载的囤用钱、堆用钱、道租钱等。由以上可知，粮食采购十分繁杂，为了获利，山西粮商对买粮花销精打细算十分重要。

用人花销是粮食采购中买粮花销以外的大宗。山西粮商的贸易遍及整个华北地区，粮食流通数量巨大。粮食具有量大难运的特点，采购中需要雇佣大量人力，所以用人花销不菲，涉及买手钱、扛钱、力钱、卸厂钱、倒斗钱、倒口钱、卸囤钱、起斗钱、拉斗钱、搬车钱、酒钱、饭钱、津贴等。首先是买手钱。山西粮商在外地采购粮食，为保证贸易顺利进行，需要熟悉当地市场行情的行家来帮助，所以要雇佣既熟悉当地市场行情又精通采购业务的专业人员，即买手。雇佣买手的费用称为“买手钱”，在规模较大的粮食集散地买粮尤其需要雇佣买手。其次是力钱，主要是支付搬运货物人的工资。和茶叶、布匹的运输不同，粮食运输需要大量的人力搬扛，不仅要支付“小力钱”，更多的是要支付“大力钱”。在《宝册》中，搬扛若干斗、石的粮食，大力钱常常以“万”为单位计算，如“大力钱七斗算一万，每万大力钱六文”[①]。在粮食采办的整个过程中，经常涉及背扛和停卸，规程中的卸厂钱、倒斗钱、倒口钱、卸囤钱、起斗钱、拉斗钱搬车钱指的就是这类花

① 《清代百忍堂记集宝册》，载《晋商史料集成》第70册，第435页。

销。除了力钱，多数情况下还需要包揽工人的饭钱和酒钱，对特殊情况下的额外劳动还要给予工人津贴。买粮和用人均为山西粮商的大宗花销。关于粮食贸易中的其他花销，在《宝册》中亦有体现，如“彰德府：新花销章程每一火车装一百六十八石，斗用八千，出运钱一千五，逢口钱五百，绳子钱五百，送脚户钱一千，上站脚银每石六十四，运京一车之费一百八十元零四，栈用洋六元，出境捐洋七元，捐洋十六元”[①]。《宝册》以这种形式记载的各地不同花销，内容丰富且繁杂，值得进一步探讨。

第二节 山西商人集市规程中的粮食流通

清至民国山西商人不仅在粮食采购过程中精打细算，还格外重视流通环节。

在流通过程中，最重要的是贸易的节点，即规程中频繁出现的集镇。由规程内容可以看出，“集”不单单是人们平时所理解的“集市”，还包括山西商人时常往来的交通要道和商业市镇。关于中国的集市，樊树志将其分为不定期集市、定期集市、常市、特殊集市4种类型。[②]事实上，还有一种集市，即在交通发达之地的水陆码头或者商业重镇兴盛起来的一种贸易区域。这种集市有着更为广泛的市场腹地，汇聚了更高层次的贸易活动。《宝册》列举了上百个地方集镇，记录了每个集镇的开集时间。这些集镇主要集中在直隶、山东、奉天、山西等地，其中直隶最多。由此可以推断出百忍堂记经营地区主要在华北地区，以北京为中心展开。北京地区是以胜芳和天津为集散中心的直隶贩粮区域。胜芳镇位于直隶霸州，是直隶六大重镇之一，北方著名的水旱码头，“水则帆樯林立，陆则车马喧阗”，商贾云集，经济繁荣，交通便捷，位置优越。[③]在《宝册》记载的半数集镇中，山西粮商均以胜芳钱平和粮平做对比，并以“芳斗去付九斗五六”[④]“付芳一石零

---

① 《清代百忍堂记集宝册》，载《晋商史料集成》第70册，第506页。

② 参见樊树志：《明代集市类型与集期分析》，《中国经济史研究》1992年第1期。

③ 参见霸州市地名办公室编：《霸州市地名资料汇编》，河北人民出版社，2017，第93页。

④ 《清代百忍堂记集宝册》，载《晋商史料集成》第70册，第436页。

五”[①]“每大石至芳打花销”[②]的形式记载各地集镇到胜芳镇的距离及粮食交易信息。天津在山西粮商贸易中的地位亦极为重要，“津邑濒海，粮储不足，半资奉省米豆，准由商民运船往来，因征海税。”[③]天津凭借海河得天独厚的交通优势，漕运和商业极为发达，自清代咸丰十年（1860年）后开为商埠，城市经济和商业发展更是空前繁荣，经天津水路交通中转的粮食供给整个华北地区，成为直隶地区乃至整个华北地区的粮食产品集散中心。

在这些商业集镇中，有些地方每天开集，如直隶的涿州、沧州、邯郸县、天津，河南的郑州、道口镇，山东的德州、临清州，奉天的兴城，在《宝册》中以“涿州：日日集”[④]“临清州：日日集”[⑤]形式记载。还有一些地方是在特定日期开集，如“苏桥：逢十在东、五在西”，说明苏桥在初十、二十、三十在东市开集，在初五、十五、二十五在西市开集[⑥]；直隶保定府的雄县“一六三八轮流赶，逢五排十在南关”[⑦]，说明不仅在县城和村镇之间有集会联接，在其内部也有流动的集会形式。《宝册》记载的这些集镇一般是内河航运的水陆码头或者是交通要冲，它们的专业集市是粮食的重要集散中心，也是贸易网络中较高等级的集市形式。从《宝册》记录的这些集镇可以看到，在华北地区形成了以北京为中心的粮食集散区域。

除了直隶地区的几个集散中心，山西粮商在华北还有几条重要的粮食运输路线：东西路线、西北路线和南北路线。

东西路线是指山西地区连接北京的贸易路线。清朝时期，山西是重要的商业贸易大省，山西地区由于人口增加，加之非农业人口比重增多，导致粮食缺乏，“升平日久，生齿日繁，地力既竭，盖藏难裕。自乾、嘉时，已不免仰给邻省”[⑧]。此外，山西并不是土地肥沃之地，即便金融重镇平遥仍“地

---

① 《清代百忍堂记集宝册》，载《晋商史料集成》第70册，第447页。

② 《清代百忍堂记集宝册》，载《晋商史料集成》第70册，第471页。

③ 沈家本、荣铨修，徐宗亮、蔡启盛纂：《光绪重修天津府志（二）》，载上海书店出版社编《中国地方志集成·天津府县志辑2》，上海书店出版社，2004，第24页。

④ 《清代百忍堂记集宝册》，载《晋商史料集成》第70册，第440页。

⑤ 《清代百忍堂记集宝册》，载《晋商史料集成》第70册，第489页。

⑥ 《清代百忍堂记集宝册》，载《晋商史料集成》第70册，第428页。

⑦ 《清代百忍堂记集宝册》，载《晋商史料集成》第70册，第433页。

⑧ 王轩、杨笃等纂修：《（光绪）山西通志》卷八十二《荒政记》，清光绪十八年（1892年）刻本，第21页b—第22页a。

苦沙薄，更多山涧”[①]，需要从别的地方运粮入晋。《宝册》中记载山西粮商从山西榆次到石家庄，再从石家庄到北京的火车花销：“车款一百九十三元七，栈用十元，寿阳，阳泉并娘子关，打旗挂勾洋一元，榆车栈费四十元八，人票往返七元五。……由石庄至北京车费花销底。”[②]可知百忍堂记粮食流通路线大概情况。值得注意的是，山西粮商在这一路线并非仅从北京到山西单向运粮，北京人多地少且商品经济发达，也是粮食的主要输入地。这一路线上的重要节点寿阳是产粮食的地方，自古“以农为重，上户田多者积蓄有余，凭粜粮以为日用之资”[③]；石家庄则是华北地区的大型粮食集散中心。

在西北路线上，山西粮商主要凭借京绥铁路进行粮食流通。《宝册》详细记载了绥远到北京丰台的票价，“绥远至丰台按当付减价车款”[④]，以及绥远到北京西直门的票价，“至西直门往返人票十元九二，本地出境捐洋十元七，至西直门三十吨车款五百七十元三七”[⑤]等。西北路线的重要性略逊于东西路线，在京绥铁路通车之后这条路线才逐渐兴盛起来。整体而言，东西路线和西北路线是清至民国山西商人从事粮食贸易最为频繁的路线。

南北路线在山西粮商的粮食运输中也是极为重要的，是一条贯穿奉天、北京、天津、山东的南北纵向路线。首先是山西粮商从奉天府运粮，经过锦州府后，过山海关，南下进入天津集散。这段路线一般有两种运输方式：一种是火车运输，“二十吨车装津斗二百一十石八五，每二十吨车费到天津辛庄交卸”[⑥]；另一种是海运，“粮石走轮船，每吨日本车费六元八七”。[⑦]其次是从天津往南运粮。这段路线沿着运河南下，经过静海、青县、沧州、南皮、吴桥后进入山东德州，经过武城到达又一个大型粮食集散中心——临清。“临清为南北往来交会咽喉之地，在东昌府之北，为其属邑。”[⑧]许檀

① 王绶修、康乃心纂：《重修平遥县志》卷三《田赋志》，康熙四十六年（1707年）刻本，第1页a。

② 《清代百忍堂记集宝册》，载《晋商史料集成》第70册，第511页、第512页。

③ 祁寯藻著，高恩广、胡辅华注释：《马首农言注释》，农业出版社，1991，第53页。

④ 《清代百忍堂记集宝册》，载《晋商史料集成》第70册，第539页。

⑤ 《清代百忍堂记集宝册》，载《晋商史料集成》第70册，第524页。

⑥ 《清代百忍堂记集宝册》，载《晋商史料集成》第70册，第507页。

⑦ 《清代百忍堂记集宝册》，载《晋商史料集成》第70册，第509页。

⑧ 徐子尚修、张树梅等纂：《临清县志》第十一册《艺文志二·传记·临清建城记》，民

以专文论述明清时期临清商业，称其不仅是山东，甚至是华北最大的粮食市场。[①]最后，山西粮商从临清分东、西两路贩粮。东路继续沿着运河南下，最远到达江苏、上海等地，由《宝册》记载的"由天津至上海码头列后"可知。西路"从卫河汛舟东下者，豫省最多，秫粱则自天津溯水而至，其有从汶河来者，济宁一带之米也"[②]。山西粮商在临清顺卫河而下，经过馆陶，进入河南大名府，将河南地区的粮食经此线路中转于华北腹地。

在粮食运输中，涉及大量交通和税费花销。《宝册》中记载的各项花销有脚钱、车钱、站钱、叫车钱、车子钱、摇船钱、蓬费、摆渡钱、船期钱、准期钱、轮船钱、人票钱等。脚钱是指粮食运输中的运费，其中规定房山车钱运费"由河锁起车，脚钱二百五六"，脚钱还包括车脚钱、水脚钱等。[③]在火车还没有广泛应用于粮食长途运输时，一般以马车运输为主。《宝册》前半部分记载的各地运输方式基本是以马车为主，后半部分大量出现火车、轮船运输等。蓬费是指用火车运粮时，商人担心天气因素导致粮食损坏，造成利润损失，加盖在火车上的车篷苫布费用，如在郑州装车运费钱为"四千六二"，"用蓬外加蓬费七元"。[④]轮船也是粮食运输的重要交通工具。山西商人租用轮船运粮时，不仅需要支付轮船的租用钱，还需要支付船期钱和准期钱。船期是租船商人对船舶的使用计划，是从起用港到目的地运输途中耗费的时间。若粮商运粮超过约定时间，会被扣除船期钱和准期钱。人票钱，顾名思义，是运粮人员的车钱耗费。除了交通花销，各地对不同的粮食还征收不同的关税，如道口镇"当地报关麦子、小米按每担八十文，玉米六十文，细粮五十文，各包豆子七十文"[⑤]。除了关税，还有各色税款和捐费，包括河利钱、埠头钱、码头钱、过厂钱、地界钱、关钱、海关捐、货局捐、警捐、官捐、斗捐、公债款、教育会捐、财神会捐、商会捐等。不同地方的税费征收标准不同，《宝册》中都有明确记载，为贸易经营提供参照。

国二十三年（1934年）铅印本，第15页 a。

① 参见许檀：《明清时期的临清商业》，《中国经济史研究》1986年第2期。

② 临清市人民政府编：《临清州志》，山东省地图出版社，2001，第531页。

③ 参见《清代百忍堂记集宝册》，载《晋商史料集成》第70册，第436页。

④ 《清代百忍堂记集宝册》，载《晋商史料集成》第70册，第514页。

⑤ 《清代百忍堂记集宝册》，载《晋商史料集成》第70册，第515页。

由以上花销可知，粮食运输量大、装卸搬运复杂，茶叶、布匹贸易中人扛和牲驮的运输方式并不适用于粮食贸易，所以山西粮商的运输方式主要是使用大车、轮船和火车运输，相应的交通和税费花销也极为庞大。这些花销都会被计算在成本中，粮食售卖的价格超出买粮花销、用人花销、交通花销和各种税费花销的总和才能产生利润。由此可知《宝册》对于山西粮商的重要性。

第三节　山西商人集市规程中的营销策略

除了采办和运输，山西粮商更为重视的是粮食的营销，他们利用粮食所产生的各种差价来获得利润。首先，粮食属于重粗商品，无论是小麦还是芝麻，在山西粮商贸易中都是几十石甚至是几百石的规模，《宝册》中就记载商人囤粮“看囤二十起”[①]，即最少20石起囤；从流通环节也可知粮食运输数量之巨。其次，粮食易受潮生霉、生虫变质，所以不能像红、黑砖茶一样长期保存，粮食流通一般时间不长。再次，粮食生产具有季节性的特点，不同的粮食生长周期不同，在市场上交易的时间也不尽相同。此外，旱涝、冰雹等自然灾害会影响粮食生产，导致粮食市场价格波动，正如王业键等人的观点，自然灾害和粮价高峰是一致的。[②]最后，北京等地人口众多，粮食耗费巨大。基于以上几点可知，山西粮商经营粮食的整体背景受粮食特点、季节性生产、自然灾害、市镇人口等多种因素的影响。另外，受这些因素影响而形成的市场差价，如粮食季节性差价、等次质量差价、地区差价等，也给山西粮商的经营带来巨大商机：差价越大，获利就越多，粮食贸易就越发达。

山西粮商在粮食贸易中不仅把握差价，还通过囤放粮食实现利润最大化。粮食自身易受多种因素影响，市场行情变化极大。山西粮商根据粮食的丰歉、市场的供需、质量的好坏适时进行囤粮贸易。《宝册》中常常出现山西粮商囤粮的信息，如“买管再三月为一季，每石管囤用钱四十文”[③]“捣

① 《清代百忍堂记集宝册》，载《晋商史料集成》第70册，第445页。

② 参见王业键、黄莹珏：《清代中国气候的变迁、自然灾害与粮价的初步考察》，《中国经济史研究》1999年第1期。

③ 《清代百忍堂记集宝册》，载《晋商史料集成》第70册，第428页。

囤钱六十九，卖再过清斛八文，三月一季”[①]“买囤再过一个月，每石囤用钱八十，使九九钱”[②]等。可以看出，囤粮一般以月为囤期，需要支付一系列保存费用，并且在倒卖时也需要支付一定的倒囤钱。从囤粮成本的庞大也可想见囤粮行为的目的是获利。在粮食市场上，粮食紧缺，则粮价上涨，反之则跌。粮商为了获得利润，在粮食价格低迷时大量购入，并在粮食行情变好时售出。此外，囤粮并非在囤入后坐等行情上涨，粮商会根据地区差价进行中短途交易，将粮食在不同地区售出。可以说，与茶叶长途贩运贸易不同，粮食的集市贸易并非单一的路线，一般都会适时囤放，灵活短距买进卖出，以实现利润的最大化。

除了囤粮贸易，山西粮商还从事农产品期货贸易及做空操作。在稍大规模的粮食交易中，山西粮商会同买方签订贸易合约，尤其对粮食市场行情极为熟悉者，会提前预估粮食未来的行情，将粮食按照当前时段的价格出售，等到粮食价格下跌时再买进，通过差价获得利润。《宝册》记录了这类信息：“如买卖做空盘子，囤钱合一百石，一斗小麦六千，细粮五千。”[③]这种做空操作，不仅需要山西粮商具备极为丰富的经商经验及对未来市场行情的准确预估，还需要对商业经营的理智决策和果断操作。值得一提的是，做空操作具有相当大的不稳定性，预判行情错误率也不低，因此并非山西商人的常规获利操作，故这种行为在《宝册》中并无过多提及。

在营销过程中，利用差价和囤粮做空获利，还必须遵循当地的金融市场惯例。清代及民国前期，市场上银、钱并举，二者均为法定货币，《宝册》中偶尔会出现“洋元”，但在交易时以白银和制钱为主。《宝册》中记载了各地市场货币差异，如白银“芦斗买再，饭钱每一百两”[④]，铜钱“上船大力钱一十二，卸平钱六十，（捣）〔倒〕囤钱六十九”[⑤]，洋元“彰德发京火车脚洋一百元九九三，脚力洋四元，捐钱洋一十元四一”[⑥]。这一时期各地的货币并不统一，本地铸造的货币一般仅在本地流通，而白银也只能当作

① 《清代百忍堂记集宝册》，载《晋商史料集成》第70册，第436页。
② 《清代百忍堂记集宝册》，载《晋商史料集成》第70册，第478页。
③ 《清代百忍堂记集宝册》，载《晋商史料集成》第70册，第463页。
④ 《清代百忍堂记集宝册》，载《晋商史料集成》第70册，第462页。
⑤ 《清代百忍堂记集宝册》，载《晋商史料集成》第70册，第434页。
⑥ 《清代百忍堂记集宝册》，载《晋商史料集成》第70册，第505页。

称量货币流通。不仅如此，各地各省府的货币成色及所用秤平不一，甚至同一个地区都有各种各样的银货权衡方式，粮食贸易亦必须遵循。山西商人为了在全国各地进行商品贸易，将所到之处的平码和自己地区或者字号的平码进行比较，得出比照结果并记录在商业规程中。《宝册》就记载一则“平头处”：“京市平每百两到天津付公砝平短三钱二，……京公砝付天津公砝每百两大二钱八。”[①]如粮商在通州一家粮店买粮食，之后去胜芳镇进行粮食的集散，在集市规程中就会记载“店平比芳平每一百两小二两九二，比京市平每一百两小一两，行平公砝比芳平每一百两大一两二六八”[②]，仅在一家粮店买粮就需要多个平码对照，可见各地平码的复杂性以及山西粮商应对的灵活性。清至民国北京地区的银色主要有足纹银、松江银等，其平砝主要有京公砝、京公平、京二两平、京二七平等，天津的银色主要以化宝银为主，天津砝平名主要有津公砝、西公砝、老钱平等；[③]《宝册》中也多有体现。山西粮商熟练掌握各地平码和银色，是在粮食营销中合理利用差价进行囤粮做空的重要条件。只有遵照并熟悉当地金融市场惯例，才能在粮食贸易中灵活应对，获得持续发展。

小　结

清至民国山西粮商在粮食经营中获得持续发展，同时积累了丰富的经商经验，形成了便于后人在粮食贸易中参考的集市规程。通过对《清代百忍堂记集宝册》的研究分析可以看出，山西粮商在粮食贸易过程中，形成了以北京为中心的复杂的贸易路线，通往东南西北各地；在粮食流通过程中重视成本和地区度量，对各项花销精打细算；根据粮食贸易的特点把握差价，对市场惯例驾轻就熟；通过囤粮和农产品期货贸易对粮食进行营销。他们以独特的采办、流通、营销方式，打造了一个与茶叶、布匹等不同的行业贸易体系，其中的经验和智慧值得我们进一步挖掘和思考。

---

① 《清代百忍堂记集宝册》，载《晋商史料集成》第70册，第528页。

② 《清代百忍堂记集宝册》，载《晋商史料集成》第70册，第458页。

③ 参见黄鉴辉等编：《山西票号史料（增订本）》，山西经济出版社，2002，第698页。

第五章　从山西杂字看山西商人经商职业教育

山西杂字是山西的民间识字课本，与《三字经》《百家姓》《千字文》相辅并行，明清时期广泛流传于三晋大地。与“三百千”不同的是，山西杂字的编写目的主要是满足社会底层民众，如农民、商人、士兵、学生的生活识字需要，一般分类编排，通俗易懂，注重实用。山西杂字除了具有识字功能，还兼有知识教育、思想教育、职业教育的功能，俨然一部传统社会的百科全书。含有丰富的经商职业教育素材是山西杂字的一大特色，很多杂字都涉及经商教育的内容，这与明清时期山西民间崇商风气密切相关。透过这些识字教材，我们可以看到山西商人的经商特色与经验传承。近年来，大批山西民间杂字文献的发掘与出版，为我们的研究提供了极大的便利。由广西师范大学出版社出版的20卷《清至民国山西杂字文献集刊》是目前出版规模最大的山西杂字文献，收录清至民国山西杂字文献260余种。本章以《清至民国山西杂字文献集刊》为中心，探讨这一时期山西商人的经商职业教育问题，以期丰富相关领域研究。

第一节　山西杂字中的基础商业书写

明清时期流行于山西的杂字，有时被标榜为“商学快览”、“经商一览”或“致富奇书”出售，突出体现了服务商业的特色，反映了杂字具有商业启蒙教育的指向性。很多山西杂字都涉及经商内容，使得杂字不仅是识字课本，还成为山西底层百姓从事商业活动的教育素材。

山西杂字有关经商职业教育主要体现在基础商业书写、商业记账常识和商业立约规范3个方面。基础商业书写包括数字和汉字，这是最基础的基本功，从事商业必须学会记账，而记账首先是记录数字。做生意，作为初学者一般先从店铺伙计开始，过去百姓无论是居家过日子，还是经商做买卖，先得认识数目，这是记账、计算的基础。关于数字规范，一部《四言杂字》体现得最为明显，其开头便是“数起一二，三四五六，七八九十，加添不足”[①]。另一部《四言杂字》说得更为明白：

> 天生庶民，出收钱粮。
> 紧要杂字，眼前使用。
> 壹石贰斗，叁升肆合。
> 伍勺陆抄，柒撮捌粒。
> 玖两拾钱，叁分柒厘。[②]

杂字内容先教1～10的大写写法，因为这是日常经营中最常用到的。这种商业基础性质的杂字，一般都会以通俗形式写明1～10的各种写法，便于初学者联想记忆。商人记账数字的书写既有竖式，又有横式。横式书写用“中国数码”，这种数码有的称“广式码”，有的称“苏州码”。汉语中的“一、二、三、四、五、六、七、八、九、〇”书写规则是横式，从左至右书写为“〡、〢、〣、〤、〥、〦、〧、〨、〩、〇”。当“〡”“〢”“〣”为首位时，直接按此书写；当此3个数中有任意两个数相连书写时，则上一位按此书写体书写，下一位变为“一”“二”“三”，目的是防止混淆，把“〡〢”或“〢〡”误为“〣”，如“123”写为“〡二〣”，“312”写为“〣一〢”。按以上规则书写后，还要在所书数码的下方将其对应的计数单位，如万、千、百、十等，用小字标明，可以按汉语的“一、二、三……”书写，也可以按大写“壹、贰、叁……”书写，还可以将“一、二……”与

① 《四言杂字》手抄本（佚名），山西省戏剧家协会刘涛收藏。

② 《紧要杂字（天生庶民，出收钱粮）（第一种）》，载王建军、潘杰、安志伟、刘涛主编《清至民国山西杂字文献集刊》第3册，广西师范大学出版社，2021，第218页。

“壹、贰……”两种表示方法混用。[①]当遇有银钱相互折算入账、另加批注等情形时，运用这种数码书写便捷，计算和记录效率较高。在商业活动的书信中也常以此数码体书写，在遇有非十进位制时同样可以使用。杂字中大量涉及数字，目的是使初学者能够熟练掌握书写规律，做到运用自如。

商业书写的基本功，除了数字，便是汉字。我国幅员辽阔，各地有不同的风俗文化，所谓“十里不同风，百里不同俗”。杂字一般是因地制宜、因事制宜撰写的识字教材，多为当地乡村塾师或市井中人方便百姓应对生活所需而编写，因此有较多方言口语，带有明显的地域性，其传播局限于当地和周边地区。明清时期，随着商业经济的发展，山西的城镇中出现了大量商人、伙计、账房先生及小手工业者等，他们每天都会参与一些商业活动，例如计算成本与利润、购买生产资料、出售货品、订立合同契约、纳税、租赁、借贷等，而进行这些活动都需要掌握基本的读写能力，因此对识字的需求特别强烈，而杂字在某种程度上满足了他们的日常需求，这也是杂字产生的社会经济基础。

山西杂字首要的功能是满足各商行小伙计的识字需求。山西商人经营的范围广泛，上至绸缎，下到葱蒜，种类繁多。山西杂字在编写体例与内容上突出体现了为不同商行小伙计服务的特点。比如宣统元年（1909年）平邑梁家堡《认字杂样本》分类就很有特点，先是罗列五代祖宗，介绍人与人之间的称呼，接着是颜色各样开后、绸缎行、银匠铺、穿衣服戴帽子脱靴子、海味吃用、用油果子、集上买水菜、斗店为陆陈行、水果供献、毡货、开皮房办买皮货贩卖、置房买地立写死契为凭据、捎书信后面用写、一年二十四节气、明朝一统十三省、清朝治国二十一省、山西一省管辖、来往书信活套等分类。从这本杂字来看，编者服务不同商铺小伙计识字的目的非常明确，可谓用心良苦。颜料店的小伙计可以从杂字中认识各种颜色名称；绸缎行的小伙计可以从杂字中知道有哪些种类的绸缎；银匠铺的小伙计可以从杂字中知道银饰品的种类；开皮房办皮货的小伙计可以从杂字中了解各种皮毛的写法，其中列举了50多种动物皮毛名称。[②]还有《认字杂样本》，分类除了飞禽、走兽、宅舍修理材料、菜蔬、寺庙、执事、果品、

① 参见李锦彰：《晋商老账》，中华书局，2021，第83页。

② 参见《认字杂样本（恭敬天地君亲师）》，载《清至民国山西杂字文献集刊》第1册，第3—54页。

树木、肉面、花草、颜色、饮馔五味等，还有南京衣服类、珠宝玉器时花首饰类、杂货南果类、赁铺青家居类等类别，颇具商业色彩，也反映了山西商人的经营门类及进货渠道。其中南京衣服类用大量篇幅列举了上百种南京衣服种类。[①]服务南京衣服店的小伙计最基本的职业知识是要会认会写这些货物名称，杂字满足了小伙计的需求，为他们从事经商工作提供了方便。只有会认会写所经营的货物名称及商业用语，才能进一步学习记账、写信、写契约、开票据等必需的商业技能。由此可见，因事制宜是山西杂字编写的突出特点。

经商需要多方面知识储备，既要了解农业方面的知识，又要知道各地风俗物产；既要了解商业方面的知识，又要掌握经商实践的技能。山西杂字是民间识字读本，涉及的知识面广，实用性强，既是山西商人的教科书，又是知识读本。它用毛笔楷书，字迹工整，可作为练习毛笔字的范本。杂字里充满了经商必备常识，如四时农务、资本借贷、开办商号、外出经商、商业经营，发财之后的生活等，而且读之朗朗上口，便于记忆，称得上是学徒的商学初阶。有的杂字甚至被标为“商学快览”“商业秘籍”。如《山西杂字必读》四言，就是以市井小商人的子弟和学徒为对象。开头如下：

人生世间，耕读当先。
生意买卖，图赚利钱。
学会写账，再打算盘。
天平戥子，纸墨笔砚。
升合斗桶，一称两端。
明斤明两，不哄不瞒。
冷蒸热卖，现吃现端。[②]

山西杂字把各种日用商品和手艺、技艺的字编进去，也穿插了一些涉及功名利禄和农事的字，一方面是为了把常用的字多包罗一些，另一方面也反映出

① 参见《杂言体杂字书（数目何妨）》，载《清至民国山西杂字文献集刊》第1册，第239—313页。

②《山西杂字（人生世间，耕读当先）（第一种）》，载《清至民国山西杂字文献集刊》第9册，第501页。

“升官发财”的封建思想，不过这类内容在全本中所占比例不大。杂字以市井小商人子弟和学徒为对象，说明其具有商业教育的指向性，这与明清时期山西崇商风气有关联，反映了山西重商的地域文化特点。这是杂字地方性的重要体现。

写信是山西商人商业书写的基本技能，在交通和通信不发达的时代，书信对于山西商人的重要性不言而喻。山西商人的书信有铺信、家信之分：铺信是传递商业往来信息的，主要是谈事，对于票号来说，信汇是重要的经营方式；家信是解相思之苦的，给家人报告平安，主要是谈情，说一些家事。

透过杂字文献，可以看到山西商人对写信的称呼、信仪、地址、内容都非常讲究；写信不仅是一门技术，还是一门艺术，有很深的传统文化在里边。

书简称呼字，最宜详细写。
等辈称眷弟，尊长谦晚多。
与晚写忝眷，愚表兄弟详。
亲家眷姻弟，甥舅称愚当。
先生下门人，徒弟知友生。
请婿称眷生，请岳愚婿讲。
姑夫亦忝生，眷内侄宜详。
姨夫可忝眷，愚甥顿首多。
结义相请帖，盟兄盟弟写。
妇人称姓号，敛衽端肃讲。
官府请前程，通家侍生多。
生监请官长，治家治生详。
老师送生员，年家眷弟讲。
举蝇生员讲，晚生门生多。
白丁写送官，其县子民多。
即午一酌候，当日请戚写。
明午一酌候，次日有席写。
翊午春醪候，正月请人详。

薄设明伦候，与男完婚良。
小女于归日，三日延婿当。
谨詹初中日，终旬皆宜讲。
洁治豆觞候，奉迎玉趾详。
只聆清谈教，仰惟光临写。
曷胜荣幸至，右启英畏光。
候叙及候教，□□及早光。
父子称桥梓，兄弟昆玉详。
暨孙并暨侄，写书要酌量。[①]

对于抛家舍亲，常年在外经商的商人来说，与家人的联系几乎全部依靠书信。山西商人的家信，很多是通过伙友休假或业务往返时捎带。在杂字中，对于书写家信的注意事项有详细说明。例如：

住在俚方说俚话，居列谷乡吐俗语。
奉劝世人休出外，艰难困苦受辛精。
抛撇爹娘共契友，丢弃妻孥共儿婴。
身强力健非为贵，失时落下□□名。
阖家人等常挂念，捎书寄信有盼情。
一封书字烦捎至，县邑州郡批写明。
缴付那村并某巷，同衢胡同什么营。
直隶太原平阳府，蒲翟朔宁大同城。
霍隰辽沁苛岚郡，平忻代保永宁城。
阳曲平遥介休县，祁县太谷徐沟城。
榆次寿阳与盂县，文水清原共义城。
定襄静乐与岚县，偏关河曲河包营。
怀仁山阴崞峙县，朔州马邑丰镇城。
左营右玉杀虎口，和林格尔归化城。
厂汉圐圙沙儿沁，包头河口托克城。

① 《五言杂字》手抄本残本，山西省戏剧家协会刘涛收藏。

清水河子乌梁海，前后脑包萨拉齐。
红庙白塔巴里坤，乌拉察素毕斜齐。
书信往来驼消息，凄凉牺惶不可题。[①]

上述七言杂字顺口溜强调了离家经商生活的不易与艰难，以及捎书寄信对于经商家庭的重要性；同时也说明了书写家信的注意事项，特别强调“县邑州郡”必须写明，交代清楚收信人位于“哪村”“某巷”，寄信人属于“同衢胡同什么营”。

为了便于查找，杂字还将山西商人家乡所属州县、外出经商常驻地点一一列出。通过这些地点，人们既能了解清至民国山西商人的籍贯，也能知晓他们外出经商的地点。

第二节　山西杂字中的商业记账常识

山西商人经营的一个特色，就是有一套完整的账簿制度。记账在山西商人的经营中占有非常重要的位置。山西商人经营生意，逢事设账，无账不立。做买卖的人，先要会写账算账，对待写账的要求，就是账目来往要清楚。每天店铺票号有好多笔业务往来，必须记得非常清楚，这需要技术，需要细心和耐心。记账者将每天经营的往来账目用毛笔一丝不苟地写在特制的账本上，该外、外该、存库、总结账、报告清单等都是清清楚楚，一目了然。在没有计算机的时代，每天记录和计算庞大、复杂的数据并做到准确无误，并不是一件轻松的工作。山西商人的账本成册，每页密密麻麻，楷书加批，前后一体，丝毫不差，令人称叹。山西商人的记账能力得益于代代传承的账目清楚的经营理念，反映出他们的经商技巧和商业智慧。

记账算账，先得认识计量单位，单位不同，计法、算法亦不同。

天平戥子筏，法码兑换公。

---

① 《七言杂字（圣人垂训永流芳，诗书授世万古香）》，载《清至民国山西杂字文献集刊》第19册，第245—246页。

两分分厘毫，石斛斗合升。
倘若数差错，算法不饶人。[①]

山西商人经营的商品种类繁多，账的种类也多、形态也各异，这决定了商业记账的复杂性。如开粮店的得会写各种粮食的名称，开票号的得会识别银子的成色、会开银票，开药店的得知道各种中药的名称，开典当行的得知道各种杂货的名称，开纸店的得知道各种纸张的不同。山西商人几乎凡事设账，甚至红白喜事等与经营关系不大的经济往来都要设立账本，而杂字编写的目的就是"上账不难"，"从事农商遍天下，应酬字类甚纷繁。七言俗语联成帙，聊助临池录账单"。杂字对于从事商业经营的人来说非常重要，从中能够学习和掌握有关记账方面的专业知识和注意事项，做到能写能算。

流水老账，买卖能人。
出入收取，无不心清。
能写能算，生意最精。
一石二斗，三升四合。[②]

记账不仅是简单的登记和抄录，更重要的是要计算清楚。流水账记录日常收支，是商业经营账目中最为常用的一种。流水账的内容很多，包括"日清""月结""年总"等。不论是当铺、盐店、银号等坐商，还是外出经营的行商，流水账都是基本的和必需的。

按下生意，写立合同。
俸股买卖，伙计财东。
当家掌柜，站柜相公。
局则当铺，估衣客人。
盐启银号，珠宝人参。

---

① 《五字真言（天地日月星，参辰斗宿官）》，载《清至民国山西杂字文献集刊》第16册，第48页。

② 《训蒙杂字（训蒙杂字，手头所用）》，载《清至民国山西杂字文献集刊》第3册，第10—11页。

收买出换，贩卖交银。
银剪戥则，砝码天平。
抽屉钱柜，架货账本。
算单流水，月总日清。
原来利足，出用耗存。
放账走水，出外登程。
褡裢被套，马褥鞍笼。
拣个日子，搭伴起身。
脚骡驼子，大家送行。[①]

作为一名合格的记账者，算账的本领必须过硬，不能出错。山西商人一般遵循一定的结账周期和严格的结算制度，到时间了就要结账。“月总日清”是阶段性的账目汇总，积累到一定时间就需要结清，山西商人称之为“挽住”和“挽结”，将流水抄录，开列清单，明确“旧管”“新增”“开除”“实在”，形成完整的“四柱账”。

总而言之要谨慎，买卖全凭常度量。
小心灯火防贼盗，门上插关又使榪。
取过纸墨共笔砚，再召流水共算盘。
老账至此通挽定，抄折录帖开清单。
除收该咱银多少，除取存伊钱若干。
财帛分明方取利，让人一步自来宽。
抬头格式表大□，浮存暂计叙不完。[②]

以上杂字交代了老账新账如何赓续的问题，还指出立账时要留出足够的空间，用于临时“浮存暂计”等项目。关于记账的具体内容，四言杂字说得更为清楚：

① 《四言杂字（天上地下，日头月明）（第三种）》，载《清至民国山西杂字文献集刊》第12册，第42—45页。

② 《七言杂字（圣人垂训永流芳，诗书授世万古香）》，载《清至民国山西杂字文献集刊》第19册，第238—239页。

凭帖信票，契见保人。
欠还借取，赊现旧新。
期年行息，按月找清。
长收短欠，除净出存。
抄写计算，毫厘分明。
开设字号，杂货俱全。①

记账业务涉及欠、还、借、取等项，除了记录这些基本流水，作为一本完整、标准的账，还要把“长收短欠，除净出存”即“开除”和“实在”抄写计算出来，做到“毫厘分明”。杂字多次强调账目清晰、明确的重要性。四言杂字提到记账涉及的诸多问题，例如：

行商坐贾，早起迟眠。
夜防贼盗，备用盘缠。
限定日期，收交还清。
找算清楚，账目誊明。
朋财合伙，协力应承。
结交主顾，兑换公平。
各省斛斗，天下皆同。
尺有所短，秤有重轻。
天平戥子，一样为公。
苏法广法，要记分明。
元宝足色，新绽纹银。
南炉水系，吹系画系。
铜铁金银，酌夺认真。
放钱举债，利息不同。
赚钱折本，壳本营生。

① 《杂字本（天高地下，人在其中）》，载《清至民国山西杂字文献集刊》第9册，第134—135页。

除收净欠，共总通浑。
万千百十，匹丈尺寸。
零趸发卖，杂货俱全。[①]

在记账过程中如遇到特殊情况，如何处理，杂字中也有说明。如“欠取借贷，入股立账”，属于欠款、借贷性质的，以及新入实在股本是需要记录的；“奉让不赊，切记上账”，如果属于非借贷性质，人情赠予之类的，也必须记录账中；“账簿单折，兑帖换傍”，商业账簿与票、帖等是有关联的，要结合起来使用；“日行流水，老账总账，零星散碎，囫囵整庄”，每日的流水账，以及零星散账积少成多，按照日月或一定类别装订起来，形成一本一本的账册。这些内容都是商业经营中不可缺少的。

四言杂字还涉及记账遇到的技术问题，即平码、银色、兑例的换算。各地的度量衡不同，称量有别，惯例有异，货物、银钱都有各自的单位，使用和结算也不一样，这给记账带来很大的难度。尤其是从事银钱生意，还涉及利息波动变化的问题，在结算及记账时要特别留意，把所有收入和开支全算清楚。票号汇兑业务记账更为专业，涉及“收会来”“收会去”“交会来”“交会去”等，因此对每一笔业务“该与支使，借还赊欠”等记账必须详细明确。就是一些特殊情况及人情关系的“费骗送带”，在账目中也必须清点结算清楚。

终日交易，铺财相换。
金银珠玉，宝贝罕见。
铜钱铸造，铅锡窝元。
万为十吊，千比云串。
文个百把，皮好皆观。
纹银细丝，成色难看。
半斤八两，十分一两。
厘毫丝忽，天平戥儿。
取去收来，找兑佃完。

① 《四言杂字（残）（荆针木耳，蘑菇竹笋）》，载《清至民国山西杂字文献集刊》第7册，第51—54页。

该与支使，借还赊欠。
寄放□拿，退贴赔赚。
费骗送带，登账勤算。
出入流水，记明查点。[①]

山西商人最为专业的记账要数票号等大宗生意。记账基本单位为银两，有时要精确到两、钱、分、厘、毫、丝、忽的微小计量单位。可以想象，如果经营的商品数量和规模大到一定程度，两以下的钱、分、厘、毫、丝、忽就具有了其计量的意义。

账目要清楚，最重要的是在谈生意时一定要当面说清，无论是借钱还是合伙，租房还是买房，都要言明，这不仅是一种诚信的表现，也可以避免将来出现纠纷。如四言杂字中就有“买货卖物，坐贾营生，索讨赊欠，账目要清”[②]。五言杂字中说得更为明白：

纸笔扯墨砚，默画写字文。
账目宜清白，算法要分明。
价码求妥当，钱帖看假真。
买卖凭时值，切莫放匪人。
临到年根底，佩下杂货公。[③]

杂字中有关商业账簿内容作为山西商人经营中最为重要的一个组成部分，从记账的内容、形式到注意事项等都有较为详细的记录。也正是因为其内容全面、实用，杂字才成为山西商人经营的重要参考资料和民间教材。

① 《春学必用（字始何代，苍颉羲农）》，载《清至民国山西杂字文献集刊》第7册，第89—91页。

② 《日用杂字（要识杂字，日用与先）》，载《清至民国山西杂字文献集刊》第6册，第101页。

③ 《便用杂字（天上日月星，地下覆载恩）（第一种）》，载《清至民国山西杂字文献集刊》第15册，第406—407页。

第三节　山西杂字中的商业立约规范

山西商人在经营过程中还会涉及各种合同和文约，例如揭约、借约、租约、典约等。对于这些形式的合同和文约，山西商人以杂字记录传承，其特点是通俗易懂，朗朗上口，具有潜移默化的商业教育的作用。对于合同和文约的形式及注意事项，四言杂字说得很明白：

舍窠房屋，墙壁院门。
揭借赊欠，两家要公。
租典寄赁，要说分明。
念完杂字，随记心中。[①]

山西商人在经营过程中常常会遇到资金等问题，有时候想做买卖却缺少资金，有时候有资金却没有经营时间与能力，于是产生合伙经营。合伙经营又称“伙计制”，明人王士性的《广志绎》就有“一人出本，众伙共而商之，虽不誓而无私藏”[②]的伙计制记载。在此基础上进一步发展为股俸制。这种制度通过市场对生产要素进行有效配置，解决了资源配置过程中常遇到的矛盾：一方有资金，而没有经营能力；或虽有能力，但不及他人；或虽有能力，但精力不支；或虽有能力而不愿意为之，同时不愿意只做简单的借贷，而愿意承担风险。另一方则虽有能力，但缺乏资金，没有劳动资料，没有经营的物质条件，又不愿意只简单地出卖劳动力，愿意投入更多的智慧、热情和精力，从而也能获取更多的收益。这一制度巧妙地克服了这两者的困难，形成了现实的生产力。

有钱出钱，有力出力，在此基础上山西商人创立股俸制，出钱的有资金股，出力的顶人身股，结账时分红。这种以人为本、优势互补的经营合作方

---

① 《训蒙杂字（训蒙杂字，手头所用）》，载《清至民国山西杂字文献集刊》第3册，第12页。

② 王士性撰：《五岳游草　广志绎（新校本）》，周振鹤点校，上海人民出版社，2019，第256页。

式给后来的商业运作有很大的启发。在合伙做生意之前，一定要写下合同，著成账本，即为商家最为保密也最为神秘的万金账，属于商家的机密，一般是不会示于外人的；而且将伴随合伙生意之始终，将来生意赢利了，便按合同约定的股份来分红，如果歇业或拆走资金，或增加投资人，也都要体现在这个契约账本中。下面的杂字就反映了山西商人的这一特点：

按下生意，写立合同。
俸股买卖，伙计财东。
当家掌柜，站柜相公。①

出钱的财东，经营的掌柜，干活的相公，三者共同构成同舟共济的经营机制。这种机制采取产权分离的股份制、经理负责制。股份有银股、身股之分，而劳力作为资本顶股是山西商人的一大创造。这种经营机制的特点是把财东、商号、员工三者利益绑在一起，采用经理负责制，财东不干预号事，从而调动经营者的积极性，形成了三方共同维护商号信用和声誉的局面。山西商人内部东、伙之间依靠这种原则组成的关系，在商业、金融等行业代代相承，不断发展，在山西杂字中亦有体现。关于“立合伙约”要领及立约后的注意事项，四言杂字记录如下：

立写伙约，合同某人。
二人商议，合伙经营。
即日凭中，言定各名。
备出本钱，几百串文。
其钱无利，预先说明。
营某生意，协力同心。
有福同受，有祸共承。
赚钱折本，推让不生。
或有支用，账本登明。

---

① 《四言杂字（天上地下，日月头明）（第一种）》，载《清至民国山西杂字文献集刊》第11册，第411页。

所获利息，每年算清。
除本分利，不起私心。
倘有二意，鉴察神灵。
人心不古，伙约为凭。
合同二纸，各执收存。[①]

以上杂字反映的是合伙之间订立的原始文约。随着合伙制的发展与成熟，与之相关的合伙文约进一步专业化。在当时的山西商界，人身股不是每个员工都能得到的待遇。商号新招员工学徒期通常为3年，期满合格则录用为正式员工。在德、勤、能、绩方面表现优秀者才能顶股，快者可能一两年，慢者可能十几年，甚至更长的时间还不能顶股。由此可见人身股制度是根据劳动者品质、能力和绩效来决定的，说明当时已经把劳动力当作了资本。

充足的资金是商业经营的基本条件，在实际运营中，要做生意的人向有钱人借钱经营的情况很多。在契约杂字中，这类借钱契约最为典型，反映了山西商人借贷关系与凭信意识。如单纯的“借钱约”，四言杂字记录如下：

立约借钱，借到某人。
某人名下，钱若干文。
当日凭证，三面言明。
每千每月，利息几分。
其钱借至，来年付清。
本钱全还，不少分文。
硬保承还，抵借情形。
或田或地，愿抵某人。
过期无钱，任随佃耕。
不得异言，枝节另生。
恐口无据，借约为凭。

① 《约据杂字（凡写约据，见景生情）》，载《清至民国山西杂字文献集刊》第5册，第474—476页。

年月在证，代笔某人。[①]

规模小的山西商人，经营方式主要是独资、贷金形式。独资即商人自筹资本做生意，一般是小本买卖，白手起家，小打小闹。贷金则是向别人立字据借钱做买卖，上面的“借钱约”就是这种经营方式的反映。贷金制的积极意义主要体现在资金的所有者与使用者分离，为以后随着社会经济的发展进一步出现合作、搭伙、朋股等经营方式开了先河。下面就是合伙做生意的“契约活套”的“领本钱约”：

立领本约，雷贺倪汤。
今向某处，财主名下。
伙领本钱，万千百十。
或开当铺，杂货酒馆。
或囤粮粟，贩换银钱。
大家同心，协力公办。
起本余利，计股公分。
如不心诚，动念诡伪。
罚裁分股，不入同分。
恐后无凭，立约为用。[②]

在这份契约里，规定了合伙人要齐心协力、共同经营、按股分配等事项。关于利润如何分配的问题，山西商人一般是按股分红，如通用杂字记录：

经营买卖客，戴月披星行。
光宗又耀祖，万物一心用。
三家攒俸本，协力要同心。

① 《约据杂字（凡写约据，见景生情）》，载《清至民国山西杂字文献集刊》第5册，第452—454页。

② 《文约契书（山西太原汾州府属）（第一种）》，载《清至民国山西杂字文献集刊》第5册，第316—318页。

一片公平志，毫厘按股分。①

山西商人在经营过程中，失败是常有的事，有的客死他乡，至死不能魂归故里；有的店铺关张，变卖家产还债。最为典型的还有出让店铺的“契约活套”，原文如下：

立出顶约，某人情因。
开店数年，生意不成。
父母年迈，侍奉无人。
难以照管，写远只因。
自行央请，中证某人。
从中说合，甘愿实情。
令将店房，打与某人。
某人名下，开设营生。
家具等项，如数点清。
其店什物，小大概行。
一并在内，单目注明。
即日凭中，公议钱银。
实值价钱，凡百串文。
其钱凭中，一手交清。
并无蒂欠，丝毫分文。
自顶打后，任随某人。
开店生理，某姓弟兄。
房族人等，枝节另生。
倘有异言，店主担承。
恐口无据，立约为凭。
付与某姓，子孙执存。

① 《五字真言（天地日月星，参辰斗宿官）》，载《清至民国山西杂字文献集刊》第16册，第16页。

中证代笔，年月日辰。[①]

“顶约”即经营失利或变卖资产过程中经常涉及的一种合同文约，山西杂字对于这种文约的内容、写法及注意事项都做了详细的说明。这些杂字不仅反映了山西商人经商失败后的无奈与悲凉，还体现了契约精神和信守承诺的品质。

山西商人的股份制对于当下社会主义市场经济具有许多启发意义。

小　结

明清时期随着商业经济进一步发展，城镇中出现了大量与商业相关的人物，如商人、伙计、账房先生及小手工业者，他们每天都不可避免地要卷入一些商业活动，例如计算成本与利润、购买生产资料、出售货品、订立合同契约、纳税、租赁、借贷等，而进行这些活动都需要起码的读、写、算能力，因此对识字学习的需求特别强烈。杂字在某种程度上满足了他们的需求，这也是杂字产生的社会经济基础。

一方水土养一方人，不同的地域环境孕育不同的民俗民情。山西自古就有经商的传统，明清时期随着山西商人崛起，商人地位不断提升，崇商经商成为社会发展的新趋向。流行于山西的杂字也就自然而然地表现出浓厚的重商色彩。它在为百姓识字明理而服务的同时，还扮演了经商职业教材的重要角色，成为百姓经商的启蒙课本和经商指南。山西杂字涉及的商业内容除了数字和汉字，写信的规则、商业记账常识，还包括商业立约规则等。这类商业知识与技能、商业经验与智慧的内容来源于经商实践，来源于商业生活，至今仍对我们从事商业活动具有参考意义。尤其值得一提的是山西商人合伙制的规则，更是契约精神和信守承诺的一种体现。

流传民间的实用教材山西杂字为山西商业服务，体现了山西独特的地域文化。民间的自发教育起着文化传递的作用，推动着职业教育的发展。杂字

① 《约据杂字（凡写约据，见景生情）》，载《清至民国山西杂字文献集刊》第5册，第457-460页。

作为民间文化遗产，其文化价值是巨大的。这些具有商业内容的杂字，处处渗透着经商的方法、经验和智慧，无疑对百姓从事商业活动起到指南的作用。这些杂字展现了一幅幅丰富而多彩的地方社会图画，再现了山西商人与普通民众多姿多彩的生活，提供了远比正史记载更为丰富和鲜活的历史文化信息。对这些杂字的悉心解读，无疑可以阐微烛幽，重现历史。同时，它们由民间编纂，主要为满足百姓日常生活需求，在体现百姓劳顿艰辛和酸甜苦辣的同时，也体现了由无数普通百姓所创造的晋商大业的辉煌。这些杂字充满生活气息，采用短语形式，平实易懂，朗朗上口，具有较强的实践性，因而深受百姓欢迎而广泛流传于民间。

山西杂字中有关山西商人的经营理念，至今仍是我们从事商业活动的法宝：只有诚信经营，公平交易，注重质量，重视声誉，以义制利，才能在新时代的浪潮中不断向前发展。

第六章　从外语读本看清代山西商人经商职业教育

山西商人为了便于旅蒙经商和开展中俄贸易，编写了很多学习蒙古语和俄语的读本。《晋商史料集成》收录了蒙古语读本、俄语读本各6种，归类为“外语读本”。所谓“外语”，是对于山西商人所用的汉语（本语）而言。这类读本实际上是山西商人学习蒙古语和俄语的手写小册子，上面用汉字标注蒙古语和俄语的发音，很多注音必须用山西方言读，发音才正确，形成一类具有地域性特色的经商教程。

从版本形式看，外语读本均为手抄本线装书，字迹清晰规整，编纂时间均为清末。从编写体例看，不论是蒙古语读本还是俄语读本，均是大字的汉语词句在前，小字的汉字标音在后。外语读本编写体例类似《华夷译语》，在内容划分上多以“类”进行编写，与《华夷译语》中以“门”编写的性质相同。读本名称上，除了使用“读本”，还使用“番语”“回子话”等，延续“华夷之辩”，与《华夷译语》可谓相承；还有的命名为“万宝全”，内容十分庞杂，具有很强的实用性。从编写内容看，外语读本所收词句均与贸易活动有关，是为贸易活动服务，具有功能性特征，实用性很强。货物名称的发音是外语读本最主要的内容，但并不是唯一的内容，外语读本还涉及诸如称谓、职务、形容人的词、生意日常用语、账单、货单、税费、时辰、方位、位置、杂言、口语等词句的发音，甚至还有占卜、药方等内容，涵盖极为广泛。从某种意义上讲，外语读本又可称为百科全书式的工具书。有了这样内容丰富的外语读本，山西商人闲时可以进行学习背诵，贸易过程中遇到问题时也便于查询。正是长期以来对语言技能的不断积累与传承，使得山西商人克服了语言障碍，拓展了商业空间。

外语读本客观反映了清代内地与蒙古地区①的交流情况，还反映了中俄贸易的情况，囊括了商品买卖门类、贸易购销准则、商人生活细节等方方面面，补充了正史、档案、志书等记载的不足，可作为研究清代以来国内贸易及国际贸易的重要资料。目前，以外语读本为中心探讨山西商人商业教育尚乏其作。本章尝试以《晋商史料集成》收录的外语读本为切入点，对清代山西商人的商业教育进行考察，以期丰富相关领域的研究。

第一节　外语读本中的商品买卖门类

清代山西商人进行旅蒙经商和同国外商人，主要是俄国商人贸易时，为了更好地沟通和交流，就要学习蒙古语、俄语等语言。清人徐珂对此曾有描述："在蒙古者通蒙语，在满洲者通满语，在俄边者通俄语。每日昏暮，伙友皆手一编，习语言文字，村塾生徒无其勤也。"②学习专门的语言，成为山西商人，尤其是需要到蒙古地区或国外经商的学徒必须掌握的专业技能。存留至今的手写小册子，既是山西商人攻克语言障碍的真实写照，又是其经商经验和智慧的实践性总结。外语读本内容可谓浩繁，包括蒙古语和俄语两个部分，整体内容以商人经商的中文信息配以音译小字手写而成，信息颇丰。外语读本中的经商信息多为山西方言，具有显著的地域性特征，其内容多为商业活动和商人生活服务，有着极强的实用性和功能性特征（见表6-1）。

表6-1　《晋商史料集成·外语读本》部分内容一览

译本时间	外语语种	货物种类	货物名称	音译发音
道光元年（1821年）	蒙古语	衣物	帽子	马力盖
道光元年	蒙古语	衣物	凉帽	滕系马力盖

① 本书中的"蒙古地区"主要指清代的内属蒙古（察哈尔总管旗、归化城土默特都统旗、呼伦贝尔都统旗、各牧厂等），内札萨克蒙古，外札萨克喀尔喀蒙古、套西额鲁特蒙古，范围大致相当于今蒙古高原及阴山南麓等地区。

② 徐珂编撰：《清稗类钞》第5册，中华书局，2010，第2308页。

（续表）

译本时间	外语语种	货物种类	货物名称	音译发音
道光元年	蒙古语	衣物	雨褂子	处扽
道光元年	蒙古语	食品	白面	义汗谷吕尔
道光元年	蒙古语	食品	荞面	色各旦谷吕尔
道光元年	蒙古语	茶叶	砖茶	尺劳才
道光元年	蒙古语	茶叶	帽盒茶	何色才
道光元年	蒙古语	其他	珊瑚	虚儿
宣统元年（1909年）	蒙古语	食品	西瓜	五兰瓜
宣统元年	蒙古语	食品	黄瓜	哦力盖瓜
宣统元年	蒙古语	其他	党参	君木吉
宣统元年	蒙古语	其他	鞍子	哎苗尔
宣统元年	蒙古语	其他	眼镜	杻启乃习
光绪十一年（1885年）	俄语	布类	印花布	义木义大布
光绪十一年	俄语	布类	平机布	大布
光绪十一年	俄语	布类	斜纹布	史大面子
光绪十一年	俄语	皮毛	太平貂	个的坎
光绪十一年	俄语	皮毛	沙狐皮	寄儿史坎
光绪三十四年（1908年）	俄语	食品	蜂蜜	妙斗
光绪三十四年	俄语	食品	佛手	哈必力信泥

留存至今的外语读本，最早为道光年间编写，最晚为清末民初编写，囊括了山西商人经商的商品买卖门类、贸易购销准则、商人生活细节等方面的语言信息。其中，山西商人经商的商品买卖门类是外语读本中最重要的部分。货物买卖的门类主要有茶叶、布匹、杂货、皮毛、呢绒和牲畜。山西商人将茶叶、布匹及各色杂货运销蒙古地区和俄国各地，并换取当地盛产的皮毛、呢绒哔叽和牲畜。清人松筠的《绥服纪略》记载了山西商人“由张家口

贩运烟、茶、缎、布、杂货，前往易换各色皮张、毡片等物”[①]。笔者对外语读本中山西商人在旅蒙经商和中俄贸易中经营的商品相关信息进行了整理，具体见表6-2。

表6-2　山西商人在旅蒙经商和中俄贸易中经营的商品买卖门类一览表

贸易类型	货物种类	具体商品
出售	茶叶	珠兰贡萃茶、武夷茶、黄茶、大麦茶、珠兰茶、君眉茶、白毫茶、旗枪茶、园口茶、长箱茶、砖茶、匣匣茶、帽盒茶、桶桶茶、包子茶、书匣子茶、匣子茶、方柜子茶、双罐茶、瓶茶、大罐茶
	布匹	方串布、不毛布、方毛、大京布、小京布、九寸布、永春布、洋花布、绒花布、印花布、丝布、平机布、斜纹布、口庄布、苦布、营布、手巾布、西番布、缠皮布、时盛布、临漳布、鸡泽布、大汉府缎、棋盘锦、峨眉锦、双头鸟缎、金丝缎、顺锦缎、绣花缎、牛郎缎、浮织缎、北苑绸、大素绸、宫绸、宁绸、曲丝绸、绫绸、绸子、虎斑棉绸、羽毛绸
	杂货	畅销香烟：太平皮烟、射斗皮烟、净红皮烟、小字皮烟、正敦厚烟、魁二美烟、新隆二美烟、长盛二美烟、同泰二美烟、天和敦厚烟、天和二美烟 粮油干面：碛麻油、香醋、口干籽、毛细粮、碛粮皮、麻面、净芝麻、毛芝麻、西小茴香、西木耳、南木耳、雪白洋粮、南荆针、宁紫菜、四五白干、青黛、大茴、鲜肉干、湘莲子、百合干、玉兰片、大海参、上红曲、大洋米、大二洋米、花洋米、西白干、片油鱼、广枝元、江瑶珠、上口蘑、葛仙米 盐糖酱料：大红盐、上北盐、怀仁盐、上料面、青红丝、桂花酱、川花椒、广白冰糖、贡白冰糖、原赤糖、改赤糖、德国冰糖、上白糖、二五烧酒、芝麻酱、府黑酱、双豆油、豆腐乳、五四甜酱、青酱 内陆药材：白土子、本红土子、南红土子、黑梅、上白帆、红花、五倍子、马钱子、仁参、砂仁、肉桂、朱砂、雄黄、潮脑 金属器物：玳瑁、玻璃、琥珀、素珠、龙油珠、水银、琉璃珠、假珠子、狗得脑珠子、云母平牌、耳坠子、戒指儿 颜料矿物：苏木、蓝靛、胭脂、石黄、官粉、银朱、白矾、黑矾、烟煤

① 张正明主编：《明清晋商商业资料选编》下册，山西经济出版社，2016，第749页。

（续表）

贸易类型	货物种类	具体商品
买进	皮毛、呢绒	大银针皮、小银针皮、白头银针皮、银针尾子、西洋翻板水皮、正板水皮、锅盖水皮、小锅盖水皮、长毛水皮、鱼肚水皮、粗毛水皮、黑狐皮、窝刀狐皮、合獭儿狐皮、红狐皮、黄狐皮、二信狐皮、大毛白狐皮、小毛白狐皮、公达什狐皮、沙狐皮、青狐皮、青狐仔子皮、耳眼子狐皮、银鼠皮、大银鼠皮、小银鼠皮、灰鼠皮、达子黑鼠皮、回子黑灰鼠皮、花尾黑灰鼠皮、灰鼠皮、黑杂灰鼠皮、白杂灰鼠皮、大白灰鼠皮、二白灰鼠皮、真鱼尾黑灰鼠皮、真正高无黑尾鼠皮、扎刀子灰鼠皮、逼兔灰鼠皮、逼兔灰鼠皮、二秋子灰鼠皮、秋子、貂皮、太平貂皮、葡萄貂皮、芝麻貂皮、八宝貂皮、扫雪皮、猫皮、红根猫皮、白根猫皮、藜麻猫皮、黑骨称羊皮、青骨称羊皮、大黑长脖皮、羔子皮、小毛白长脖子皮、二毛白长脖皮、省省皮、苑大毛、猞子皮、老羊皮、山羊皮、香羊皮、红绿香羊皮、香牛皮、金花儿牛皮、猞力狲皮、兔儿狲皮、虎皮、豹皮、狼皮、香鼠皮、熊皮、月儿熊皮、黄鼠狼皮、土豹皮、野狸子皮、篱子皮、白兔皮、苍兔皮、兔耳、鹿皮、牵牵皮、鱼皮、狍皮、獭儿皮、猛失惊水皮、狗皮、飞鼠皮、斜皮、天皮、起青皮、驹儿皮、牛犊皮、哈喇、洋大哈喇、大哈喇、二圪泥大哈喇、两面大哈喇、二哈喇
	牲畜	龙虎、狮子、象、豹、兔、狼、貂、公鹿、母鹿、狐、獭儿、恒子、麝、豹狗子、公狍子、母狍、人熊、狗熊、猪熊、老鼠、灰鼠、猞猁、野猪、兔宰、狗儿、小狗、小猪、黄羊、猫儿、骡、驴子、儿马、骟马、果马、马驹、牛儿、牤牛、尖牛、乳牛、牛犊、骆驼、儿驼、扇驼、母驼、崽子、母狗、羊羔子、山羊

资料来源：本表根据《晋商史料集成》第72册、第73册所载外语读本相关内容整理而成。

茶叶是山西商人在旅蒙经商和中俄贸易中出售的首要大宗商品。蒙古地区流传着“宁可一日无食，不可一日无茶”的谚语，在《明史》中也有北方民族“嗜乳酪，不得茶则困以病”[①]的记载。山西商人便将茶叶作为在这些地区交易的主要货物，从南方两湖地区采购和生产茶叶，再千里迢迢地北上运输至遥远的蒙古地区和俄国各地。在山西商人的外语读本中记载了大量关于茶叶交易的语言信息，其中包括茶叶的种类、品质、包装以及特殊的茶叶贸易等信息，以此便可窥看中俄万里茶路之一斑。根据此类读本记载，山西

① 张廷玉等撰：《明史》卷八十《食货志四》，中华书局，1974，第1947页。

商人贩运的茶叶种类十分丰富，既有不同种类的散茶，又有按照特殊材质包装而成的整茶（参见表6-2）。但在贸易中，由于散装茶体量大且极易在运输途中损耗（外语读本也多有记载散茶损毁情况，如“昨日卸下的茶箱破了三箱，短了八九斤茶：丑各启尔色力吓生才古力办多而丝恳克而生乃马以数斤它它吉”[①]），因此山西商人更倾向于选择砖茶。除了茶叶的种类，读本中还记载了茶叶的品质信息，以方便山西商人在贸易中更好地把握。《光绪三十四年仰参俄罗斯蕃语》读本便记载了茶叶的品质：“茶颜色：个黎儿。茶颗泪：扎勿儿怒史。……茶肥实：捎什内。茶的条杆细腻：色伏故史本。”[②]另一种《俄语读本》也有类似记载：“茶上的白毛：木合那的。茶肥实：捎什内。茶的条杆儿细知：色福故史。”[③]

布匹和杂货也是山西商人出售的大宗货物。外语读本中记载了大量与布匹相关的内容，不仅包括诸般布种，还包含布匹颜色和布匹品质特征的信息。读本记载的普通布匹及绸缎绫绢类型众多（参见表6-2）。但值得注意的是，在蒙古地区，只有极少部分富人购买绸缎绫绢等高级布料，山西商人贩运的主要布匹是在普通人中旺销的寻常布料。俄国的情况也是如此。此外，山西商人还在读本中罗列了布匹染色的具体颜色，其种类名目之繁多，难以悉数。不仅如此，布匹品质特征的语言信息也被山西商人记载在读本中，以做货物经营之应对。如《光绪十六年槐德堂回子话（俄语）》中便记载：“印花：义木义。闪花：线米兰。红闪绿：各拉史内儿明亮甲料内。绿闪红：甲料内儿明亮各拉史内。花儿的：得浪勿什坎。光素的：各拉的坎。落色力：此未地不坝力不力硬的利念亦的。”[④]外语读本显示，山西商人在贸易中还经营各色杂货，主要包括畅销香烟、粮油干面、盐糖酱料、内陆药材、金属器物、颜料矿物等，各类杂货下山西商人将具体货物名称以类相从，一一罗列。值得一提的是，虽然这些杂货在山西商人的经营中并不如茶叶和布匹重要，其内容在不同外语读本中也并非尽数出现，但杂货仍会根据具体贸易地点的情况而售卖。外语读本对杂货的记载也在具体读本中侧重记载，这也从侧面反映了外语读本的指向性特征。

① 《道光年间蒙古蕃语》，载《晋商史料集成》第72册，第379页。

② 《光绪三十四年仰参俄罗斯蕃语》，载《晋商史料集成》第72册，第544页。

③ 《俄语读本（一）》，载《晋商史料集成》第73册，第139页。

④ 《光绪十六年槐德堂回子话（俄语）》，载《晋商史料集成》第72册，第484页。

除了茶叶、布匹、杂货等售出的货物门类，外语读本还记载了皮毛毡货、牲畜等买进的货物门类。外语读本中提及最多的商品是各种皮毛和外域毡货。首先是皮毛，此类货物多出现在蒙古语读本中，分为家养和野生两类。家养的皮毛包含羊皮类、牛皮、兔皮等，如种羊皮、老羊皮、山羊皮、骨种羊皮、黑香羊皮、红绿香羊皮、香牛皮、生牛皮、牛犊儿皮、金花牛皮等；野生包括貂皮类、狐皮类、貉子皮、黄鼠狼皮、猞猁皮、狼皮、虎皮、豹皮等。皮毛类下分的货物名目众多，难以罗列，但山西商人仍将交易的皮毛一一记载，并将其蒙古语和俄语分册列举，以方便贸易路上的货物经营。不仅如此，在购置皮毛时，山西商人会着重关注皮毛的品质，如关注皮毛的张页、绒头、毛、虫眼损坏等。外语读本中多有此类特征信息，如："绒头好：布合路池。张页好：个日刀不力。白板：短洛面史的。毛朝里：勿恕的利。开口的：把拉故日。油煎板：以之各赖。点子：不并。新板皮：西未日个日。"[①]另外，外语读本还有商人购置皮毛时常用的语言教程："拿出牛皮来我看：不游吓而吓力吓必五计也。身秤好、页张好、花样好：约数筛哭录数以肯花而太。"[②]其次，皮毛类货物还有一些外域毡货，和皮毛不同的是，外域毡货的货物记载主要出现在俄语读本中。这些内容在俄语读本经商教程中也分类胪列，如各种的回回布、回回绒、回回纸张等，还有最具特色的"合洛"。"合洛"也称"哈喇"，此货物只在俄语读本中出现，读本中记载的与"合洛"相关的语言信息如："哈喇：腊书各那。洋大哈喇：腊哈各令史坎书各那。大哈喇：各蓝史坎。二圪泥大哈喇：七令浩史坎书各那。两面大哈喇：得浪卜启瓦玉史书各那。二哈喇：麻史浪尾什半史坎。"[③]清末刘鹗的《老残游记》中出现了"天青哈喇马褂"[④]。经考证，"合洛"是俄国人用兽毛、人造毛等原料制成的各种织物，也是现代呢绒的另称。一般认为，哈喇在清代主要通过进贡和海关采买进入宫廷和贵族、官员家中，而通过山西商人的外语读本，可知此毡货还会通过行商进入民间流通。

牲畜也是山西商人外语读本中货物买进的重要门类。外语读本记载的牲畜种类繁多，诸类野兽和家养禽畜皆在读本语言信息之列，但最常用作交易

---

① 《光绪十六年槐德堂回子话（俄语）》，载《晋商史料集成》第72册，第495页。

② 《道光年间蒙古蕃语》，载《晋商史料集成》第72册，第380页。

③ 《俄语读本（一）》，载《晋商史料集成》第73册，第151页。

④ 刘鹗：《老残游记》，中华书局，2013，第19页。

的则是山西商人贸易路程中的骆驼、驴和马。山西商人在蒙古地区经商或前往俄国贸易，多以骆驼、驴和马驮运茶、布和杂货等诸类货物，他们在不止一部外语读本中记载交易骆驼、驴和马的语言信息，并列举具体的骆驼、驴和马种类均作外语列举。另外，在购置此类货物时，牲畜的具体特征和年岁口齿也极大地影响路程驮运的质量，于是山西商人在外语读本中记载了“黑花”“白青”“红青”“干竹花”“锁罗青”“兔虎”“银合”“豹花”“黄骠”“银鬃赤”“枣留花”“斑点”“玉眼”“云膊”“塌胯”等牲畜特征[①]以及年岁、口齿（“一岁：温纳吓。二岁：大吓。三岁：东启弄。四岁：坎扎兰。五岁：东羊弄……”[②]）等语言信息。有关换取皮毛、毡货和牲畜质量在外语读本中记载繁多，不仅体现出山西商人关注自身出产的货物的质量，还体现出山西商人同样重视采买货物的质量。

第二节　外语读本中的贸易购销准则

外语读本记载的不仅是山西商人在旅蒙经商和中俄贸易中经营的商品买卖门类，还包含着山西商人依循市场需求、把控成本预算和服膺名誉口碑的贸易购销准则，他们根据这些购销准则行商经营。

首先，山西商人在这些贸易中遵循市场需求的购销原则，按照市场需求因地制宜、因时制宜和因情施策。为适应边地游牧和城市不同的地域市场需求，山西商人实行因地制宜的多种经营方式。蒙古地区面积辽阔，牧民以游牧为生，流动居住，为适应在蒙古地区经营，山西商人采取不置店铺、流动放货方式。如在外语读本中就记载了“几时放货力（“力”是山西方言口语后缀。——笔者注）”“卖与谁家”“几时打发力”“买卖人几时就（仝）〔同〕来”等无固定店铺的买卖方式，以应对蒙古地区的生活特色和市场需求。[③]不仅如此，他们根据蒙古地区市场的实际，提供送货上门的服务。这种为适应市场而形成的独特的经营方式并不如传统铺面一样有保障，于是山

① 《蒙语读本（一）》，载《晋商史料集成》第72册，第740—741页。

② 《道光年间蒙古蕃语》，载《晋商史料集成》第72册，第328页。

③ 参见《光绪三十四年仰参俄罗斯蕃语》，载《晋商史料集成》第72册，第596—597页。

西商人还会雇佣双方熟悉并且在当地有威望的“保人”。为适应俄国城市市场的需求，山西商人采用传统的铺面经营方式。如在俄语读本中记载“我们好赖是坐铺生意，又不是捣庄的小跑儿”[①]“你要寄放东西失丢不了，你的要买货不敢与你赖的”[②]“认识认识铺子”[③]等语言信息。

蒙古地区面积广袤，气候多样，其货物需求随年景的不同而不同。俄国市场的需求与国内市场需求也有很大不同。山西商人根据这些不同，在售卖茶叶、布匹和杂货时，严格按照市场需求开展贸易。同样，在买进皮毛和牲畜时也会根据市场需求，贵则卖之，贱则买之。在外语读本中就常见关于“行情”“随行作价”[④]“如今与旧不同”“又一个时景”[⑤]“今年货贵了”[⑥]等外语信息记载。

除了因地制宜和因时制宜，山西商人还以边地需求为导向因情施策。他们结合边地多牲畜皮毛、少流通银钱的情况，采用赊销利钱的销售方式，在春季赊卖货物，在冬季以牲畜回账，即先将货物赊放给牧民，再根据还账年限长短增加利钱。这种方法称为“打印子”，类似于赊账增利。这种赊销方式在外语读本中多有记载，如“放账为利：俄利塔比生面奴扣保石户桂牙莫刀秃素白纳。赊三不如现二：俄奴五什扣莫力盖上窝肯力”[⑦]“不现成再拿：念各到尾棒昔力必利。赊货：纳各力地的。订货：则大的坎启瓦儿”[⑧]“打上印子明天再拿罢：玄力托木吓吉玄力吓什哈巴气”[⑨]等。这种赊销方式非常适应这些地方货币流通量不足、物产匮乏的实际。清人松筠曾言：“至沿边各旗札萨克游牧，往往有商民以值数钱银之砖茶，赊与蒙古，一年偿还，措不收取，必欲按年增利。”[⑩]此外，在赊销之后，山西商人会将赊销明细记录在账本当中，外语读本也多有记载“欠账”“该账”“人能死账

---

① 《蒙语读本（一）》，载《晋商史料集成》第72册，第811页。

② 《蒙语读本（一）》，载《晋商史料集成》第72册，第811页。

③ 《蒙语读本（一）》，载《晋商史料集成》第72册，第819页。

④ 《俄语读本（二）》，载《晋商史料集成》第73册，第228页。

⑤ 《光绪三十四年仰参俄罗斯番语》，载《晋商史料集成》第72册，第582页。

⑥ 《蒙语读本（一）》，载《晋商史料集成》第72册，第796页。

⑦ 《清代袁贵钰记万宝全一本（蒙语）》，载《晋商史料集成》第72册，第696页。

⑧ 《光绪十一年王大兴俄罗斯番语》，载《晋商史料集成》第72册，第395—396页。

⑨ 《蒙语读本（三）》，载《晋商史料集成》第73册，第119页。

⑩ 松筠撰：《镇抚事宜》卷一《绥服纪略》，台北华文书局股份有限公司，1968，第34—35页。

不能死”“账多会儿（莫）〔抹〕不了”的回收赊款信息。[①]由此可见，外语读本体现了山西商人依循特定地点需求的购销准则。

其次，山西商人在贸易中遵循精准把控成本的购销原则，严格计算货物成本、运输成本、关税成本等出项，并在成本出项的基础上把控贸易利润入项。运输成本是极为重要的成本出项。山西商人北上贸易的货物大多是从中国南方经各条商路千里迢迢运送的，在货物成本外还有很高的运输成本。外语读本记载了山西商人对运输成本的考量，如“走的好了就增拉，走的赖了就赔拉”、“赔增不敢定”[②]（这里的“增”是山西方言，指挣钱获利）。关税也是成本出项中的主要部分。山西商人在各关口需缴纳货物流通税，在流通税中最主要的则为关税。外语读本记载山西商人在东口（张家口）纳税的语言信息，并且详细罗列具体货物纳税的金额，以明确关税成本。值得注意的是，外语读本记载的关税语言信息显示，并非所有货物皆纳相同之税，读本会明确记载不同的纳税之法，如皮毛、毡货“俱是十个月一分现扣”，绸缎哔叽则“八个月一分扣利”，还有一些货物是“无税之货”。[③]山西商人按照这些缴税信息记载严格纳税，并把纳税金额明确计算在整体成本中。

外语读本除关注成本出项，还有追逐利润入项以控制整体贸易成本的信息。山西商人将这些内容熟记于心，以保障在他乡经营时控制成本投入并获得利润。如一部外语读本中记录了山西商人在贸易时把控成本、追求利润的洽商语言：

> 在一宗儿我要赠点儿力，（在）〔再〕赔上了（刻）〔可〕就了不的了，你要挣也叫不差甚些，太挣的厉害了我也恓惶。你不要挣的多了也不要赔了上，挣了多了我也不的赔的多，你不的……你的货赖要的价大，二百两了，怎么就成了你嫌货赖，要的与你好的嫌价大，你（缩）〔说〕怎么就，你胆嫌货赖，与你拿出好的来你也舍不得，你要买好东西的你挑价钱力，不挑价钱（莫）〔没〕好货，做买卖要（腾腾）〔痛

① 参见《蒙语读本（一）》，载《晋商史料集成》第72册，第821—822页。

② 《道光年间蒙古蕃语》，载《晋商史料集成》第72册，第370页。

③ 参见《光绪十六年槐德堂回子话（俄语）》，载《晋商史料集成》第72册，第474页。

痛〕快快简简洁洁些。[①]

外语读本记载的有关把控成本、追求利润的洽商语言信息并不仅限于此，经商时的逐利周旋话术芸芸难列。这些洽商语言不仅包含山西商人在贸易时所需用的话语，还记录了对方可能对答的话语。这种对话型的外语学习应用方式在外语读本中十分常见，既方便了山西商人对经商外语的系统学习，又在一定程度上成为交易时把控成本、追求利润的话术指导。

再次，山西商人在贸易中遵循服膺名誉和口碑的购销原则。名誉口碑会极大地影响商人的货物经营，所以山西商人在贸易中注重追求良好的名誉口碑，山西商人重质重誉的购销原则在外语读本中多有体现。在《蒙语读本》中就记载了"不做那一出子买卖""买赖东西坏铺中名节"[②]等内容。并且，对于损坏的货物，也明确指出货物"遗失潮湿摩擦损坏等情，按口市价赔补"[③]。郭嵩焘曾对山西商人做过中肯评价："中国商贾一向称道山陕商人，山陕人之智术不能望江浙，其推算不能及江西湖广，而世守商贾之业，惟心朴而实也。"[④]另外，言以足志而文以足言，山西商人在外语读本中不仅记载了大量有关重视质量、诚信经营的内容，还常以谚语的形式约束自身行为和反映自己服膺名誉口碑的风格，如"善有善报，恶有恶报"[⑤]"瞒得人瞒不过天"[⑥]等。此类谚语在外语读本中极多。这些内容皆是民间极为通俗的名言和俗语，但山西商人将这些言约旨远的明理之言记录在外语读本中加以学习应用，并时时以其来约束自身，保持良好的名誉口碑。

① 《蒙语读本（一）》，载《晋商史料集成》第72册，第797—798页。

② 《蒙语读本（一）》，载《晋商史料集成》第72册，第813页。

③ 《道光年间蒙古蕃语》，载《晋商史料集成》第72册，第367～368页。

④ 转引自刘建生主编，林柏、李泽平、郭小鹏编著：《晋商五百年·经营谋略》，山西教育出版社，2014，第76页。

⑤ 《清代袁贵钰记万宝全一本（蒙语）》，载《晋商史料集成》第72册，第702页。

⑥ 《光绪三十四年仰参俄罗斯蕃语》，载《晋商史料集成》第72册，第599页。

第三节　外语读本中的贸易生活细节

外语读本中记载的山西商人生活细节十分繁多，几乎囊括了在贸易过程中有关吃穿住行、天文地理、言语杂话等所有可用的语言信息。这些内容对于贸易的顺利开展产生了良好的引导和补充作用。

首先是与商人日常生活有关的吃穿住行等语言信息。山西商人将日常生活中常用的词组语句以类相从，归纳汇总为经商途中的外语读本，具体还可缕析条分为庙宇山河住宅集句、房屋家居类、帝王人鬼宗族类、官员神鬼人数类、身体面目集句、衣服冠戴吃食类、零星物件类、笔墨纸砚类、吃食酒肉调料类、树木花草类、颜料药材类、干鲜果木类、菜蔬类、粮食米面类、调料吃食类、珠宝古董玉器类、铁器金银类、走兽虫蚁类等。各类别相关的名词言语皆在外语读本中纷然罗列，数量足以万计，由此亦可知外语读本内容之庞杂。在吃穿住行的语言信息中，还包括了白纸画、骨牌、下棋、小曲儿、秧歌、风筝、小班、戏子、放炮、耍把戏、戏曲等一些娱乐性词组语句，可见外语读本记载的商人生活细节的复杂性。值得注意的是，外语读本中记载的关于官府的语言信息极为特殊，几乎每部外语读本都涉及和山西商人贸易有关的主要官府名称及边防、各地税司的语言信息，可知在边地经商时和官府接触的重要性。外语读本还记载各种向官府问好的语言信息，如在《清代袁贵钰记万宝全一本（蒙语）》读本中就记载“问官府作甚事力”“长得好问官府好”“问官府有甚（西汗）〔稀罕〕事”“官府吃饭力”“官府喝酒力”“官府喝茶力”“官府房子在那里力”“官府衣物”“请官吃饭”“天下官管的天下百姓”等[①]，这也从侧面反映了山西商人在蒙古地区经商时注重与官府搞好关系，以把控成本。

其次，外语读本还涉及山西商人在贸易中必备的天文地理类语言信息。天时气候和地区名称是山西商人必须掌握的语言知识。天时气候极为重要，《道光年间蒙古蕃语》开头便列举了“天：廷各利。地：各扎见。日：那

① 《清代袁贵钰记万宝全一本（蒙语）》，载《晋商史料集成》第72册，第698—699页。

见。月：沙见。年：几尔。时：侧克。云：天里。风：色坎。霜：缠太。雾：补坎启吉白恼"[①]等天文四时词汇；《光绪三十四年仰参俄罗斯蕃语》也首先列举了"天气不好：念那西。下雪阴天：把史磨罗内。晴了：不罗牙爷史。阴的（曲）〔黢〕黑了：世不可杜池。日出：顺子则失浪。日落：顺子各地浪西"[②]等气候词汇。另外，几乎在每部留存的外语读本中均可见山西商人对于"天气好坏"语句的记录，足见天时年月对于山西商人经商贸易的重要性。地区名称在山西商人进行贸易时也十分重要。外语读本中不仅记载了"西洋国""英国""美国""本国""国都""乌里雅苏台"等词汇的外语音译，还著录了"路过库伦进营子去来莫有：圐圙哼各尔买卖爹力歹力生无贵""你从那里转出来：七罕古尔秃弄弄生。从合洛河上转出来：合汝稿尔爹力秃弄弄生"等经商时可用的地理语言信息。[③]《光绪三十四年仰参俄罗斯蕃语》还记载了很多俄国的地名："新都、旧都、五路史坎、吔力故史坎、日炼史坎、岳故史坎、昔令进史坎、达皮儿史坎、磁器吴进史坎、达奔史坎、伏蓝绉史坎、达旦儿史坎、吓迷义史坎、吔点史坎、水皮把力并史坎、冻木史坎。"[④]这些地理语言信息不仅方便了山西商人日常生活的使用，还方便了在北上贸易途中熟练掌握相关地区的区位信息。

再次，言语杂话类是山西商人在外语读本中对生活细节用语的补充。由于语言的复杂性特征，此类内容难以具体归结为上文论及的任何一类，但多部外语读本显示，有些许名词在学话言语杂话部分与其他类别中兼有出现。言语杂话的内容极为丛杂，包含商人日常生活中用到的各类语言。以下是从《光绪十一年王大兴俄罗斯蕃语》读本中撷取的部分言语杂话内容：

> 打战力：不的利之。胜了：浮不令匆架拉。败了：不必地的利。讲和：不速利之。伤损人：失连。讲和事立盟约：迷力内得浪各达浪。文相：千史炼力。武秩：各浪不利英那纳而哑迷洛力。朝臣：昔纳多而。观天文人：哈史的拉那迷牙。犯法带木墩：史未干。撑破了：俄罗史匆罗地。贺嫁女：棒史的力匆炼由嫁的。贺娶亲：以命由车史瓦史波把个

① 《道光年间蒙古蕃语》，载《晋商史料集成》第72册，第298页。

② 《光绪三十四年仰参俄罗斯蕃语》，载《晋商史料集成》第72册，第520页。

③ 《道光年间蒙古蕃语》，载《晋商史料集成》第72册，第372—373页。

④ 《光绪三十四年仰参俄罗斯蕃语》，载《晋商史料集成》第72册，第610页。

内明不浪合。来使：不扫。一班长：俄罗来什尼各。摇车车：各采。打厂：棒纳磨罗计地。老天怜悯：棒合合洛泥。官打人：纳利夫。掌船舵：不拉非。掌木锹：未斯洛。蓬：扽路史。稿：赦史到。铁锚：个什坎牙各利。无能过日子人：地文内六地。做庄稼：合炼卜不佃。催逼：无别什内。措勒：梭利之。捣烂重作：别力不拉尾。下世再还：洛洞之未西。情影：波贺的坎。昏倒：不洛各利池。銮驾：告北。长枪：个比要。旗：不拉坎。顶起窗子：末之的尼。保住自己：别力古史。我说他不是：不别牙由。野的：底坎。嘶气了：别力干史洛。惊了牲口：不力补染。牲口倒叫：日望克。[①]

从以上言语杂话可知，这类内容不仅有简短的词语，还有山西商人常用的对话语句。这些对话语句既有问候用语，还有对话言谈用语。如在多部外语读本中出现“你和谁相跟来：史看毛不利少。你是哪里人：地各道儿力高儿的。你和谁是伙计：地则高帽启瓦儿利什”[②]等问候用语和“我问你家寻些柴薪捎出帐房力使用：比他内坎扽汗秃吕归吉埋汗爹力哈扽其扎汝牙”[③]等言谈用句。这些内容均为旅蒙经商和中俄贸易时山西商人日常生活服务之用，具有明显的指向性特征。

数字、银钱、匹丈尺寸、账本账目等也是言语杂话的重要部分。在旅蒙经商和中俄贸易过程中，熟悉蒙古语和俄语中的数字至关重要。在留存的外语读本中均有记载与数目相关的蒙古语和俄语发音和释义，不仅包含1～100的具体数字的发音和释义，还包含“千”“万”“十万”“百万”“万万”等的发音和释义。各类银钱名称和计量单位也是山西商人必须记录和学习的内容。银钱的言语杂话内容不仅包含通行的金属货币和纸钞，还包括不作为流通使用的清代花钱，如凤儿钱、狗儿钱等，也包括和银钱相关的钱、分、厘、毫等银钱单位。匹丈尺寸也是山西商人必须掌握的言语杂话内容。外语读本中记载的一筒、一匹、一捆、一扽子、一箱、一柜、一大块、一小块、一对、一块布、一块绒、一尺等言语杂话内容不胜枚举。虽然有关匹丈尺寸

① 《光绪十一年王大兴俄罗斯蕃语》，载《晋商史料集成》第72册，第424—427页。

② 《光绪三十四年仰参俄罗斯蕃语》，载《晋商史料集成》第72册，第591页。

③ 《道光年间蒙古蕃语》，载《晋商史料集成》第72册，第377页。

的言语杂话内容众多，但都是为山西商人经营生活而服务的。此外，有关账本账目的内容也是外语读本中记载的山西商人生活细节的重要部分。《清代袁贵钰记万宝全一本（蒙语）》中便记载了大量有关账目、账本、写账力、抄账力、捣账力、兑账力、查账、移账力、清账、算账力的言语杂话内容。[1]这里的"力"应为山西方言口语化后缀词，从侧面反映了外语读本的地域性特征，也说明这类读本主要是为山西商人对外经商服务的。

小　结

清代时山西商人在长期的北上贸易中开拓出一条连接内地和蒙古地区，再到俄国的商业贸易通道。为解决商贸时的语言障碍，山西商人在长期的商品贸易中不断总结经验，不断积累常识，形成了独具特色的外语读本经商教程。这类读本记载了茶叶、布匹、杂货、毛皮、呢绒、牲畜等山西商人经营的主要商品门类，显示山西商人将茶叶、布匹及各色杂货运销蒙古地区和俄国各地，换取对方的皮毛、呢绒牲畜等；记载了山西商人依循市场需求、把控成本预算和服膺名誉口碑的贸易购销准则，他们根据这些购销准则在旅蒙经商和中俄贸易中最大限度地获取利润；记载了山西商人在旅蒙经商和中俄贸易时有关吃穿住行、天文地理、言语杂话等语言信息。这些内容组成了一部内涵丰富的生活常识教程。外语读本的指向性和地域性特征极为明显，其记载的信息内容多样、内涵丰富，不仅有助于山西商人在贸易中获得常用的语言信息，还对经商起到一定程度的指导作用，成为山西商人经商经验和智慧的缩影和写照。

① 《清代袁贵钰记万宝全一本（蒙语）》，载《晋商史料集成》第72册，第691页。

第七章　从商业课本看民国时期山西商人经商职业教育

经商活动是以货币为主要媒介进行商品流通的经济活动，极具专业性和复杂性，所以系统的商业教育十分重要。山西商业课本是按照山西商人经商职业教育标准制定和编写的专业用书，既是商业教育的核心材料，又是经商职业教学的依据和蓝本。明清以来，山西商人的经营贸易逐渐发展兴盛，其商业教学表现在师徒相授的学徒制度和实践性的技能指导，并逐渐形成了类似商业课本的各商号经商手册，以指导员工经商营利。民国时期，山西建立了商业学堂和商业专科学校，开始将商业教育作为培养商业人才的正式职业教育手段。民国时期山西省公署和教育厅组织编写的商业课本刊刻出版，它既囊括了基础性商业知识，又涵盖了实践性商业技能，成为经商职业教育的集大成者。关于山西商人经商职业教育的研究，学术界已有一定成果，但关于民国时期的研究成果不多，以商业课本为中心的研究尚待进一步深入。近年来，大批关于山西商人的商业课本文献的发掘和出版，为研究山西商人经商职业教育提供了便利。由山西省晋商文化基金会主编的《晋商史料系列丛书》，收录了《商人通识》《初级小学补习科用商业课本》等民国时期的商业课本。本章以民国时期山西商人的商业课本为中心，探讨这一时期山西商人经商职业教育问题，以期丰富相关领域的研究。

第一节　山西商人商业知识的积累

山西商人在明清时期兴起并发展壮大，商业规模庞大，经营方式专业。在商业发展过程中，商号内部出现了以知识和技能传授为主的师徒相授教育模式，并形成了类似商业课本的经商手册和商人文书，用以指导商人经营贸易。民国时期，山西经商职业教育已经从家庭启蒙和师徒相授发展到专门的商业学校教育，专业性极强的商业课本陆续刊刻出版，以适应近现代经济、政治、文化冲击带来的社会结构巨变和商业现代化的进程。民国时期的报刊就多载有关商业教育和商业学校重要性的内容，如："教育之发达，与商业之振兴，实有互相密切之关系。"[①]"方今五洲通商，须养成世界的商人，故各国无不有商业学校，而其教育之精神，即影响于国家贸易之消长。"[②]商业课本是商业教育的集大成者。民国时期的商业课本内涵丰富，从山西商人经商职业教育内容可以看到，它包含商业知识、商业技能和商业道德 3 个方面。三者关系密切，难以分割。商业知识是学，即学理；商业技能是术，即实践；商业道德是对前两者的补充。在民国时期的商业课本中就记载"居今之世，要想做一个完全商人，非有相当的学术不可"，"学和术，原是相提并用，不能分离独立的"，[③]可知商业课本强调商业知识和商业技能互为补充，并辅之以商业道德的学习。山西商人的经商职业教育既强调各方面的学习，又强调体用结合，学、术和道德三方面相资为用。

商业知识是山西商人经商职业教育中最重要的部分，主要包括经商要素、经商用具、补助商业机关、团体制度、法律法规等内容。

一、关于经商要素的知识

经商要素是经营商业所不可缺者，如商人、商业、资本、商品、商业信息等。民国时期的商业课本对经商要素的相关内容进行了撰写和编录。经商要素中最重要的是商人。民国时期的商业课本记载了商人的定义、内涵、分类等内容。其中最主要的是对商人的要求，即商人必须具备"完全资格"，才可以从事商业经营。若商人没有"完全资格"，则"在商人自己之失败尤小，而国家之受其影响者实大"，并认为东西各国对于养成商人"完全资

① 《市商会呈市府，扩充浦东商人教育》，《申报》1933年4月2日第2版。

② 《呜呼吾国之商人教育》，《时事新报》1913年3月31日第14版。

③ 《初级小学补习科用商业课本（第二册）》，载山西省晋商文化基金会编《民国商业课本 商人通识》，中华书局，2019，第105页。

格”皆视之甚重。[①]在民国时期，政治经济全面变革，商业大通。“完全资格”这一职业要求对于商人自强不息，发展商业，应对商战，抵御外辱，维护国家利益和整体商业利益具有重要意义，是民国时期商业课本的一大特色。这一特色也明显体现在山西商人职业教育的商业课本中，表现了山西商人的国家意识。商业课本也指出培养商人应有之智识和技能，以及增进商人道德是养成商人“完全资格”的重要方法。这也体现了山西商人经商职业教育的丰富内涵。

此外，民国时期山西商业课本对于当时的商业进行了学理上的种类划分（见表7-1）。

表7-1 民国时期山西商人商业课本对商业学理的划分表

分类依据	具体种类	
本来性质	主要商业	补助商业
营业方法	自营商业	代理商业
资本多寡	大商业	小商业
营业位置	陆上商业	海上商业
营业地界	国内商业	国外商业
处所是否固定	行货商业	居货商业

资料来源：本表根据山西省晋商文化基金会编《民国商业课本 商人通识·初级小学补习科用商业课本（第一册）》第6页整理而成。

从表7-1中可以看出商业课本对商业学理的划分方式多样，比明清时期指导山西商人经营贸易的商业手册更具学理性和科学性。不仅如此，商业课本对于自营、代理、国内、国外等新出现的商业种类的介绍，也体现了民国时期山西商人为适应整体商业经营从区域性到全国性再到国际贸易范围扩大的认知变革。商业课本还有买卖业、赁贷业、制造业、加工业、出版业、印刷业、银行业、兑换银钱业、贷金业、担承信托业、劳务承揽业、堆栈业、保险业、运送业、承揽运送业、牙行业、粮行业、居间业、代理业等商业类型的学理性介绍，其中不乏新兴的商业类型，以培养山西商人的基本知识素养。商

① 参见《商人通识》，载《民国商业课本 商人通识》，第213页。

业课本还对“资本”这一经商要素做了详细的说明，介绍了资本的学理定义、资本运用的重要作用、商业资本的种类、流动资本和固定资本的区别及商人运用资本的原则等内容。

商品信息也是经商要素的重要部分。民国时期山西省教育厅编辑的两种商业课本均对商品的定义、类别、区别、买卖商品注意事项做了详细介绍。课本还着重说明商人拥有知识对买卖商品的重要性，如“其智识维何，即关于买卖商品所不可缺之学问也”[①]。课本的经商要素中有关商人信息部分的陈述是最多的，大量篇幅介绍了山西商人贸易途中诸如地理、交通、民俗、物产、行情等途程信息，如山西商人在西北、东北三省、长江流域、陕甘川和直鲁豫经营的情形和营业的种类，太谷、大同、忻县、运城、新绛、碛口、石家庄、归绥、丰镇、包头、张家口、库伦等地的交通信息、物产风俗、市场状况等。课本还附有铁路交通图、汽车路线图等插页，体现了商业课本的专业性，特别是有着极强的晋商经营区域色彩。

二、关于经商用具的商业知识

“经商用具”是民国时期山西省公署校印的《商人通识》课本中的定义，它包括票据、货币、纸币、度量衡等内容。

其一，票据包括汇票、期票和支票。山西商人在经营过程中，最常用到的票据是汇票。汇票是“债主委托负债主，于一定时日，支付一定金额，于第三者之证券也”[②]，即一种信用证券。商业课本中不仅对3种票据的定义、种类、写法、要求、作用做了一定的学理性阐释，还对相关概念做了通俗解释，便于商人更好地理解和掌握票据相关知识。

其二，货币和纸币是商业交易的媒介物，也是贸易中必不可少的经商用具。山西商人不仅要学习货币的定义、源流发展、分类、用处等，还要学习当时各国实行的货币制度，如英、法、美、德、俄、日的货币本位制度和币制单位的换算等，内容十分全面。对于纸币，商业课本记载纸币是“实交易发展之结果也”，并对政府纸币、银行纸币、兑换纸币、不换纸币四种纸

① 《商人通识》，载《民国商业课本　商人通识》，第219页。

② 《商人通识》，载《民国商业课本　商人通识》，第264页。

币进行了详细的学理阐释。[①]另外，商业课本收录和介绍了民国三年（1914年）发行的《国币条例》，针对《国币条例》颁行之后毫无效力，各地货币紊乱异常的情况进行了深刻的批判，指出："以上所列的缺点，都于商业发展有极大阻碍。很盼望政府早日整顿。……为今之计，要从速实行国币条例，并严行取缔滥发纸币。不然，金融的前途，可就不堪设想了。"[②]体现了山西商人对经商环境的要求，以及对币制统一和国家强盛的期望。从中可以看出，民国时期的山西商人对于商业和国家强盛的认识已经达到较高的程度。

其三，度量衡是关系商业的根本制度。长久以来，中国的度量衡制度极为混乱，随地随业彼此互异，成为阻碍商业进步最大的原因。民国四年（1915年），农商部颁布《权度法》，中国的度量衡才算有了标准。商业课本介绍了这一度量衡制度，还对外国的度量衡制度做了详细编录。课本指出，虽然推行了统一的度量衡制度，但是商业用具还没有在实际中做到完全统一，表明了山西商人对统一商业用具的希望。

三、关于补助商业机关的商业知识

补助商业机关主要有当铺、钱铺、票庄、镖局、转运公司、银行业、交通通信业、保险业、堆栈业、交易所等。"近世商业随铁道、轮船、电信、邮便等之交通机关，与夫银行、保险等之金融机关而活动，此等各机关无一非极大之企业组织。旧式人才已难容足其间。"[③]民国时期商业补助机关大变革，旧式的商人读本难以适应新的商业教育理念。商业课本中也记载："大开以后，中外互市，产业日兴，买卖因之愈多，非向日闭关时代可比。"经商者若仅仅依靠筹集资本及落后、低效的旧式商业机关则实难生存，对此商业课本重点对新式的商业机关进行了学理性介绍。[④]

一是对银行业的介绍。银行业是近代商业最重要的流通金融机构。我国未有银行时，它的业务由钱铺、票庄、当铺三种商号经营。进入民国以后，

---

① 参见《商人通识》，载《民国商业课本　商人通识》，第277页。

② 《初级小学补习科用商业课本（第一册）》，载《民国商业课本　商人通识》，第76页、第80页。

③ 《各商会商人应留意商业教育》，《中华全国商会联合会会报》第三年（1916年）第九、第十号，第2—3页。

④ 参见《商人通识》，载《民国商业课本　商人通识》，第285页。

山西商人急需利用银行吸收游金，发展商业，所以商业课本汇编了银行业的相关信息，介绍了与银行相关的概念、种类、业务、效用等内容。

二是对交通通信业的介绍。交通通信业是“移转人及物与传达人之意思之营业”，主要指运送机关和消息机关两类。商业课本主要编录了铁路和海运的概念、公司章程、各路路段、专门分类、运送规则、运送流程、费用计算及业务分科等运送机关的详细内容和相关信息，邮政、电信、电话三种消息机关的相关知识。

三是对保险业的介绍。商业课本载“现今经济社会日益发达，吾人生命财产上之危险日益增加，有保险业以补救之，庶可减轻苦痛”[①]，着重对新式保险的内容、分类、作用及意义进行学理介绍。

四是对新式堆栈业的介绍。堆栈业是专门保管他人货物以收取栈租的行业，在山西商人的商业经营中一直有着极为重要的作用。以往山西商人大多自设栈房，在民国时期栈房成为独立机构。商业课本对新式栈房的种类、业务、堆栈组织及利益做了界定和阐释，以便于山西商人熟悉新式的商业补助机关。

此外，课本还有用于投机交易的交易所的相关介绍，有助于山西商人更新现代化补助机关的知识。

四、关于团体制度和法律法规的商业知识

民国时期的商业课本记录了商人团体制度、法律法规和政策，可见商品市场开始具有相对完备的制度机制和法律体系，道德规范也日益完备。

团体制度是“因保护商业上之利益，而结合团体之制度也”[②]，“因保护商人利益而组织的”[③]职业相同且有着共同利害关系结成的团体。明清时期，山西商人就有会馆、公所等团体组织存在。民国时期，新式的商人团体陆续出现。为了增加商人对于团体制度知识的积累，商业课本编录了会馆、同业公所、商事公断处、商会、商业探明社等团体组织的概况、种类、机关设置、作用、组织章程、经营方法等相关内容，十分丰富。

---

① 《商人通识》，载《民国商业课本　商人通识》，第294页。

② 《商人通识》，载《民国商业课本　商人通识》，第299页。

③ 《初级小学补习科用商业课本（第二册）》，载《民国商业课本　商人通识》，第194页。

民国时期的山西商人不仅要学习商业的学理知识，还要学习现行的公司条例。商业课本收录了民国三年公布的商事法规，将《公司条例》《公司注册规则》《商业注册规则》《商会法》《工商同业工会规则》《农工银行条例》《取缔纸币条例》《行商厘金现行办法》《税捐征收局现行办法》等内容汇编在课本中，既教育商人进行规范合法的经营活动，又方便商人学习，可见商业教育的专业化。

第二节　山西商人商业技能的传承

商业技能是山西商人经商职业教育的重要内容，主要包括书写技能教育、账簿算数技能教育、买卖经营技能教育等。

一、书写技能教育

书写技能教育有两种：基本识字书写技能教育、商业书信和文约书写技能教育。

（一）基本识字书写技能教育

基本识字书写技能是山西商人需要掌握的最基本的技能。在明清时期的商业读本中，对于此项技能的教育多为基本字体写法的汇编陈列。如《交易须知》中列举一字两体，“绣”写作“綉”“繡”，“验”写作“騐”“驗”；一字三体，“妆”写作“粧”“妝”“妝”；互用字，即“此互二字一音一义可以通用写时当裁之”[①]，如“肉”和“月”、“同”和“仝”；相似字，不仅有二字相似、三字相似、四字相似、五字相似，还记载了《康熙字典》中的歌诀、初学者忌认字法等信息，字体写法繁多且复杂。

民国时期的商业课本对这项基本技能进行了提炼和修订，将原来的字典式陈列改为更为科学的教材式阐释，并将民国新增的商业应用符号及特字加以汇编。山西商人为防数字在商业文书中被涂改增添，就把“一”“二”“三”“四”“五”“六”“七”“八”“九”“十”“百”

① 山西省晋商文化基金会编：《交易须知》卷三，中华书局、三晋出版社，2013，第314页。

“千”等字改为“壹”“贰”“叁”“肆”“伍”“陆”“柒”“捌”“玖”“拾”“佰”“仟”等字，叫作“大写”；之后又为书写迅速，改用“〡”“〢”“〣”“〤”“〥”“〦”“〧”“〨”“〩”等字，叫作“码字”；还有的以“星”“垂”“平”“野”“阔”“月”“涌”“大”“江”“流”10个字代表1～10之数字。商业课本阐释了不同字符的流变以及书写注意事项。不仅如此，商业课本还介绍了民国时期新兴起的“‘井’字形分割”和“圆内十字形分割”的字符书写方法并将其插图示意（参见图7-1），以便商人掌握。这两种字符书写方法甚为简便，不用文字数目符号，难为局外人知晓。商业课本对这些书写技能的传承，体现了山西商人经商职业教育的专业性和应用性特征。

甚爲簡便，亦是恐怕局外人知曉的意思。試舉例如下：

第一式

一二三四五六七八九

如圖，是將一個井字形，分解爲九段，以代表由一至九的數目字，

第二式

一二三四五六七八九

如圖是將一個圓內十字形、分解爲九段，以代表由一至九的數目字，

上圖第一第二兩式的符號，是專用於定價牌上，

三十八

图7-1　“‘井’字形分割”和“圆内十字形分割”字符书写方法

资料来源：《民国商业课本　商人通识·初级小学补习科用商业课本（第二册）》，第182页。

（二）商业书信和文约书写技能教育

商业书信和文约书写的技能也是山西商人必须掌握的商业技能。商业读本中的商业书信、文约书写格式极为繁杂，包括出赁房屋、买卖粮食、代客雇车契约、生意文约、生意执照文约、遗嘱分书式文约、出租地文约等，甚至还有涉及商人生活等信件书写内容，如四季往来书信式、写书信各月佳句、问候尊长疾病书信式、问候教自己先生书信式、与教自己手艺师傅俗写书信式、与和尚道士俗写书信式、一切贺喜事书信式、慰病书信式、俗言与少年学者书信之法、家信类、一切俗写家书式等20多种。在清代商业读本仅家信书写格式就有几十种，并附大量图例列举了信封单帖的不同写法。[①]

民国时期的商业课本是在清代商业读本基础上形成的，在商业书信和文约书写方面，它删减了生活信件书写内容，收录了更专业的商业文书写作技能内容，而且重点传授现代合同、契约、电汇、信汇等文书书写方法。民国商业课本的商业书信、文约书写方法教育不再是简单的示范陈列，而是更加注重阐释商业书信、文约写作原则和传授书写技巧，以应对民国时期更为复杂的商业交往模式。如商业课本就载录："能依此做去，商业书信，收效自大。"[②]值得注意的是，民国时期商法规定商业书信、文约必须保存备查，商业课本为适应此规定，介绍了不同的书信、文约处理方法及收录方法。另外，为适应清末民初兴起的白话文，商业课本对同一书写内容做了文言文和白话文互为对照的示例，以强化商人书写的技能。

二、账簿算数技能教育

账簿算数技能是山西商人经商职业教育中必须传授的专业技能。账簿算数技能包括算盘算法技能和账簿记账技能两种。

清代和民国时期，算盘算法技能多采用师徒传授和自主习得的方式，清代商人读本中记载"初学算盘开破因乘归除要法"[③]，而民国新式商业课本中并无大量记载。

民国时期商业课本记载："账簿是商家最重要的东西。因为商人营业，

---

① 参见山西省晋商文化基金会编：《交易须知》卷三，第222—283页。

② 《初级小学补习科用商业课本（第二册）》，载《民国商业课本　商人通识》，第185页。

③ 山西省晋商文化基金会编：《交易须知》卷二，第104页。

每日出入银钱货物，是很烦多，……无论是何等商家都有账簿。”[①]“无论何种营业，都把记账一事，看作重要的职务。”[②]账簿记账技能的相关内容大量汇编于商业课本中。值得注意的是，清代和民国时期的商业课本中对这项技能的传授形式大为不同。清代账本单一，而种类十分复杂。商业读本载：“凡做生意，立账具要明白清楚，今人一见明白，凡立账先立一本流水账，一应出入具从此账写过，另立各样底账各一本，如是当行，每月必立当账一本，外该借贷账一本，该外借贷账一本或捎做外装买杂粮货物之类各立底账皮写外装存货账，如做钱行再立兑换银钱账一本。”[③]光绪十三年（1887年）的商业读本编录了山西商人的各种计算和著录的方法，有“存家居账”“该外贷项账”“天字号当账”“各铺来往银”“兑换银钱账”“众支账”“存杂粮账”“外装存货账”“公费日用账”“外该借贷账”“该外借贷账”等21种。[④]而民国时期多采用新式账簿，又叫簿计。商业课本不仅系统介绍了流水账、老账及各类补助账簿的内容及优缺点，还介绍了记账处理方法及结算方法，内容繁杂丰富。和清代商业不同，民国时期“各国企业家，悉因业务繁盛，莫不竞用复式簿记而为整理会计之利器”[⑤]，于是以往单一繁乱的单式账簿变为综合规整的复式账簿。复式记账法比较复杂，不仅需要专门的商业课本进行文字性的技术说明，还需加以实地指授，不然难以知其精妙所在。商业课本用大量知识性术语为复式账簿的计算方法、记载方法、原则、注意事项、优缺点和具体操作做了技术指导，但是课本仍指出“寥寥数语，说尽原委，仅揭其大要”，由此也可知新式账簿的复杂性，以及山西商人职业教育设置专门课程、编写课本的重要性。[⑥]不仅如此，账簿的设置并非简单的陈列和计算，还需进行繁杂的结账和决算操作，而后以其结果作为表册。由表册便可“知市况行情，而知营业情态”，推算出买卖行情以及未来营业走向。[⑦]商业课本收录了结账和管理账簿的详细方法，以此

① 《初级小学补习科用商业课本（第一册）》，载《民国商业课本　商人通识》，第81页。
② 《初级小学补习科用商业课本（第一册）》，载《民国商业课本　商人通识》，第84页。
③ 山西省晋商文化基金会编：《交易须知》卷一，第17页。
④ 参见山西省晋商文化基金会编：《交易须知》卷一，第37—39页。
⑤ 《商人通识》，载《民国商业课本　商人通识》，第258页。
⑥ 《商人通识》，载《民国商业课本　商人通识》，第259页。
⑦ 参见《商人通识》，载《民国商业课本　商人通识》，第260页。

来教授山西商人账簿结算技能。

三、买卖经营技能教育

辨银和平码银色折是清代商人读本中记载最多的买卖经营技能，这项技能极为考验商人的眼力和判断力。读本记载了大量诸如“成锭先观底面，零星捺脚为凭，边道须知厚薄，还看光累粘神，低银细看软硬，高丝圆曲分明，面分青红黑白，留心厚薄藏形”①的口诀，以及看银俗论、银色指明、兑换银钱法和各种断银、辨银歌。另外，清代商业读本中还有如“细想买货之理，务要遍探行情”②“看货全观大样，还要三比较真”③“不买相赢便宜，不买来路不明”④等关于包裹、宿店、看货、买货、与人相处等技能要旨和注意事项。

这些技能在民国时期的商业课本中得到延续。民国时期，商人买卖经营技能教育大多传授有关合理运用供需关系、决定商品价格、利用现代广告、鉴定商品真假、科学接待顾客、经营业务分科、语言表达和外语学习等实际经营技能，更加科学化和专业化。

具体来看，首先，市场上的需求和供给状态对于商人经营十分重要，商品的市价也常因供需关系而变动。课本编录“如何确定需供之关系，并如何决定市价之高低，属于经济学中最重要之问题”，强调了商人掌握此项技能的必要性，并在课本中详细介绍了掌握此技能的方法。⑤值得注意的是，由于山西商人商业课本的应用性特征，课本对于此技能的传授仅举其大纲，并未详细阐释供需原理的细碎内容。课本论及此技能的宗旨是“求需要供给的适合”⑥，简洁明了，却足以使商人得其要领。

其次，经营时定价比成本愈高，获利越多，因此商人掌握定价技能对经营十分重要。课本编录了关于定价的内容，如“调查其定价之情形，然后从

① 《贸易须知》，载山西省晋商文化基金会编《商人要录　贸易须知》，中华书局、三晋出版社，2013，第255页。

② 《商人要录》，载《商人要录　贸易须知》，2013，第46页。

③ 《商人要录》，载《商人要录　贸易须知》，2013，第47页。

④ 《商人要录》，载《商人要录　贸易须知》，2013，第47—48页。

⑤ 参见《商人通识》，载《民国商业课本　商人通识》，第220页。

⑥ 《初级小学补习科用商业课本（第一册）》，载《民国商业课本　商人通识》，第97页。

事于自己成本之估计”，再参照调查所得之情形，作为一定价值之标准。[1]还有就是“斟酌市面商情，及买主心理”确定最高的限度，根据“办货的原价，再加上运费、税金等”确定最低限度，合理划定最高、最低限度，就是所定价格。[2]

除了确定价格，廉价出售货物以招徕顾客的折扣计算方法也是民国时期山西商人职业教育传授的技能。

再次，民国时期的商业课本记载“商业界亦来几多变化”。中国社会之巨变引起近代社会结构的变迁，进而引起商业上的变迁。商业教育指导商人适应商业的革新变化，掌握诸如邮寄贩卖、巡回贩卖、百货商店、均一店之制度经营的新技能。[3]民国时期，随着商业竞争，广告兴起并逐渐成为商业发展的原动力之一。商业课本编录了商人在经营中如何为商品做广告、在何处做广告和广告的内容、方法及注意事项，以扩大销量，提高商品竞争力。为弥补商人对广告技能运用的不足，商业课本还教授商人装饰铺店设备的技能，如选择营业地点、择定铺址、构造铺店、装潢饰窗、陈列店内货物、科学包装等。民国时期商品制造技术逐渐发达，唯利是图者常制造假冒伪劣商品欺诈消费者，牟取利益。鉴定商品成为商人经营中必不可少的技能。商业课本中就编录了通过秤量、特设机器、药品、显微镜、分析、比较、肉眼、音响、感触、嗅味等设备和方法对商品进行鉴定的内容，颇具实用性。

综上，民国时期山西商人商业课本包含了大量西方新式的商业知识技能，更多侧重于商业的经营，内容十分专业和科学。

第三节　山西商人商业道德的培养

商人商业道德的培养是山西商人经商职业教育中不可或缺的部分。商业课本不仅是山西商人积累商业理论知识、习得职业技能的工具，还能起到提高商人思想道德觉悟的作用，有利于商人在商业竞争中立于不败之地。民国

① 参见《商人通识》，载《民国商业课本　商人通识》，第252页。

② 参见《初级小学补习科用商业课本（第一册）》，载《民国商业课本　商人通识》，第28页。

③ 参见《商人通识》，载《民国商业课本　商人通识》，第241—245页。

时期山西商人商业道德培养的内容主要有商人道德观念的培养和“商战救国”理念的培养两部分。

一、商人道德观念的培养

商人道德观念是商人在经营中所应恪守的道德约束。《论语·里仁》曰：“君子喻于义，小人喻于利。”[①]在古代，由于受重农抑商思想中贱商思想的影响，商人缺乏系统的商业教育，道德观念的培养也很少受到重视。而明清时期的山西商人则不同，他们在全国各地经商过程中，“为了家族事业的延续和发展，晋商一方面重视商业教育，另一方面也注重学习儒家文化”[②]。在清代的商业手册和商人文书中有大量记载山西商人重视道德观念培养的内容。首先是要做“好人”和求得“好人”意识。“好人”意识在商人道德观念的培养中甚为重要，嘉庆二十三年（1818年）的商人手册《商人要录》中言明“著书原因，先求好人”[③]，“未从贸易求财，先要预备好人”[④]，指出在商业经营过程中首先具备的商业道德是做一个“好人”，以此亦可见清代商人职业教育的朴素性。其次是诚信为本的商人道德理念。诚信是山西商人最重要的道德理念，也是他们得以兴盛数百年的重要法宝。“以诚信经营为基础为晋商带来了丰厚的利润，而这些经商心得进而又成为晋商教育子女的绝佳教材”[⑤]，山西商人十分注重对商人诚信理念的培养。另外，山西商人道德观念还有重视恩情、和美为贵、谦虚谨慎、勤俭节约、克己为正、敛而不露、勤学好问、慎言结语、戒刚守柔、知足宽乐、心平无愧等，这些在商人读本中皆有体现。不仅如此，山西商人学习做生意也非常重视外在品德的培养。清代的商业读本中记载：“学生意先要立品（形）〔行〕，但行有行品，立有立品，坐有坐品，食有食品，睡有睡品，以上五品务要端正，方成体统。”[⑥]这些外在品行与内在道德互为补充，形成了清代山西商人道德观念的重要内涵。

---

① 《论语注疏》卷四《里仁第四》，载阮元校刻《十三经注疏》，中华书局，2009，第5367页。

② 常国良：《商人与近代商业教育》，黑龙江大学出版社，2018，第214页。

③ 《商人要录》，载《商人要录　贸易须知》，第13页。

④ 《商人要录》，载《商人要录　贸易须知》，第15页。

⑤ 刘建生主编，成艳萍、王阿丽著：《晋商五百年·典商春秋》，山西教育出版社，2014，第124页。

⑥ 《贸易须知》，载《商人要录　贸易须知》，第265页。

民国时期商业课本中对商人道德观念培养的内容承袭自清代商人读本。在此基础上，结合近代商业中的诸多新式变革，对商人道德观念的培养提出了一系列的新要求。首先，是对商人诚信经营提出了新的要求，认为诚信教育是商业教育的重中之重，“晋商注重道德教育，尤其注重诚信教育，缘义取利，同时注重群体精神”[①]。商业课本述录民国时期“国民道德日见进步，法律制度日益完备”，商人利用信用以发展业务，并且将信用视为一种无形资本，所以尤为重视培养商人诚信的道德观念。[②]课本不仅收录了信用的效益、滥用信用的弊害等内容，还涉及商人增加和维持信用的科学方法。其次，是对商人节俭道德理念的要求。民国时期商业经济革新发展，商人之间交际日繁、竞争日烈。商家为了扩充营业规模和招徕生意，常常特设部分经费用作应酬，形成了商人为交际应酬而大行奢侈的风气。商业课本中说“我们山西省内，有些商业繁盛的地方，他奢侈的风气，也就比他处为甚，结果不免生出懒惰、颓唐的现象，表面好像富厚，实际反而穷困，这是何等危险”，不仅对山西盛行的奢侈风气表示担忧，还深刻指出商人奢侈的危害。因此，民国时期山西商业课本对节俭的道德观念培养提出了新的要求。[③]

值得注意的是，民国时期的商业课本具有明显的地域性特征。在教化商人的道德观念部分，课本著录了“晋商之特质”，如忠实、和平、忍耐、冒险等。这些特质皆是山西独特的地理和风俗特征造成的，明人也记载：“晋中俗俭朴，古称有唐、虞、夏之风。”[④]商业课本中著录的“晋商之特质”不仅作为商人其他道德观念培养的补充，还从专业教材的角度激发山西商人传承自古有之的商人道德。除了注重对道德观念培养的核心知识学习，课本中还有便于商人融会贯通的示例性内容。这些示例性内容以大量趣味故事为例，引导商人养成职业道德素养，如以弦高、子贡、管仲、鲍叔牙、陶朱公经商的故事来论证“商业道德之必要可知矣，故凡商人，皆当终身保持，勿稍懈怠”和商人遵守商业道德的必要性，体现了山西商人的人文追求及其职业教育的专门化特征。[⑤]

---

① 党明德、何成主编：《中国家族教育》，山东教育出版社，2005，第188页。

② 参见《商人通识》，载《民国商业课本　商人通识》，第228页。

③ 参见《初级小学补习科用商业课本（第二册）》，载山西省晋商文化基金会编《民国商业课本　商人通识》，中华书局，2019，第202页。

④ 王士性：《广志绎》，吕景琳点校，中华书局，1981，第61页。

⑤ 参见《商人通识》，载《民国商业课本　商人通识》，第214页。

二、“商战救国”理念的培养

“商战救国”理念的培养是民国时期山西商人商业道德培养的另一部分，是山西商人应具备社会责任感和国家观念的体现。在清代商人手册中，这种理念体现为量力济人和积极行善。清代山西商人认为，“行善第一好事，济人莫大之功，自宜尽心为善，务要量力济人”[①]，将“行善”和“济人”看作“第一好事”和“莫大之功”，体现了山西商人的社会公益思想和社会责任感。而到了民国时期，随着帝国主义政治侵略和经济压迫的日益加剧，中国传统的商人经商环境受到了极大冲击，商人经营十分艰难，产生了严重的生存危机。有识之士认识到商业教育的重要性并大力提倡革新商业，山西商人就是其中之一。在特殊的时代背景下，山西商人改变传统的商业观念，心怀国家大义，积极倡导革新商业面貌，倡导“商战救国”理念。这一理念在山西商人商业课本中得到了体现：

> 从前我国商人自由组织的团体，如公所、会馆等类，不过仅谋同业的利益罢了，他的范围究竟有点太狭，在那闭关时代，有这也就行了。海通以后，我国商业界，也卷入世界商战的旋涡，以外商为敌手，和他竞争，未免相形见绌，著著失败。商人有鉴于此，知道非把全国的商界联为一体，不能图自振、御外侮。[②]
>
> 盖处今日商战之世，为商人者，皆宜振刷奋励，以增个人之财力，长国家之富强，所谓以商人之力，扩张国势，较之以军队之力，扩张领土者，其效更大，盖以此耳，愿吾国商人，时铭此言，永志不忘可也。[③]

由以上材料可知，民国时期的山西商人认识到我国的商界已经“卷入世界商战的旋涡”，提出旧的商业模式已经难以适应海通之后商界范围扩大的局面，于是主张革新原有的商业模式，并号召商人改变经商现状，增加经商实力，以壮大商业的整体力量，进而促进国家富强。山西商人的商业课本将培养商人“商战爱国”理念作为极为重要的课程内容，提出了进行商业教

① 《商人要录》，载《商人要录　贸易须知》，第168页。

② 《初级小学补习科用商业课本（第二册）》，载《民国商业课本　商人通识》，第196—197页。

③ 《商人通识》，载《民国商业课本　商人通识》，第215页。

育、提高商品质量、打击奸商、创立商会、革新商业等措施。民国时期的商业课本还提倡国货，将其设置为独立一节纳入商业课本。课本中提出改良制造和改正关税两种提倡国货的方法，并且倡导“提倡国货这件事，自然要大家努力进行”，体现了山西商人朴素的爱国思想和民族主义国家观念。

小　结

山西商人重视商业教育是其商业经营长盛不衰的关键因素之一。商业教育和商业课程密不可分，作为商业课程精华的山西商人商业课本是商业教育的集大成者，蕴含着丰富的内容，是不可多得的商业宝典和人生教科书。它不仅为山西商人提供了重要的商业参考和价值指导，还对商人群体有着重要的启迪和教育作用。民国时期由山西省公署和教育厅组织编写的商人课本是商人经商经验的科学总结，是山西商人经商职业教育的重要教材。商业课本体现的山西商人经商职业教育包括有关经商要素、经商用具、补助商业机关、团体制度和法律法规的商业知识积累，有关书写技能、账簿算数技能、买卖经营技能的商业技能传承，有关商人道德观念和商战救国理念的商人道德培养三部分内容。商业课本将理论和实践相结合，并且具有明显的专业性和地域性特征，既满足了商人群体基础性培养和实践性传承的现实需要，又满足了开展商业教育和培养人才的急切需求。

民国时期的山西商人商业课本是在明清商人手册和商业文书基础上发展而来，其内容更加丰富，更具明显的时代特征；经商职业教育在清代师徒传授制的基础上赓续而来，将商业知识和商业技能二者体用结合，辅之以商业道德的培养，更具专业性和科学性特征。总的来看，其内涵丰赡充实，不仅囊括了大量经济学、会计学、商品学、买卖论、商业历史、商业地理、商法等内容，还体现了在民国时代变革之际山西商人的价值观、职业观、诚信观、奋斗观等。山西商人的经商职业教育不仅对民国时期的商业贸易和整体经济有着重要的作用，还为当今商人职业教育的开展提供了重要的借鉴。

结　语

明朝以来山西商人辉煌商界500年。从明代中期开始，他们走出家门、跨越区域甚至国界，进行多种行业的商品贸易，在清代发展成为国内实力最强的国际性商帮。民国时期，随着时代变迁，山西商人的贸易结构和贸易格局发生了变化，但在一段时间内仍得到了持续发展。山西商人在长达数百年的商业经营过程中，不仅吃苦耐劳、勤奋拼搏、诚实守信，还更善于经商经验的积累、总结、传承。山西商人重视积累经商经验，重视经商智慧代际传承，形成了独具特色的实践性商业教育体系。作为山西商人实践性教育的重要载体，清至民国的商业规程及教程既是山西商人商业实践的重要见证，又对山西商人的商业经营产生了重要指导，成为山西商人取得商业成功的重要因素。

第一节　清至民国山西商人实践性商业教育的特征

山西商人在长期的商业贸易过程中，留下了大量的实践性商业教育史料。清至民国的商业规程及教程在山西商人实践性商业教育史料中最具特色，不仅时间跨度大，具有连续性，而且数量庞大、类型众多，涵盖了办茶规程、办布规程、办杂货规程、集市规程、山西杂字、外语读本、商业课本七大类，折射出这一时期山西商人实践性商业教育的诸多特征。

一、清至民国山西商人实践性商业教育的内容丰富全面

清至民国山西商人商业规程及教程门类齐全、类型多样，实践性商业教育覆盖诸多行业行当。商业规程分为办茶规程、办布规程、办杂货规程、集

市规程四大类，每一大类包括不同的字号规程，每一种字号规程下又包含多种子规程。商业教程的类型包括山西杂字、外语读本、商业课本三大类，具体涉及约据杂字、文约契书、蒙古语读本、俄语读本、商人通识、商业课本等，每一大类教程下又包含大量子教程。从子规程和子教程来看，清至民国实践性商业教育涵盖茶叶、布匹、皮毛、丝绸、纸品、糖果、海味、药品、金属、粮食、金融等行业，为山西商人提供了实际参照和具体指导。

清至民国山西商人商业规程及教程要素多元、内容全面，能够为实践性商业教育提供全方位指导。从要素来看，商业规程及教程由时间信息、商号主体、地理要素、货物类型、货物名称、雇工生产、行会栈用、交易对象、交流用语、交通转输、货币金额、厘税信息、市场惯例、气候情况、妙药仙方等综合组成，还有图表信息、印鉴图章、名言警句、简笔图画、小字标注等。从内容来看，商业规程及教程几乎囊括了商业贸易的采购、加工、运输、销售等所有环节，涉及货物品质取舍、雇工行用开销、交通工具选择、厘税缴纳代办、生活细节事宜等方方面面。货币金融是贯穿山西商人整个经营流程的重要内容，规程及教程对货币兑换、资金融通、金融借贷等市场惯例方面的介绍尤为详尽具体。山西商人进行商业贸易时，如果缺乏这些经验和知识，很难在瞬息万变的市场竞争中立于不败之地。

二、清至民国山西商人实践性商业教育的地域特色明显

清至民国山西商人商业规程及教程主要是为山西商人服务的，地域特色较为显著。

商业规程及教程的具体要素及名称充满地域特色。其要素包含的时间、地点、名称、内容等极为相似。其名称包含“规”“规则”“规例”“规章”“条规”“则例”“底稿”“底”“谱”“册”“本”“全”“蕃语”“回话”等字，体现了其作为指导性手册的特殊性，成为山西商人实践性商业教育的重要载体。商业规程及教程的具体内容中含有大量山西方言，如“细法”“紧计”“迭”“圪嵝”“河雪”“或雷”等口语，非山西人或者本地人未必能懂。商业规程及部分教程是山西商人在经营贸易过程中总结和记录而成，在记载时常以山西方言和本地口语简写呈现，其书写方式也带有明显的山西特色，针对性极强。商业规程所载地理信息的地域性特征亦较明

显，其地理要素多以山西不同城镇村庄为首要路程节点，现今许多已消失或更名的城镇村庄、街道只能在地方文献觅其踪迹；商业教程对山西商人重要商业节点太谷、大同、忻县、运城、新绛、碛口、丰镇、包头、张家口、库伦等专列章节，详述其商业地位及商业特色，为商业实践提供便利指导。

商业规程及教程的内容主要是为地域性商帮——山西商人经商贸易服务的。作为商业精神载体的一部分，商业规程及教程反映了山西商人独特的精神特征。随着商业规模的不断扩大，商业规程在一定程度上使相互分离、相互独立的不同字号在异地经营时进行商业信息的收集、传递和利用，并且在经营中互相配合，形成“商业联合体”。商业教程对商业道德极为重视，山西杂字中充满了道德教育的特色内容，除了通识性叙述，还辟有《晋商之特质》《晋商大势》《商人不宜奢侈》等针对山西商人的专门章节，辟有《管仲鲍叔牙》《陶朱公》《弦高》《子贡》《提倡国货》等章节并展开介绍。值得一提的是，商业规程及教程中多次出现“山西会馆”这一含有明显地域特征的商业标识，长久在外的山西商人可通过会馆沟通联络，维系晋商的凝聚力。

三、清至民国山西商人实践性商业教育的专业特征显著

清至民国山西商人的商业规程是商号或个人根据实际经营实践手写而成，多不刊刻发行，仅在行业或字号内部互鉴流传，体现了其作为实践性商业教育载体的专业性。作为实践性、指导性教材，其实际经营细节包含专业的货物选择、专业的市场判断、专业的货物转输、专业的成本核算等，一定程度上属于商业机密。从商业规程具体内容来看，虽涉及不同年代、不同商号，但其书写格式、主体内容、办货流程、地理因素非常专业且极具统一性，其书写信息专业、词汇使用专业，非本行很难看懂。如记载数字和货币采用特殊的“苏州码”，其数字组合方式和钱币书写形式极其专业。关于货物选择和加工信息的内容也十分专业，如办茶规程中的“洒面”“二面”“花卷”“拣皮”“打吊”，办布规程中的“贡尖”“魁尖”“漂”“浆”“折”，办杂货规程中的“杭连”“杭粉”“染连”“裁”“拖”等专业词汇不胜枚举。这些均为山西商人商业贸易过程中的特色内容，体现了清至民国山西商人商业技术的成熟完善，折射出实践性商业教育的专业特征。

商业教程是在不同山西商人群体之间流传的手抄本或出版物，主要面向正在或即将从事商业活动的群体及个人，其专业特征更为明显。山西杂字用山西方言陈述的商业实践中各种记账常识和立约规范，蒙古语读本记录的草原贸易实践中各类货物的形态品质，以及可能遇到的各种交易环境、讨价还价的不同交易场景等，都是山西商人群体及个人在长期的商业贸易中不断总结而形成的，体现了山西商人商业贸易的复杂性、特殊性。山西杂字充满地方方言特征，记账及立约规范更体现了专业性。与蒙古地区草原民族贸易是山西商人特色商业贸易，用口语化的山西方言对民族贸易所使用的词语注音凸显其专业特征。

商业课本作为实践性商业教材的集大成者，其专业特征更为显著，不仅对基础性的经商要素、经商组织、商业理论进行了介绍，而且对实践性的经商方法、经商用具、商业技能进行了普及，更有专业性的商品鉴定法、商品包装法、接待顾客法、折扣、贴现、投标等。这些均来自过去的商业实践，为指导未来的商业实践提供了便利。

整体而言，以商业规程及教程为载体的清至民国山西商人实践性商业教育具有全面性、地域性、专业性等特征。商业规程及教程记录和总结了山西商人的商贸实践经验，不仅帮助商人参考文本信息完成各项贸易事宜，大大提高贸易效率，还体现了清至民国山西商人在经商智慧及代际传承方面的独特性，为山西商人商业贸易保持长期发展提供了保障。

第二节　清至民国山西商人实践性商业教育的功能

清至民国山西商人在实践中形成的商业规程及教程，内容丰富全面，并且具有极强的地域性和专业性，在很大程度上体现了实践性商业教育的指向性和功能性，成为长期以来山西商人经商的宝贵经验和商业智慧代际传承的重要法宝。

一、真实记录了山西商人商业经营的完整环节和过程

清至民国山西商人的商业规程及教程真实记录了其商业经营实践的完整过程。山西商人的商业规程一定程度上是其在实际经营中的存根底据，包含

多种要素，如办货贸易中货物采购的具体种类，对茶叶、布匹、杂货等加工和再加工的具体操作流程，办货采买、运输转输、用人雇工、厘税缴付等费用明细，不同时段异地贸易的行路细节，不同时期市场经济情况和货币制度记载等。山西商人将这些细节作为存根底据，分门别类地记录和保留下来，既方便了对实际经营贸易情况的归档保存，又方便了对实际办货人员采买经营情况的核查管理，更便于全面了解和掌握货物经营的贸易实况。

商业教程在一定程度上是商业经营和贸易史的记录，包含商品货物的名称、商业交易用语、商品加工规则、商品营销实践等，既有日常的商业惯例，又涉及异域的商业交流，是山西商人商业贸易的曲折与成功的见证。山西杂字以四言、七言体形式大量记载了山西商人从事各类日常贸易的货品名称，还对日常贸易中的书写规则及立约规范进行顺口溜式的普及；外语读本还原了山西商人进行旅蒙经商和开展中俄贸易时的情形，不仅有常用买卖交易货物的名称、品质，还有具体交易时讨价还价的鲜活场景。商业课本更是记录了在民国社会经济大变革时代背景下山西商人应对新的交通、信息、法规、惯例、机构、组织等进行商业经营和商业贸易的实况。

二、对山西商人的商业贸易起到全方位的指导作用

清至民国山西商人的商业规程及教程多以纲目体书写，这种记载形式极大地方便了商号及商人即时查阅和参考。商业规程及教程的指导作用体现在对办货采买的提示和参考，以及对异域行商的指引和规范，具体包括在办货采买时的方式，严格把控货物规格和质量，对货物进行精细化加工和包装，合理应对采买花销、雇工花销、运输花销、厘税花销和其他花销。商业规程及教程记载了贯穿东西南北经商贸易的详细线路和不同路线水陆交通方式的转换选择，极大地便利了山西商人在全国各地的贸易经营。它们还记载各地的集期，便于山西商人对集市市场的把控。从某种意义上说，商业规程及教程记录了清至民国山西商人的“行业技术史”，解答了如何进行标准化的生产和专业化的营销问题，正是有了这些长期经验和实践教材的不断积累和多面指导，山西商人才能在纷繁变化的市场竞争中保持优势。

商业规程及教程不仅指导山西商人商业活动的各项事宜，还关注到商人生活的细节问题，如每部大的规程都记载了诸如头痛脑热、狗咬虫叮、腹痛便秘等常

见病症的治疗药方。山西杂字从商人生活的柴米油盐饮食起居出发，外语读本更是还原了异域日常讨价还价时的鲜活场景，商业课本更有专门的“旅行须知”，涉及外出经商时的语言、衣物、盘费、路程、时间及其他事项。此外，在商业规程及教程中多有孝顺父母、和睦同门、诚信经营、做人行事等类具有诫勉和启迪意义的名言警句，对外出经商者均有多方面警示和启迪。

总之，清至民国山西商人商业规程及教程这一原始文献，其功能体现在对商人贸易过程的全方位指导。它的不断积累、调整和运用，促进了商业经验的不断传承和商业贸易的不断发展。

第三节　清至民国山西商人实践性商业教育的变迁

近代以来，随着西方列强的入侵，中国社会发生剧烈变化。山西商人商业规程及教程清晰地展示出通商口岸的开放和传统社会的变迁给商业活动及商业教育带来的影响。商业规程及教程除了记载经商的专业知识和技能，还记载天文四时、起居杂忌、妙药仙方、书信称谓、发报常识、火车等次等方面的信息，成为清至民国大众知识传播和大众教育发展的缩影。清末民初之际社会变迁的复杂剧烈程度远超前代，山西商人面对社会变革，对商品经营进行了多方面的变革更新。在实践性商业教育方面，其商业规程及教程在形式和内容上也发生了诸多变化，反映了这一时代的变迁。

一、山西商人实践性商业教育载体的变迁

清至民国山西商人商业规程及教程的文本形式经历了从以手抄本小册子为主到以专业印刷出版的书籍为主的变化过程。清至民国山西商人的商业规程多为手写，以抄本小册子的形式呈现，但也有个别规程从手写的小册子变成更为方便的印刷书籍。随着学校教育的兴起，印刷出版的商业课本成为主要文本形式。商业课本既囊括了经商贸易采购、加工、运输、销售环节等知识和技能，又涵盖商品广告、贸易机构、提倡国货等事项，内容更加丰富。商业规程记载的担保举荐内容开始采用登报公示的形式，商业广告也在报纸上刊登。

从商业规程到商人通识，从经商谱册到商业课本，清代至民国时期山西商人实践性教育载体发生了显著变化。从数量上看，与小规模的手抄本商业规程小册子相比，商业课本印刷品大量出现预示着商业教育的进一步普及。从质量上看，装帧精美、翔实清晰的商业课本一改以往粗糙潦草、简单记述的手抄本小册子形式，标志着商业教育的进一步发展。从实践性上看，从商业规程到商业课本，商业教育的实践性、操作性特征亦在增强，反映出随着从清代到民国社会环境发生显著变化，山西商人在实践中不断总结经验，以应对纷繁复杂的环境，谋求持续发展。

二、山西商人实践性商业教育内容的变迁

山西商人实践性商业教育内容的变迁，表现最为典型的是在金融、税收方面。从清代至民国，货币体系繁杂和财税体系混乱是山西商人面临的首要问题。从商业规程及教程内容不难看出，民国时期山西商人对于货币的记载已明显与清代不同，其涉及的银钱种类极多，金融明细更为复杂。民国初年军阀混战、社会动荡，各地货币金融制度也有不同，商业规程及教程记载了更多的平码对照以供参考，以便应对货币种类及金融环境变化带来的影响。税收则由晚清时期以厘金为主变为民国初年以统税为主。从商业规程及教程内容可以看到，由于当时的税收制度混乱，各项浮费支付和贪蠹盘剥使得经营成本急剧飙升，山西商人不得不极力压缩成本和把控价格，以应对动荡复杂的局面，保持其商业贸易的持续运行。

交通运输和通信方式的变迁也是影响实践性商业教育内容变化的重要方面。清末至民国时期，山西商人使用火车、轮船等新式交通工具和电报等新式通信工具的内容在商业规程及教程中大量出现。交通运输领域的变革，新式交通事业的兴起与发展改变了中国传统的交通运输方式，推动了山西商人贸易经营交通运输方式的变迁，在山西商人贸易经营中发挥了极大的效能。在长途贩运贸易中，山西商人由绑骡、绑驼、马车、牛车等传统陆路运输方式变成了蒸汽机车运输，内陆传统水路运输方式变成了漂洋过海的轮船运输。通信方式由传统的邮驿变为更加方便快捷的电报。山西商人搭上现代交通和通信的“顺风车”，运用火车、轮船等新式交通工具进行商品运输，不仅提高了流通速度和效率，还压缩了运输成本和损耗，密切了区域市场联

系；使用电报等新式通信方式，改变了人力转输的传统方式，极大地便利了山西商人的信息交流，使得彼此的沟通联系更为密切，信息传播更加高效。

清末至民国的政治经济、社会环境发生急剧的变化，山西商人的商业组织、商业制度也随之发生了一定的变革，显示了在动荡变革的复杂时代背景下，只有保持经商经验和商业教育传承与商业贸易的连续，使两者不断交互，才是应对危机的关键。

总之，在清末至民国政治、经济、社会动荡之际，山西商人顺应形势，在交通、通信、商业金融和商业制度等方面都进行了更新变革，经商经验和商业智慧得到持续性代际传承。同时，实践性商业教育内容发生显著变化，为新式商业教育的转型奠定了基础，成为近代中国商业教育转型的一个缩影。

下篇　清至民国山西商人商业规程及教程整理节录

整理说明

一、下篇所收文献系根据《晋商史料集成》《清至民国山西杂字文献集刊》《晋商史料系列丛书》中相关部分整理而成。

二、文献标题命名系依照原文标题，序号为后加。

三、原文中字迹潦草模糊、文字漫漶、缺失者，一般以“□”代表缺失或难以辨认的字。

四、原文中的繁体字、异体字、旧字形等，整理时转为对应的规范简体字。

五、原文中影响阅读的别字、商人习用字，整理时尽量保持原样，但在该字上加括号“（　）”，在后面用六角括号“〔　〕”标注正确的字。

六、原文中明显的漏字，整理时用六角括号“〔　〕”补上漏字。

七、原文没有标点符号，整理时依照《标点符号用法》国家标准添加适当的标点符号。

八、清至民国山西商人多使用“苏州码”或汉字大写数字记数，为便于阅读和理解，整理时改为汉字小写数字。计量单位，如“匁”“丷”等，一律改为同义规范汉字“两”“钱”等。

《民国六年办茶规程》

1. 安山行内扣用规例

黑茶每两银以五分七合行用银。洋庄每串毛钱五十二，口庄每串钱六十八，亦有六十。拣皮每串钱五十／三十不等。假如桃秤一千斤，八七五串安毛秤一千一百四十二两八钱五分，桃足钱四百二十千，八六三串安毛钱四百七十零千三六五。民〔国〕六年，南票钱价三钱一至二钱七八。山内桐油价钱三百二，茶油价钱六百四六。

2. 安化办黑茶秤

九乡公议十六两三钱，论包，每包民国六年改二五斤，价银若干，以八九三扣，九兑银，安平银每包除火用银一钱，每百两除团银二厘、学厘银三厘。如要钱票买，按九三七扣付。

3. 黑茶产户用银规例

常平伸安平以九七六，长平伸安平以九九二，估平伸安平〔以〕九九二。每定宝申水三四钱不等。

4. 湖南办茶歌

益阳开头刘公滩，请问沙（它）〔坨〕［旁批：沙（它）〔坨〕街］湾不湾。

毛家（旁批：毛家口）先生算八字（旁批：八字指），姑嫂二人望关公（旁批：关公滩）。

白马头上生设子（旁批：设子庙），连子亦（响）〔想〕到炉林（旁批：

炉林滩）。

青竹（旁批：青竹）云亭（旁批：云亭县）里石山，六角（旁批：六角庙）（动）〔洞〕庭（机）〔矶〕（旁批：城陵矶）下水。

鸭蛋（旁批：鸭蛋溪）毛岸石头关（旁批：石头关），嘉鱼（旁批：嘉鱼县）牌洲（旁批：牌洲）金口（旁批：金口）铎。

□□□□□□□□，黄鹤楼中（只）〔咫〕尺间。

5. 安山至益阳船脚底

洋箱每只钱八十文，西箱每只钱一百文，金尖包每包八十文，花茶每件一百文，花香每包一百九十文。以上水脚，亦视船之多少、山水大小，其价不能执此而定也。

6. 安化山内上下货脚力

丙辰年西洲大昌川力钱各批左边，计茶梗出以踩包各钱四文，上铜元每箱力钱二十四，起黑炭每百斤十四文，买主八文，卖主六文。上铝每条力钱二十文/二十四文，起杂货、茶包每担价钱十三文，上木炭每百斤钱一十二，上米每担力钱十二，下洋箱每只力钱四文/七文五，下口箱每只力钱五文/十二，下花香每包钱十文/二十四文，下金尖每包钱三文/十四文，下黑茶每件钱六文，以上起力下力就是录底，亦不能逐年照例，看人多寡，钱价大小，粮价如何。

7. 安化山内船行打用

洋/西箱每只用钱七文，花卷每件用钱十文，天尖每套用钱八文，金尖每包用钱六文，花香每元用钱十文。如一千箱五折，又七折，谓之三百五十担，每担共计二七个，又埠力三文、帮力三文、灯油一文，概并内。益阳至汉水脚并船行打用。民国六年改宝安益三帮公议益阳发汉水脚底。洋箱每只二百二十文，又行用只银一分六；花香每包三百六十文，又行用每包钱一十二；梗子每包二百四，无用；西箱每只益平银一钱一五，又行用每只银二分七九；花茶/天尖每件银七分，外行用每件一分四五。以上用脚银多少，俱以益平真银核算，不折不扣。

批民〔国〕八年祁黑茶价目。三和（旁批：本号），每件二一两五；德和（旁批：副号），一十六两五/一十七；川记（旁批：三副号），一十四两五；高山永和，八两五；三和天尖，四钱八九，钱一千一。

8. 汉口装火车发祁规例

红茶每百斤至榆/祁/谷，皆五两五，黑茶每百斤至祁四两二，至谷四两一，至榆四两；金尖每百斤至祁三两九，至谷三两八，至榆三两七。如发行李，（令）〔另〕装货车，亦能照货脚资结算，以上之脚银多寡，俱以九五扣洋例，由汉先交七成，余由祁收货后再付。

9. 汉口轮船规例

口庄红茶至丰〔台〕每箱招商局二两零五/祥发源二两一，保险每千两险费银十两，皆洋例银。箱子每只保多寡，随客之意。

10. 洋庄报厘金规例

五二洋箱具（俱）报斤两，多少折成足担，以速到（汗）〔汉〕，故厘金皆在小淹一处完纳，以免（担隔）〔耽搁〕。

11. 小淹每百斤净茶报厘金

库平银一两二钱五，外按二成抽军饷，每百斤以一两五核算，自民国五年改为二元二五。金口救生局每箱捐库平银二厘，照局定钱价作钱。每箱报茶叶公所经费钱十文，此宗另外带钱。助饷每箱报山厘足钱一百文，外按二成抽军饷，每箱以一百二核算。每箱报学堂经费钱二十一，大面箱二十七。每百斤报行捐钱九十二，此宗归行内出，客人代报耳。

12. 口庄〔安〕山至汉沿途厘金关税各处规例

小淹报厘金规例：每箱装净茶六十四、五斤，以六十斤报，假如口庄不加篾，亦能按洋庄报厘，每只报助饷足钱一百四六，外按二成抽军饷，每只以一百七五二核算，其余均与洋庄一样。

小淹口庄每只报厘金足钱三百六，外按二成抽军饷，每只以四百三二核算。金口救生局每只捐银二厘，照局内定钱价，作钱付。每只报学堂经费钱二七。每百斤报行捐钱九十二，此宗报归行内耳，客人代报耳。

益阳报厘金规：每只口庄报厘金足钱一百五，外按二成抽军饷，每只以一百八核算。

岳州府报厘金规：每只口箱报厘金局平银三钱三七五，外按二成抽军饷，每只以四钱零五核算。以上共银多少，每两抽临湘修纤路银一分。局平较埠与估平一样，每百两以四八四加库平，五三一二五，外加二成，共六钱九七五。

宝塔洲报厘金规：每只大箱厘金局平银五钱八一二五，每百两以四两八加库平。

13. 金尖安山至汉沿途厘金关税各处规例

小淹报厘金规例：每包装五十一、二斤，以五十斤报。每百斤梗子报厘金足钱二百，外按二成抽军饷，每百斤以二百四核算。金口救生局每只捐银一厘，照局内定钱价作钱。每百斤报行捐钱十八文，每箱洋庄茶除六斤，有多报，无多不报，如买外梗，号上自出。

益阳县报厘金规：梗子每百斤报厘金足钱一百零五，外按二成抽军饷，每百斤以一百二六核算。

岳州府报厘金规：梗子每百斤报厘足钱九十，外按二成抽军饷，每百斤以一百零八核算。以上共钱多少，每串抽临湘修纤路钱十文。

宝塔洲报厘金规：梗子每百斤报厘足钱一百六，外按二成抽军饷，以一百九二，齐民国五年，每百斤加三二文，以一百九二核算。

14. 花香安山至汉沿途厘金关税各处规例

小淹报厘金规：每包装一百一二十斤以一百斤报。花香每百斤完厘金足钱二百，外按三成抽军饷，每百斤以二百六核算。金口救生局每百斤捐银一厘，照局内定钱价作钱。每百斤报行捐钱十八文，每箱洋庄除六斤，西庄除七斤半，有多报，无多不报。

益阳报厘金规：宣统二年减免，无厘，只是加秤每百斤以二百六核算。

岳州府报厘金规：花香每百斤报厘金足钱二百，外按三成抽军饷，每百斤以二百六核算，以上共钱多少，每串抽临湘修纤路钱十文。

宝塔洲报厘金规：花香每百斤报厘足钱一百六，齐民国五年，每百斤加八十，以二百四核算。以上，外有串水印花票、税捐、学堂捐、厘金一千票等钱名目。

15. 黑茶安山至汉口沿途厘金关税各处规例

小淹报厘金规例：花卷、天尖皆报六十斤。黑茶每件报厘金足钱一百二，外按二成抽军饷，每件以一百四四核算。金口救生局每件捐银一厘，照局内定钱价作钱。每百斤报行捐钱十八，此归行内出，客人代报耳。每件报学堂经费钱八个半。

益阳报厘金规：黑茶每件报厘金足钱五十二半，外按二成抽军饷，每件以六十二核算。

岳（洲）〔州〕府报厘金规：天尖照花卷报。黑茶每件报厘金足钱九十，外按二成抽军饷，每件以一百零八核算。以上共钱多少，每件抽临湘修纤路钱十文。

宝塔洲报厘金规：黑茶每件局平银九分，每百两以四两八加库平，每件加四分，以一钱三五核算。

16. 由汉大船来安铝、纸、吃食沿途报厘金规

宝塔洲：无厘。

城陵矶报厘金规：废铝每条报厘足钱一百八，洋铝每条报厘足钱八十六，以一百二，此二宗每条重一百七、八十斤，按一百六十斤核算。官堆纸每篓报厘足钱七十八。郧皮纸每捆报厘足钱六十四，以九十。花纸每箱报厘足钱以一百二。麻布每捆报厘足钱九十。灰面每袋报厘足钱，以二十二五。麻油每坛报厘足钱，以五十，油酒每坛五、六、七十斤不等，按五十斤报耳。洋油每箱报厘足钱，以三十二。草绳每百条报钱十九。食物每担报厘足钱，以二十。汾酒每坛报钱七十二。以上各货俱是以四成加军饷，另有印花税等，奉饬每正税一串附收警察捐三十文。

益阳县报厘金规：丁巳，民国六年起办，洋铝每条重一百八十斤，按一百六十斤算，每条报厘足钱二百四三；官堆纸每篓报厘足钱；郧皮纸每捆报厘足钱二十七；花纸每箱估本每串按二十八报；麻布每捆（缺失）；洋灰丐每袋报厘足钱二十八；麻油每坛报厘足钱二十七；洋油每箱报厘足钱四十八；汾酒每坛报洋六毛，此是公卖局捐税。

17. 安山所用货物篾器等（买办各废铝木裱匠篾器等）价目规有平色、扣头、加秤规例

铝匠结账底（花生成、许隆兴、王新有）：打铝（甬）〔筒〕每只工钱一百，丁巳年民〔国〕六年请酒涨价，伊人取铝亦是用铝秤结算，每只（筒）〔桶〕加灰末四两，每百斤加焊锡锡钱一钱。

木匠结账底（张丰太、同春泰申、申合兴、合丰泰程）：出庄簀子每只钱一千。样箱外套每只钱八百。顺风箱每只价钱七四。五二洋箱壳每只价钱七百四。西箱每只价钱六百四。十斤小箱每只价钱一百四。五斤小箱每只价钱一百二。

裱匠结账底（金隆顺、金洪泰）：出口西箱每只工钱一百。五二箱每只工钱八十，丁巳年共议价一百。裱囤箱每只工钱三十。漆顺风箱每只价钱六百。裱油顺风箱每只价钱八十。画样箱每只六十。光油布每片价钱四百。光桥衣每片八百。

篾匠结账底（丙辰单）：大花篓每个价钱四百八。金尖篓每个价钱二百三，踹包二十八。西箱包篾每只价钱三百。头筛至尘末每抱价钱一百二。以上几宗，归客人出钱，惟筛子在酉州归客人出，在黄沙坪归行内出，以下同归行内出。窝盘每个价钱三百四。大腰盘每个价钱一千。拣盘每个价钱一百二。小样盘每个价钱七十二。申拖盘每个价钱一百六。簸盘每个价钱二百四。腰篓每个价钱二百六。吊篓每个价钱二百。焙笼每个价钱三百四。炕（心）〔芯〕每个价钱一百八。官堆箕每个价钱二百。大巴箕每个价钱一百。小巴箕每个价钱三十。扫地箕每个价钱七十二。硬口、软口撮箕每个价钱二百。

簝叶匠结账底：西箱内套每只钱七十。大花篓每个价钱四十四。金尖篓套每套三十二。山内买块炭，六千六百斤，去皮加三秤除皮。买木炭去皮加

二秤除皮。棕帽共五百一十八顶。买白炭连皮加二秤。买桐油，五百二十三斤，价钱三千一。新旧茶口，一千八百七十二万。买茶油，六百三十三斤，价钱四千四，首字至四出二十零半斤。

18. 益阳安置各物底

官盐，色头米益斗〔一〕百一十一石，均每斗八升一七八，共九十石七八，首字至四字，出米六十九石，价六千六九。吃米并色头米益斗，归每斗八升五，吃米二十二石，价钱七千七六，如今归八升三，益米每石重一百四十斤。牛油烛七十五斤，六十二斤亦可，价钱四百。棕绳、岩卜碗、大蒲扇、草鞋、皮蛋、挂面、羊毫笔、三包、水笔、黑丝、砚池（旁批：路过九混塘买）。

19. 汉口安置各物底

汾酒，六坛，四百斤，每斤钱二百，银八分，又八分四。黄酒，三十斤。酱油，二坛，一百五十三斤，每斤价百四十三。麻油，十坛，五百斤，共重六百一十八斤半，价十零四钱，在汉买者外报厘金钱一千六八。陈醋，二坛，价钱一百六十／二百二。洋油，九箱，价四两二四，在汉者申报厘金钱一千六八。洋面，二十袋，价钱三千四。粉条，四十斤。粉片，五斤。粉面，十斤。穮子，五斤。豆面，三十斤。黄花菜，五斤。大头菜，五斤。谷米，一斗。吃米，一石。吃白糖，各二十斤。芥菜花面，半斤。豆豉，五斤。海菜。全料面，一斤，湖南曰五香。

洋灯，一打，美孚，外带罩一打、美孚灯（熜）〔捻〕四打。良机灯，六盏，看的买。洋蜡，一箱。算盘，十架。火筛，二个，烤五二箱用。火印，二个，宝兴一、茶庄一，发拣筹千用。礼和洋肥皂，四条。洋毛巾，五打。次文布手巾，三打，送先生用。次黑纸（扨）〔折〕扇，三十把，送先生用。白市布手幅，二打。二宗按自伙名置办。小剪刀，十把，按名买，内大剪子一把，大庄剪砖用。棕竹（扨）〔折〕扇二十把，按名买。胰钵，十二个，按名买。宝剑（库）〔裤〕带，（缺失）条，按名买。丝腿带，付，按名买。洋胰，六合。鱼骨扣，一罗。铜销子，二十把。白棉线，四把，三斤，做茶口补茶口，仔庄用便。洋针，二包，仔庄便用。洋销，一把，履门用。吕红胭脂，一瓶。洋磁面盆，几个，按名置办。红头绳，四两。衣线，半斤。色棉线，二包，一斤。棉花，一斤。定中藿香丸，各六合。苏合丸，二合。沙气丸，一盒。眼药，二包。午时茶，二包。纯阳正气丸。水旱烟袋、钵，各二支。东洋沙卤（呼）〔壶〕，几把，按名在石家庄置。艾绒，一包，做印色用，年年开买。建朱，十包。赤金叶，二千张，做招牌用。门灯，一座，玻璃上磨某字号。正红漂布，三丈，做招牌上批红用。白官布，一匹，做大小油布用。白细洋布，匹，做门帘用，按名做（文）〔蚊〕帐，每匹做两顶。茶焙子，好的十个，次的二十个。麻布，几捆，三十四匹，计二捆六十八匹，共三千五六三尺。麻线，二斤。灯草，一把，重一斤七两，价二千。白布，几捆，在益阳买，做茶口用。泡水碗，六十个，在酉州客置，黄沙坪行内有，不用。

白矾。黄蜡。大香墨一斤元一锭，小香墨八两元一锭。三号桑皮信封，五十。二号桑皮信封，五十。小印红信封，三百。洋信封，五十。八行纸，一盒。格式纸。广胶。扫把。毛刷子，五把。大小铁码秤。花纸，全数，价二十四钱。官堆纸，三十三篓，每篓六合五，每合一百九十二张，每张长四尺零四，又三尺九四，宽一尺八，又一尺七八。（录）〔绿〕纸。

采记皮纸，每刀重一斤十一两，每捆重四十三斤，每捆三十刀，每刀九十六张，每张二尺二七，宽一尺七五，黄恒泰招牌，价六两一。洋丹官纸，三刀，价三元五，每刀九十六张，每张长三尺八五，连白头四尺，宽一尺九。洋废铝，三十五条，重四千零九十六斤，价十两二八。洋囤箱钉码。洋口庄内外票板。洋花草绳。铜卤（呼）〔壶〕，一把。挂钟，一架。日晷，一个。红铜酒素，二把。所用价银俱是洋例，不扣，惟官堆纸、皮纸九八四扣现，九九四扣洋例。

20. 汉口买各货规例

官堆纸，九八四扣，现九七五扣，九八五平。皮纸，九七五扣，九八五平。铝，照数付洋例平。

21. 洋庄箱皮杂项价目每千箱用

废铝，四千五百斤。官堆纸，三篓半。皮纸，二捆。赛芳纸，一捆。花纸，全数，每千箱带（录）〔绿〕纸一百二十八张，再花纸内算价。（录）〔绿〕纸，二刀。当官纸，二刀。裱油工，三十九。打铝（甬）〔筒〕工，五十四。钉盖、封口，每只四/二文。裱囤箱，每一十五。每天大工一百三，小工五十。

22. 口庄箱皮杂项价目每千箱用

官堆纸，二篓半，每篓六合五，每合一百九十二张，每箱用卅张。皮纸，五捆，每捆卅刀，每刀九十六张，每箱用一十一张。内外票，每千箱用上当官纸三刀五。墨丝，三斤四两。广胶，四斤五（旁批：有三斤）。硍朱，十包。每只箱壳，二百七。裱油工，四十四。本、副号簝叶，七十一五、五十。篾包工，一百六。钉盖、封口，酒钱四、二文。棕绳。棓子。艾绒，半斤。

如山内不篾，往汉口带篾，每百箱以四百一十七斤。计长绛篾，一百二十斤；短绛篾，一百一十斤；团篾，一百六十斤，又一百八十；佃心篾，二十七斤，每箱价一百一八。每十只共用长腔篾二百八十条，每长一丈，重十六斤；短腔篾三百六十条，每条长八尺，共重十二斤；围篾二百条，每条长一丈六，共重十七斤；添心篾二百六十条，每条长二尺四，共重二斤半，共合重四十二斤半。四六口庄箱壳，每只高一尺五八，长一尺八七，宽一尺三六，木厚二分，每只用钉码长面钉五个，小面用五个，角封各七个，共用六十八个，每只连盖老规重十四斤，改十三斤，目下一十二斤半，除盖二斤半，又二斤十两上下，每个盖重一斤八两起，二斤四两止。四六口庄本号用簝里面各二层，副号用簝叶里面一层。

23. 裁西洋箱纸票规例

用官堆纸裁法，一裁三块，大面各五块，小面各四块，底二块，盖一块，角各一块，共用二十九块。做口庄每一张裁三块，联为一（塔）〔沓〕，每箱垫三十（塔）〔沓〕、二十几（塔）〔沓〕不等。又用纸裁三块，双押条用二块，单扛条用一块，包大票一裁三用一块。每箱用官堆纸约二十几张至三十张。用郧皮纸裁法，四六箱大面每面用二张，小面每面用两半张，底盖各用两半张，花条一裁八条，共用八条封条，用四条角缝，一裁一十二条，共用三十六条，每箱共用皮纸一十二张半，每刀裱口庄〔箱〕八只。当官红纸每张派裁大票四个、小票六个。所有口庄箱内大小面票板，大面板、红梅花条板、封条板就（汗）〔汉〕刻买。

洋箱裱铝（甬）〔筒〕里子二层用官堆纸二张，又一裁三结二块，底纸一裁一十二张，用一块。裱铝（甬）〔筒〕外面用官纸裁法，一裁二块用一块；小面，一裁五块，各用二块；底纸，一裁六块，用一块；掩口纸，两层连头，一裁三块，用一块，每块长一尺八八，宽一尺三五，每块揲双长一尺三五，宽九寸四，外盖面纸用一块，共用官堆纸五张零，每篓官堆纸做五二箱二百五十只。有用官堆纸裱里面三张，皮纸裱外面三张。

裱五二木箱，每只大面各用皮纸一张，小面各用皮纸半张，底面裱二层，用皮纸两半张；盖子裱一层，用皮纸半张，裱角封一裁一十二，用一十六条，每箱共用皮纸五张（旁批：又六张），每捆郧皮纸裱五二箱四百八十只。计捆三十刀，每刀九十六张，每张长二尺二七，宽一尺七五。裱五二箱大面裁法，每张皮纸顺长裁去二寸宽的二条，顺宽裁下五条为妥。裱五二箱小面裁法，每张皮纸顺长裁去二条，每条二寸，下余一裁二块。裱五二箱底盖裁法，每张皮纸顺长裁去一条，每条二寸五，下余一裁二块。每箱用裁下落的皮纸条条十九条，共用皮纸五张。五二箱字眼纸办二千五百只，计用纸三刀，另有三十二张，每刀九十六张，每张长三尺五五，宽二尺三。裁法，头尾拍去各一寸五，顺裁均用六条，每条裁三条，各为一张，共计裁一十八块张（旁批：每一千箱，用纸一百三十张）。洋丹官，每刀九十六张，每张长三尺九四，宽一尺七八计。裁法，顺长拍去一条（旁批：此条做废，拣回之用），下余共裁内票八块。

五二箱计牌纸裁法，顺长拍去一条，每张一裁四块，用一块，每块计长一尺四七，宽一尺（上批：此系木金尺，大小底）。铝（甬）〔筒〕皮叶大小规例，大/小长面每张叶长一尺零四，宽七寸一，底面两张，并合每张长九寸三，宽八寸二，每只（甬）〔筒〕共用一十四张，大面用八张，小面四张，掩口铝叶二张，每张长一尺一，宽七寸，重七两。每只铝（甬）〔筒〕三斤六两，连盖四斤（旁批：大德公司首字铝桶重三斤一十四两，二、三、四字三斤十两，盖俱是七两铝秤）。茶口每个用白布一丈一六，布宽一尺七（另批：此系安尺否）。红茶十斤套箱箱壳则，每只长一尺一一，宽七寸七，高七寸九，连盖八寸一，大面钉码四个，长面四个，小面四个。金尖篓每只重二斤四，每只用棕八皮，重四两，每只用麻布九尺，重四两，篛叶每只用一张半，每张重六两，每只盖八两，共重四斤四两。

篾四六红茶箱用篾底，里篾、大面一十二皮，篾长九尺，宽五分，小面九皮，篾长一丈，宽，又外一层篾大面一十八皮，长宽同，小面，一十四皮，长宽同。各用佃心篾一十一二皮不等，长一丈二，宽五分，在汉见过渺。五二洋庄箱壳，每只长一尺四三、一尺五，宽一尺、一尺二，高一尺三二、一尺四一。角封码各三个，每只重老规九斤四，如今八斤十两，多二两，有少二两，盖重一斤二两起二斤四两止。每只用铁钉码底盖、小面各五个，长面各四个，四角各六个，以正规共用六十个，如今底、小面各四个，长面各五个。

画西箱壳式格、写红字：

丹红				上
	米字号	盖	红	梅
当梅				下

24. 书报单式格

呈报如有西箱未包、篾，称为大面洋箱。

踩办某字，某字眼，五二洋箱几几几件，每净几几几斤。

共净重△△△△斤。

上

小淹厘贵局　台照。

某年月日

某字号、复兴茶行以　具单

一宗，围箱高一尺四，底一尺六一，四面方圆，用铁钉码，长面四个，小面四个，四角各六个，内有大铁码一个钉口面，角上用。

25. 花卷规例

踩花卷二十一人，每天工钱四千四四，烧柴火一千六，拣黄茶每个工一百四，簸黄片每工一百六。每件大花篓一百六，一斤连六十，每套一千二，每件篛叶一十二，每套篛叶一十二半。

26. 办买拣皮规例

买拣皮照红茶秤，八扣毛钱，按九兑付足钱，每百斤八扣大秤。大谱，打花香八十斤上下，出梗子十斤上下有奇。用打花香人六七名，打好以净货算工钱六百文谱，咱不管饭。

27. 买金尖规例

价银多少照数付安平银，如是兑（汗）〔汉〕即付（汗）〔汉〕估平。红茶秤不折不扣，钱亦足数，每包有出行踹包钱，每包六、八文不等。

28. 办货均缴费

大普，山内迭至（汗）〔汉〕口，洋庄每百斤六两五六，花香梗子在外，越办货多越轻些。口庄每只三两七八，花香梗子在外。黑茶每件一两二三，梗子在外。金尖每百斤一两三四，花香每百斤六七钱。

29. 汉口改口庄

五二箱壳，每百卖银二钱四，每只箱壳三钱八，官堆纸内外票押扛条一钱七，两层竹篾二钱，棕绳踩、焙工、篛叶一钱三。

30. 江汉关报厘

每只库平九钱三七五，以一零八八五申洋例银。如是买好箱，便有卖主之原厘票，咱即毋庸矣。其余尚有各洋行起箱力钱并木炭等银除。售五二箱银每只箱大谱均杂项银六七钱之谱，厘金在外，此系旧规，不悉现下合用否。

31. 洋行杂费每箱，此系汉口售洋庄

捆藤银八分。茶楼磅费银一分。码头银五厘。出栈银五厘。公估银四厘。茶叶公所银四厘。钉裱银二分。焊口每字眼银一两。警（查）〔察〕银四厘。学堂经费银八厘。每字补磅茶二十斤，照价扣算。西会馆银五厘。起力、堆力、驳力银大谱三钱二三。修箱费，近来字十元，八元，三、五、十元不等，大谱每百箱均六七元。

32. 汉买金尖式

秤九八四扣现，九九四扣洋例。

33. 安山踹办红茶定请包头规矩，民〔国〕五年留

由（汗）〔汉〕请宁州包头一名，包头进山，随带宁州人三十四名。未开筛，每天各与伊收小工一个，算工钱四十五。至开筛日起，收大工算工钱二百四，如做夜工，齐十二点止，收工半个，做通夜即收工一个。开筛每名肉四两，朔望每名肉四两，端午节每名钱一百六，踹箱每宁州人每名五十，外帮人每名三十，点心钱十文。吃茶套箱五斤，小匣每价七十斤，小匣每八十五，裱油工钱每套七十，簝叶每套五十，篾包工钱一百六。

金尖箱皮价目，每只金尖篓七十，簝叶一十一，踩包一十二，麻布（汗）〔汉〕买。

花香杂项，打花香工一百二，踩包每八个。

口庄箱皮杂项价目，官堆纸每千箱用二十五万，每万六合半，每合一百九十二张，每箱用三十张。皮纸每千箱用五捆，每捆三十刀，每刀九十六张，每箱用一十一张。如桃源毛价五十千，以九五四扣足钱，再以八九三伸安毛价五十六千零四七。以大秤八十六斤八归之，伸安毛价六十四千六。安价归桃价以一零六八三。

桃源买茶，桃秤一十九两二，安秤一十六两七，桃归安即成八七五。公秤每斤一十九两二，九八五扣样，按时价合毛钱九五四扣足钱，除此以外，别无扣头。桃园秤百斤以八七五伸铁码秤，一百一十四斤二八五，再以七六扣大秤八十六斤八五六六。

出庄点步，烟溪上下工银钱，鄢云坪、后溪、黄峰坳、蒋家村、老屋鸥、十八拐、拐公塘以八九三归桃规，九五四即得一零六八三，此数系安毛价之规。如桃毛价六十千，以一零六八三成之，即为安毛价，再以七六扣秤之数归之，则成安规。

34. 安化收办黑茶（旁批：按时价合毛银九五扣元银，再以元银百两除行用五两七）

按包算价，每包二十五斤，如以银买，毛价银五两，九扣八九三实银，四两零一八五，每包内除大用银一钱（旁批：此宗系代行老板抽，净归实银八十九两三，以九扣安平）。每两实银内除团银三厘。学厘三厘，除讫交与产户九七六安平秤一十六两三。如钱买每包八千，以九三扣，每包除大用二百（另批：此宗代行老板抽）。保街团六文，除讫则以净数交与产户，其回扣钱七十文，交行用五十七、团厘三文、学厘三文，所余七文在自己号上脚夫送茶到行，每包与伊饭费钱四个。如以钱买，要跌银价，如毛钱十千，以九三扣实钱，再以九伸，八九三毛钱，以所均钱价扣之，即是毛银价。如迭实价，再以八九三、九扣之，即成实银价矣。踹工、掌扛人八名，每天工钱八百；支脚人十二名，每工钱四百；掌冲、打吊各一人，每工钱六百。开踩以二十卷算一天，往后每日以四十件交一工，踩扫架腰间并初一、十五，每人神福肉半斤，踹匠行老板管饭。每件用簝叶大二张、小四张，用棕叶二十四皮、大花篓一个。

35. 安山办红茶出仔庄所用物件等计开于后

金牌、洋铁桶、皮纸、针线、窝盘、彩红布、铝壶、图章、口袋、腰篓、红绳、泡小碗、印盒、棕盖、铁钉耙、对联、铝盖、笔墨、丐灰、木钉耙、喜炮、竹筷、砚池、桐油、大撮箕、红笔、落票、水壶、茶油、扫地箕、红筒、红（部）〔布〕、铁杆、砂块、扫帚、洋红、条（部）〔布〕、木钎、白米、炕（心）〔芯〕、棉花、方（部）〔布〕、铁钻、茶叶、大秤、小秤、脚票、灯笼、丝烟、报单、牛烛、大样盘、灯川、灯（心）〔

芯〕、小样盘。

36. 书部列左

大总正部，收茶总录，各庄进茶总录，杂使部，拣工，抄箱，宁工，流水，暂计，水力脚，大、小庄统进茶（茶成箱、均码）。

总正部款列：收内账钱票处五页；付买茶五；行东支取，行户；各仔庄支屋租，行户；人员支取处，大庄二、仔庄五；三厘金，行户；杂使处，此账归总，细账另部；木炭、煤炭处；宁工支取处；福食，灶户逐日呈单，小菜之列；缴费，油盐米列；水力，每字箱多少，扣水力若干，存押包一字付一字；厘金处，茶厘、小学堂费、金口；成箱，进某字茶多少；拣工、木箱，拣成箱若干。

统总结草式格：一付买茶足钱，一付厘金钱，一付福食缴用，一付水力，一付宁工人钱，一付行东用并三厘金、仔店屋租、人员信金，一付杂使，一付水力，一付木箱，一付铝桶，一付裱箱工，一付酒资，一付拣工，一付木炭并煤。

37. 纸铝、麻油税捐

纸铝三十五条，一六合重，完税钱一十二千六，每条一百七八十斤，每按一百六合重，每百斤正税二百二五（下批：奉饬每正税一串，附警察捐三十文）。麻油十坛，五十合重，完税一千五，每坛五十、六十、七十斤不等，每坛按五十斤捐厘金钱三百。

38. 湖北烟酒公卖局

公卖价格，汾酒一坛四元二角六分七厘，每坛按公卖估价，洋每元报公卖费一毛一九九八六一。公卖费数目，五角一分二厘。种类数量，汾酒四坛；公卖价格，十七元零六分七厘；公卖费数目，二元零四分八厘。

39. 各处平码比祁公平大小底

口钱平每百两大一两八，省大平每百两大一两五，太谷平每百两小一两二五，交城平每百两小一两三，常德平每百两小三钱三，洋例平每百两小四两三，常德钱平每百两小四钱六，城钱平每百两大一两一六，文水平每百两小五钱，平遥平每百两小一两七五，忻州平每百两小一钱四，湖南安化山平每百两小二两三六，益阳平每百两小四钱，（汗）〔汉〕口估平每百两小二两三，宝塔洲厘金平较准与估平一样，岳州厘金局平每〔百两〕比估平大六钱，岳州局平每百两比常德平大三钱五，九八五平每百两比常德平小一两九四，九八五平〔每〕百两比益阳平小二两，常德比长沙平〔每百两〕大一两七二，沙市〔每〕百两比常德平小一两六六，澧平〔每〕百两比常平小三钱八，澧平〔每百两〕比益阳平小五钱二，洋例平〔每百两〕比安平百小一两四四，安化〔平每百两〕比长沙平〔百两〕小五钱六。

40. 比汉估平大小底

常德平每百两大一两八四，又一两七二；沙市平〔每百两〕大一钱八；湖南益阳钱平〔每百两〕大一两九，又一两八六；安化山茶平〔每百两〕小九钱四；赊镇平〔每百两〕大四钱二；九八兑平〔每百两〕小二两六；（汗）〔汉〕口洋例平〔每百两〕小二两；九八五平〔每百两〕小一钱，系九八六；口南平〔每百两〕大二两一六；它纹每百两一三去色即九八五平；申公砝平〔每百两〕大一两七。

《清代百忍堂记集宝册》

1. 各地集市规程

胜芳镇：四九集。市斗二十二管，大石斗钱八十文，杭钱六十文，倒斗钱二十文，平比天津每百两小一两六，使九六钱，每千吊开钱十吊，如代现银，按价去两个数。买囤俩三月为一季，每石囤用钱四十文，大米斗用钱一百六十文，斗上酒钱每石十五文。至左各庄一十八里。

苏桥：逢十在东、五在西。集斗四十管（新改四十管零八），河下斗付芳九斗，市斗付八斗七八，每万斗用钱四十文，大力钱二十文，使九六钱，平来每个大三钱五。西至苑家口五里，保定县三十六里。（新改四十管零八，集上斗用每石二百七十五，下乡斗用一百六十支，上俩每万九斗，大力钱三十文。）

左各庄：二七集。市斗四十管零三分。平来至苏桥二十三里。

保定县：一六集。市斗付芳九斗二，每大石斗用钱一百二十文，杭钱六十文，每千吊开钱十吊，使九六钱。至史各庄二十（缺失）。

史各庄：四九集。市斗四十零五管，付芳九斗二，每大石斗用钱一百二，杭钱六十文，每千吊开钱十吊，使九四钱，芳斗去付一石零六七，用每万四十，大力钱三十，杂钱六文，倒口钱十文，酒钱二十，平来芳每个小一钱五。至苟各庄三十里。

苟各庄：集市斗旧七十三管。至赵北口二十里。

赵北口：四九集。市斗六十四管，斗用每万一百，大力钱二十四，六斗算一万，九十钱。至端村三十里。

新安县：二七、四九集。市斗五十二管，斗用钱每万一百，大力钱五十，平来每个大九分，使九百五。

安州：四九集。市斗五十一管，每万斗用钱一百，大力钱二十四，使九五钱。

端村：一六集。市五十七管，芳斗去付，一石五五，每万斗用钱一百，大力钱二十，平来每个大一两二，使九一二钱，六斗一万（此及锁河利一百八）。由此往南入小南河。

通口：四九集。市斗旧二十五管。至端村十八里。

拉拉地：一六集。市斗旧四十三管二分。

大庄：集斗旧二十七管。

保定府：市斗旧二十五管五，平来每个大五钱五，系黑码如行，平来芳大六钱五，系红码小车，每个二文，小脚钱七文，共去六个。［新改四十八管，卖俩手卖四十九管，店内花（消）〔销〕在内。］

白沙庄：三八集。市斗旧三十五管五，平来大一钱五。

高阳县：四九集。市斗六十四管，斗用每万四十，使九六钱，上市大力钱三十，每捆三十千，平来每个大五钱，至河边二十里，车钱四百文。

南新桥：二七集。市斗六十二管，平来每个大一钱五，每万斗用钱一百，至河边二里，平钱一百，大力钱一百，使九四钱。

五仁桥：四九集。市斗旧二十三管四分，平来大一钱五。

雄县：一六、三八轮流赶，逢五排十在南关。市斗六十四管，每万斗用六十，大力钱二十八，平来每个小二百五，至白沟四十里。

白沟河：五、十大，三、八小。集斗四十三管二，芳去付一石零二三，每万斗用四十，庄子钱一十，倡斛钱二文，平来每个七分八，河下斛一百零八管，出俩斛一百零六管。

北新桥：四九、二七集。市斗四十六管，斗用钱每万四十，斛钱四文，平来每个大二钱五，使九七六钱。（芝麻斗三十管一。）

平京桥：三八大集，五十小集。市斗旧二十三管。（芝麻斗二十管四五。）

宫村：四九集。斗四十五管六，芳去付九斗六，每万车钱六十，大力钱一十，平来每个小七分八，市斗四十四管。（芝麻斗二十管一六，新改二十管二二。）

马头：一六、三八集。斗二十三管，平来小四钱七八，卖俩斗大力用钱六十四。（芝麻斗二十管四六。）

黄土坡：此处有粮店，芳斗去付一号斛一石零七八，此斛说一百零三管，去俩斛系清斛九十二管，付辛店三斗三三，卸厂花（消）〔销〕钱六十，茶钱一十六，过留入囤八文，上船大力钱一十二，卸平钱六十，捣囤钱六文，卖俩过清斛八文，三月一季，芳去卸厂大力钱船上花。如在店吃饭，早一百二，午一百八，每斛付房山三斗八五，脚钱二五六。

琉璃河：二七、四九集。斗二十七管，芳斗付八斗二，斗用每石四十，大力钱七斗算一万，每万大力钱六文，津贴钱四文，麦子去付九斗七八，遂便吃饭。如在店吃，早、午一钱七。平来每个小六钱，如加抽一万，每七斗加钱六文，按九钱五加底子，再每吊九百，升钱色斗用津贴不扣。

窦店：集斗二十五管，平来每个小八钱三四，斗用每石四十，卖俩自取黄土坡，每万站钱二十四，上车大力钱二十，车上花一十四，船上花六文，至黄土坡八里，至琉璃河十五里。（芝麻斗二十管五。）

良乡县：一六、三八集。市斗二十五管，平来每个小一两，比河平小六钱。至豆店三十里、辛店二十五里。

房山县：二七、四九集。斗说二十三八管，准斗二十二八管，芳斗去付九斗五六，由河锁起车，脚钱二百五六，卖俩斗用按一分算，每万大力钱二十，搬车每辆钱六十，平来每个小六钱一二，卖俩说银庄平比市平每一百两小一两。至河锁二十五里、黄土坡三十里。

长辛店：二七、四九集。斗二十七管四，芳去付八斗，黄土坡发清斛一斛，付三斗三三，发三斛算一石，买卖俩说银庄按十吊作银一两，按九九六扣银，惟有花（消）〔销〕银不扣，每石当十钱二百，大力钱六十，买卖讲纹银，如贴高宝银，每一百两贴三两六，平来每个两小三两，发脚现宝，此处系二十五管，芳去卖俩说八升，各子发脚卖现平，应说八升，各子说送到的许一斗五，各子俱是斗，用银二分，大力银钱六厘。

杨村：一六、三八集。斗二十五管，付芳一石一六，斗用大力钱六十，平来每个大三分四，使九八钱。［芝麻斗二十管六，速上船花（消）〔销〕斗用每石共洋一毛。］

高碑店：集市斗二十一管六分。

定兴县：斗二十零五管，付芳九斗一，拉河边车钱五十，每万斗用钱一十，大力钱一十，平来每个小五分，使九六钱，大米斗二十一管六，芝麻斗二十二管五，芳去付一石一，外客斗钱每万四十，船钱每万四百，共花（消）〔销〕每万五百，市斗付一石一十七。［丰台至陕车款五十六元零六，车站应拨二十吨运费洋三元，由运费往城里车脚洋五元，卖俩斗用五元，控说平二元，芝麻斗二十管一六，连上船花（消）〔销〕共一毛。］

涞水县：市斗旧二十一管六分。

易州：市斗旧二十管，平来大二钱八。

长沟：市斗旧二十三管。

松林店：市斗旧二十管零五分。

方官：二七、四九集。市斗旧十九管七分，新斗二十管，芝麻斗二十二管。

涿州：日日集。斗二十一管，不够准二十零五管，卖俩每石吃各子二升，无用钱，船卜刁窝村上车，大力钱二十，叫车每辆五十，至涿州车钱每一百八十九，平来每个小一钱使九七六钱。（买俩每石斗用一百三，装车大力钱二十文，拉河沿车脚钱四百文，上船大力钱二十文，细粮斗用钱一百六，买俩斗二十零六，卖俩斗二十零八。）

新城县：市斗旧十九管七分，新改二十管，卖俩按二十管零二三，斗用每石七十文，拉河沿车脚钱二百文。（芝麻斗二十管六斗，用每石二百文。）

柳河营：市斗旧二十四管。至平景桥十八里。

骆驼湾：八三集。市斗旧二十八管，平来大一钱。

彭村：集市斗旧二十三管。

小集：集市斗旧二十三管。

里章：集市斗旧二十二管五。至芳九十五里、平景桥二十七里。

茅家寺：集市斗二十五管。

辛立庄：一六集。市斗二十二管五分。

四庄：四九集。市斗二十三管。至新桥十八里。（芝麻斗三十管二。）

煎茶铺：二七集。市斗付芳九斗三，斗用大力钱五十六，平钱一百，船钱三百。

霸州：一六大集，三八小集。市斗付芳九斗二，斗用每万二十，大力钱一十四，车钱八十，至鱼家窝船钱八十，大力钱二十，装车大力钱一十，囤用每季二十钱，俩起斗一十，顿钱一二文，拉斗五文，平来每个大三钱五。至昝各庄四十里。

昝各庄：二七、四九集。市斗二十一管，斛一百零二管，每万斗用钱四十，大力钱二十。（芝麻斗五十一管。）

鄚州：二五八集。市斗五十四管。至任丘县四十里、苟各庄一十三里、枣林庄十里。

任丘县：单日集。市斗旧四十八管，平来每个一钱二三。

河间府：集市斗旧七十二管，平来每个三钱五。

青塔：二五八集。市斗旧三十零五管。至吕干八里上船。

留镇：集市斗旧二十管零二分。

柳河镇：二八集。市斗旧四十管零二分。

文安县：双日集。市斗二十管，每万用斗钱四十，大力钱三十。

大尚屯：集市斗四十一管七分。

梁召：一六集。市斗旧四十三管二，平来每个大五分六。

长丰：集市斗旧四十管零五分。至临城一十二里。

信安镇：三八集。市斗四十管，付芳八斗八，每大石车钱斗用钱二百，大力钱二百，十斛六文，看囤二十起，斛六十，善会一十，囤用钱一百，店用钱三百，上车大力钱六十，市买入囤，出俩按九八扣斗，如买囤斗付芳九斗，平来每个大六钱七八。

后奕：四九集。市斗旧四十管零二分，平来每个大四钱五六。至永清二十里。

永清南关：四九集。市斗旧四十管零五分，平来每个大二钱五。

马庄：四九集。市斗旧二十二管，斗用拉药平钱，芝麻斗四十六管，斗用五百文，每石脚钱约在一千。

牛坨：二七集。市斗四十管，付芳九斗，斗用钱六十，大力钱二十，小斗见钱二文五，卸车钱二十，车脚至桥五百五，乔至芳水脚钱六十七，说大石平来每个大五钱二三。

南孟：五十集。市斗旧四十管零二分。

固安县：三八、五十集。市斗二十三管，每万斗用钱二十，大力钱计九六钱。（芝麻斗二十管四五。）

庞各庄：集市斗二十五管，平来每个大三钱四。

调河头：四九集。斗二十三管，每万斗用四十，大力钱二十。

东安县：三七、五十集。市斗二十管，每万斗用钱四十，大力钱二十。

葛渔城：二七集。市斗旧二十三管。

王庆坨：三八集。市斗二十三管六，付芳一石零五，斗用大力钱每万六十，车拉洋汾港每万一百四五，过坝大力钱二十，洋汾港至芳水脚钱一百下上，使九四钱，平来大四钱。

褚各港：二、七集。市斗旧二十五管，付芳一石一，斗用每万四十，大力钱二十，车拉河边脚钱一百三四，河利五十，使九四钱。

辛张：五十集，市斗二十五管。

策城：五十集。市斗二十五管，付芳一石一三四，每万斗用钱四十，拉河边车钱五六十，水脚钱五十，使九四钱。

洋汾港：五十集。市斗二十四管，斗用钱四十，大力钱三十，船行一十，九四钱。

钗沽港：一六集。市斗旧二十六管。

双口：集市斗旧二十五管。

皇后店：二七、四九集。市斗旧粗粮二十四管，芝麻二十五管，平来大二钱五。

武清县：一六、三八集。市斗旧二十管，平来大三钱一二。

马驹桥：二七、五十集。市斗旧二十管，平来大四钱五。

采育：二七集。市斗二十管，斗用钱四十，大力钱二十。

青云店：二七、四九集。市斗旧二十六管，平来大四钱。

礼贤镇：三八、五十集。市斗二十五管，斗用吃各子一升，大力钱二十，平来每个大四钱二三，俩银庄扣银。

韩村：一六大、四九小集。市斗二十管，卖俩无斗用，吃各子一升。

落岱：一六、三八集。市斗二十三管二，平来每个大三钱八九。

北汪：二七、四九集。市斗旧二十四管，平来大四钱二二。

旧州：三八、五十集。市斗旧三十一管五分，来平大三钱。

桐柏：二七、四九集。市斗旧二十三管二分，平来大三钱一二。

西集：清斛，一十一七付芳斗一石，芳去付九斗七，斗用每万四十，平来每个小七钱五六。

东集：清斛，一十一六芳斗去付一石，过斛讲银庄，按双九七扣化宝银，粮平比津公砝每一百两大一两四，每石斛钱四十七，摇船一百一，斛付九斗五，斛钱五十六，辛力钱二十，过斗讲钱庄每石用钱六十，大米八十，买俩对船打俩二十，使九七六钱。

石桥：改清斛一十七，卸俩小车子钱五十，用钱五十，卖俩半月标期，如花现银，每吊加利十文，小脚钱四文。

西沽：店斗扣三八四，二十零三管七，芳斗去付一石零八，店用每万一百石，期钱三十，卸俩脚钱二十四斗，用五十，船钱一百二三，如代现银每两加银一个半，使九七六钱。

丁字沽：三八四旧斗二十管零四分。

河坝：买包米，每包一百六十斤，粗粮，麦子每包一百四，为度大米付芳九斗，粗粮付芳八斗六，按九九扣义砝平，俩九九八扣津公砝，付化宝银，津公砝比芳每个小八钱，每包十秤落码钱四十，辛力钱三十，津贴钱一十，使九七六钱，船钱一百上下。

北仓：旧斗二十管。

旱沟：二七集。旧市斗十九管六分。

菜村：二七、四九集。市斗十九管二分。

西集镇：三五八集。市斗旧二十五管三，平来大六钱五。

河西务：二七、四九集。旧公议房斛十九管二分。

安平：二五八集。旧市斗二十管零七分。

香河县：一六集。清斛二十二管四，每石斗用车钱一百四，车钱二百，上船三十，厘金钱八厘五六，平来每个大二钱五，使九七六钱。

马头：双日集。旧斛九十八管，平来大五钱。

永乐店：二七、四九集。旧市斛九十八管，平来大五钱五。

通州旱市：日日集。旧斗二十三管六分，平来小一钱五，店斛一石付市斗七升九合，粮平比店平每一百两大四两，卖俩九钱八八，约使九八钱。

张家湾：单日集。老斛市斗二十五管五，清斛一十三三芳斗去付八斗八，花（消）〔销〕钱二百一，船脚钱四百，卖俩每万松银贴化宝银每一百两二两四，平来每个大八钱，贴真银三两，每一百两比津平公砝大三两二八。

东霸：市斗旧二十五管，平来少二两八九。

京都前门珠市口：旧店斛一百管，按通州大八升，至通州三十二里。

又齐化门：店斛一百管，芳斗去付一石零九，去平每万花（消）〔销〕钱一千，卖俩松银贴高银每一百两贴三两二钱，平来每一百两小二两零七。

栏杆市：旧店斛一百管。

京都东直门：旧店斛九十六管。

西直门：旧店斛一百零三管。

教子胡同：店斛一百管，芳斗去付一石零九，每石斗用粗粮三分，细粮二分，松银贴高银，每一百两三两，平来每一百两少二两六七。

通州东关粮店：三八四，九十三管，说清斛，九十七管，店用，粗粮八十，细粮九十九，自起发京用钱五十五，报税每石银八厘五六，大米、芝麻报双税厘头钱十文，每船船期钱一百九十二，每石斛钱三十六，每一百石取单钱五百，如一百一十石取单钱一千，每石口见钱一十八，如卸囤俩每石大力钱三十二，堆用六十，一月内此堆用钱花过一月，按六十过一个月，每月加钱一十，店单比芳平每一百两小二两九二，比京市平每一百两小一两，行平公砝比芳平每一百两大一两二六七。湾扣通按一成九四，通扣湾按五成一二，行公砝比店平每一百两大四两二，卖俩半月付银，住店吃饭早一百七晚一百六，堆天成店不算饭钱，卸口代局，每石一百零五，发齐化关，粗粮付九斗二，大米付九斗一，卖俩银庄二千五，如化宝银每一百两加色二两一，卖俩每吊除底子钱三文。

梅厂：四九集。旧市斗二十管零二分。

减水沽：芳斗去付一石零四，花（消）〔销〕每万八十六，海关捐钱八十四，天津红桥捐钱一百八，船钱二百五，打花（消）〔销〕共六百五，使洋元。

尔庄：旧市斗九十管二分。

潘庄：五、十集。旧市斗二十七管八分。

崔黄：旧市斗二十二管，平来大一两一。

大口囤：旧市斗二十三管八分，平来大一两七。

李则沽：旧市斗十九管二分。

东黄村：旧市斗二十七管，平来大六钱五。

渠口：旧市斗十九管二分。

丰台：三八、五十集。市斗二十五管，斗用车钱四十，大力钱、车钱六十，平来每个大一两四四，如卖银每两打花（消）〔销〕钱一百，使九七六钱，船钱每吊六文。

卢台：一六小、三八大集。清斛市斗二十五管，付芳一石一五，芳去付八斗六，每一百两饭钱一分，平来每个大二两五，每石用车钱、到斗钱，头见钱八文，买卖俩二十文，付银取现银每两加车钱五十，斗上酒钱一十，使松银如交高银每百加钱七千，足银加四千，口见银六文，石头钱三十，使九六钱。（船钱芳斗三百，芦斗买俩，饭钱每一百两车钱一分，卖俩斗用车钱八十，粮百钱，每一百石车钱六百二十五，到斗每一百石车钱一千，芳斗去付八斗五六，平比津公砝每一百两大五两四，比芳平大四两二。）

河头：市斗二十管五分，芳斗去付九斗六，每石斗用钱二十，平来每个大一两三八九，比芦平小八钱，使九七八钱，至芦台小路七十里，船钱三百至三百五。

鸦鸿桥：五十集。清斛斗三十六管六，付芳八斗，斗用囤买、市买、乡买每石车钱八十、六十、二百，大力钱一钱，斗见钱、车钱二十，买囤俩开车钱一百，市买二百，平来每个大一两六五，使九七五钱，船钱打车钱二千，如买卖做空盘子囤钱合一百石，小麦六千，细粮五千，至窝洛沽二十五里，此处属玉田县管。

窝洛沽：二七集。斗三十管，平来大一两四五。

林亭口：旧市斗二十七管四分。

石旧窝：旧市斗二七管四分。

新安镇：二七集。市斗二四管。

林南仓：五十集。市斗旧二十八管。

上仓：二七集。市斗旧二十四管。

下仓：九四集。市斗旧十九管二分。

料马：旧市斗十九管二分。

牛见窝：旧市斗四十二管六分。

韩城：三八集。清、斛二十三管，平来每个大一两五，至河头一十八里，鸦鸿桥四十五里，使九七五钱。

开平：二七、五十集。清、斛二十一管，平来每个大五钱，使九七八钱。

稻地：一六、三八集。清、斛二十一管，平来每个大一两零三，使九七五钱。

新军囤：一六集。清、斛二十三管，平来每个大一两九，使九七五钱，至鸦鸿桥、河头三十里。

沙泾河：一六集。清、斛三十七管，付芳八斗二，每石店用钱一百，小力钱二文，大力钱一十二，平来每个大一两三四五，使九七五钱。至鸦鸿桥旱路三十五里，丰润县管。

白官屯：三八集。斗三十七管，使九七五钱。

老庄子：旧市斗二十一管，平来大一两二七。

小集镇：旧市斗五十管，平来大一两一五。

宣庄：旧市斗四十八管，平来大一两一五。

丰润县：清、斛二十六管五，平来大一两。

玉田县：清、斛斗三十一管，平来每个大二钱五，使九七五钱。

平城：旧市斗二十七管二，平来大九钱六。

遵化州：清、斛斗二十五管一。至鸦鸿桥一百一十里。

三囤营：旧市斗七十八管，平来大一两零五。

台头营：旧市斗五十九管，平来大一两六五。

建昌营：二七、四九集。旧市斗四十五管，付丰台一石八八。

滦州：旧市斗四十二管二分。

榛子镇：旧市斗二十四管，平来大一两四。

昌黎镇：旧市斗四十二管二分。

乐亭县：旧市斗四十二管二，平来大四钱五。

山海关：旧市斗四十八管，平来大八钱。

口外平泉州八沟：旧市斗八十管，平来大二钱五。

建昌县塔子沟：旧市斗四十八管，平来大一钱五。

朝阳县三座塔：旧市斗一十九管二，平来大三钱五。

锦州：旧三斗八四，五十一管。

牛庄：旧三斗八四，四十五管七分。

复州：旧三斗八四，四十八管，平来小一钱。

貔子窝：旧三斗八四，五十一管八分。

山东利津：二七、五十集。旧斗五十管。

王家口：二七集。市斗四十管，河下一百零六管，斗用每大石四十，头见钱八文，坝台拨钱六十，倒坝大力钱八十，坝至芳船钱一百，平来每个大二钱五，市斗付芳八斗九，河下付芳九斗四，买俩打芳花（消）〔销〕三百五，卖俩斗用每大石四十，会钱四文，冲斗钱八文，船上花（消）〔销〕每船更钱四百，埠头钱每石二十四。至子牙二十五里。

子牙：四九集。市斗四十管，平来每个大二钱五。

姚家码头：三八集。市斗旧四十管。至南赵府十二里。

白杩桥：一六集。市斗二十一管六，付芳九斗三四，每大石至芳打花（消）〔销〕七百五。至留各庄四十里。

大城屯：一六集，旧市斗二十一管。

大城县：旧市斗二十一管，平来大八钱。

留各庄：五十集。市斗二十三管五，店斛二百管，斗买斛出一一四扣，每吊开钱一十三，每大石斗用六十，大力钱二十四，付芳一石零二三，花（消）〔销〕每大石打七百，使九五六钱，平来七钱七八。至念租桥四十里。

里坛：四九集。旧市斗四十一管四，平来大一两三。

念租桥：二、七集。市斗二十五管，每石店用钱一百，斗钱一十，小斛见钱一十，使九五六钱，来平每个大七钱七八。

沙河桥：一六集。市斗二十五管，每石店用钱一百，大力钱一十六，小脚钱二文，平来大七钱七八。至沙窝二十五里。

沙窝：二七集。市斗二十三管五，店用每万一百，大力钱二十四，上俩大力钱一千二，船钱二百五。

减桥：一六集。市斗二十三管，付芳一石零二，平来大七钱七八。至八里桥十五里。

八里桥：旧市斗二十三管，平来大一两零五。

范屯：二、六、九集。市斗二十三管，河下二十二管八，每石斗用钱八十，大力钱一十六，平来每个大一两三六，比津公砝每一百两大四两三，使九六钱。

小范：三、六、九集。市斗二十五管（改六管），付芳一石一三，每石用钱八十，大力钱三十，平来每个大一两零三，每一百两比津公砝大三两五，使九六钱。

赵桥：五十集。市斗二十七管，斛一百零三管，斗付芳钱一石二一，斛付芳九斗二，斗买斛交扣一石三三，扣斗用钱一百，大力钱三十二，准用五文，此宗船钱三百五，共打花（消）〔销〕五五，平来每个大七钱一二，会津比公砝每一百两大三两，使九六钱。至隆店四十里。（德义隆程方印。）

隆店：四九集。旧市斗二十零管五，斗用四十，津用钱一十，大力钱一十。

圈头：二六集。市斗二十一管二，斛一百零六管，斗付芳九斗六，每石斗用钱八十，大力钱一十八，平来每个大一两，共打花（消）〔销〕钱四百五，使九八钱，会天津公砝每一百两大三两五。

郑家沿：五十集。旧市斗二十九管八，斗用钱八十，大力钱二十，平来大八钱。

衡水县：二七、五十集。市斗二十七管四，付芳斗一石二，河下斛一百零六管，付芳九斗八，芳去付一石零四五，每万店用钱一百四，大力钱四十，准用二十七，船上花，付五口一石二七，平来每个一两零三，使九八钱，比津公砝每一百两去三两七。

孙庄：旧河下斛一百四十六管，平来每个大七钱。

焦汪：一六集。旧河下斛二百九十管，平来大五钱五。

巨鹿：一六集。市斗二十七管四，出房斗二十七管，斗用钱一百，大力钱二十，脚钱六十，过厂钱二十，平来大六钱，车来焦汪三里，脚钱七十八。

李各庄：二七集。旧河下斛一百二十一管九五，一斛算四斗，一石算二百九十八管，囤斗一百二十五管，平来大一两一。

顾城：旧市斗三十一管五，平来大六钱五。至侯〔家〕口四十里。

侯家口：二七、五十集。市斗三十零五管，囤斗二十九管八，河下三十一管，付芳一石三三，店用一百，大力钱二十，上船花（消）〔销〕共打一百二四，来平每个大七五，使九八钱。

曹庄：旧市斗二十九管，平来大六钱。至交河六十里。

北鱼：买俩三十零五管，付芳一石三六，斗用钱一百二，卖俩二十八管，平来大一两二三，船去芳脚钱五百，使老钱。至东汪三十里。

毕家庄：市斗三十六管一，付芳一石六四，每石斗用钱一百二，大力钱二十四，使九六钱，平来大八钱九，此处斗数不一，河下市斗囤内随后细住。

东汪：买俩囤斗三十一管五，河下三十二管，斛一百二十八管，算四斗，打吉豆一百二十七管，十家河上船平脚钱一百二，京钱每大石大力钱二十，斗用八十，店用一百，上船大力钱二十，来平每个大七钱八，使九八钱、老钱，付芳一石四三，河利五百，至石堡四百五。

邢家湾：二七、四九集。旧市斗二十管，河下斛二百零五管，斗用大力钱每石八十，平来每一百两大三两二，买囤俩过一个月，每石囤用钱八十，使九九钱。

府东桥：旧市斗三十四管五，平来大一两三四。

曲州：二七、四九集。市斗三十二管，斗用每石按三分二五算，每天饭钱二百，平来每一百两大二两三，使九九钱。

马坦桥：一六、三八集。旧市斗三十一管，平来大四钱。

获鹿：旧市斗二十八管，平来大一两一五。

2. 由天津至上海码头列后

杨柳青：一六集。清、斛二十一管七，过柳斗付芳九斗六七，每万斗用钱一百一，使九四钱，平来每个大二两一二。（新改斗用钱八十四，大力钱四十文，开场钱每船一千五，摆渡钱七百四，地界钱二百四，斗上海可在外。）

独流：三八集。市斗四十管，河下斛一百管，付芳一石零二，小车钱每万一百二十六，斗用钱四十，斗上酒钱一千，船用二十，每百银用钱一百，船钱六十七，使九八钱，平来每个大七钱五六，芳斗去付九斗七八。南至静海一十八里。东至西集六十里。［西河上卸河倒钱花（消）〔销〕每百车子钱一百一，口袋钱一十，口绳钱一文，小大力钱二十八，西河船五二钱，每船四百五，船行钱每烟西河二十，卸河四十，开钱按船报。]

静海县：四九集。旧市斗二十一管五，斗用四十，大力钱二十，平来大六钱五，至唐官屯五十里。

唐官屯：四九集。旧市斗二十一管三至青县五十八里。

青县：二七、四九集。市斗清、斛二十一管四，付芳九斗二，斗用钱四十，大力钱六十，囤钱一十，酒钱一十，抽钱二十，平来每个大一两三，使九六钱至兴济四十里。

兴济：一六集。清斛一十零五扣，粗粮二十管，芝麻二十三管六，斗用钱二十，大力钱二十，抽钱一十五，店用四十，卸钱每一百千，脚钱七十，买手钱一百一六，准期钱二十，船期钱五百。以上两宗船上花。市买入房再上船加斗钱二十，大力钱四十。大石，市买上船每大石打花（消）〔销〕钱二百，囤买每大石打花（消）〔销〕钱二百，船钱每大石打六百，平来每个大一两九。

沧州：日日集。清斛二十八管八，付芳一石二四，斗用钱七十，小车子钱五十鈔，脚钱五文，市买每万花（消）〔销〕钱一百三，船市买入房再上船花（消）〔销〕钱一百七，平来每一百两大一两九，比津公砝大三两四，使九六钱，船脚钱打三百七。至捷地十八里。

捷地：二七集。清斛二十六管六，斗用钱三十，店用钱三十，大力钱二十，船行二十，使九八钱，来平大二两六，平来钱一两九。至专河二十二里。

专河：三八集。清斛二十四管四，付芳一石零三，花（消）〔销〕上船共打一百，船水脚钱三百五六说每万。

冯家口：四九集。清斛二十二管六，芝麻斗二十三管，店用钱六十，大力钱二十五，准期钱一十，平来每一百两大三两六，使九七钱至泊头三十里。

泊头：河下斛二百零二管，出佣斛一百九十八管，付芳八斗五，芳斗去付一石一，每万斗用钱六十，大力钱四十，买手三十，斛钱一十四，每个银用钱一百，准用钱三十六，市斛一百零三管，平来每个大一两五，使九六钱，买佣清斛一百零五管，共花（消）〔销〕七十，船上共花（消）〔销〕四十。至连镇六十里。

连镇：二七、四九集。市斗清斛二十二管，斛二百零四管，付芳九斗五，市斗付芳斛一石一二，市斛付芳斛一石零一五，斗用钱七十、七行钱一十、准期钱一十五，买俩入房大力钱一十二、看囤钱八文、小脚钱二十八，计四分，买手钱三十，斛钱一十九，市买芝麻小来出房一石一一，辛力钱五十，卖俩管手一百零二管，芳斗去付一石一五，每石扒囤钱用钱四十、辛力三十、斛钱二十，船上花准期钱一十五，七行每船二百，卖俩九七钱，平来每个大八钱三，开津公砝一百两，开九十两七一，应开一百两零二九，使九八钱。至柘园七十里。

柘园：五十集。市斗清斛二十六管六，卖俩店用五十、斗钱四十、大力钱二十、关钱二十七，入房俩上船加大力钱二十、斛钱一十，付芳斗一石一二，平来每个大一两五，开天津会票每一百两。至德州五十里。

德州：日日集。市斗二十三管，河下斛二百五十五管，过关报税银二分四五五，店用钱四十、买手二十、大力钱五十四，卖俩店用钱四十、斛钱一十，来平大六钱五。至四女寺三十里。［新改二十管七，上船花（消）〔销〕每石一毛四，装火车每石打一毛八。］

东光县：一六、三八集。市斗二十三管，河下斗二十三管六，每石开钱五十，车脚钱五十，上车大力钱二十，挣口钱一十，斗用钱二十，大力钱一十五，入房钱二十，上俩挣口钱一十，斗用钱一十，大力钱一十，船花五行钱六百，付芳九斗七，使九八钱，平来每一百两大一两四五，卖俩斗清斛二十二管，芳斗去付一石，共花（消）〔销〕钱一百二十四，船上花一十八，每个花（消）〔销〕钱一百一十四斗二十二管八。［至津花（消）〔销〕每津石杂数六毛，兰头一元，买俩入房上船付按九九扣。］

四女寺：一六、四九集。清斛二十一管二，每石打花（消）〔销〕钱三百四。

平原县：清斛九十六管五，市斗二十六管六，每斛石车脚钱三百六，斗用大力钱一百，付芳一石五一，旱路至四女寺六十里，平来大三两二，使囤元三七使用。（新斗三十管五，辛力每石一分，逢口每石五十文，绳子每包十文，拉平站车脚每包五十文，斗用每石一百文，七斗成色，至津二十吨，车款一百一十元六。）

郑家口：清斛二十一管二，付芳八斗七八，店用钱五十，头见钱六十，买平钱一十，斗用钱五十，大力钱三十。至甲马营七十里。至津沿路报关，即船脚花（消）〔销〕每津石豆头、打一元，杂粮打七毛五。［新双斗四十二管二四，一应花（消）〔销〕每石打一毛七八）。］

甲马营：旧市斗二十四管，河下老斛一百九十六管，斗用二十，斛钱一十，大力钱二十，卖用钱二十。

武城县：二七、四九集。老斛二十五管，花（消）〔销〕钱一百六，平来每个大一两五。

油房：一六、三八集。旧市斗四十一管二，河下斛一百九十六管，买卖花（消）〔销〕每小石打一百五，来平大一两三，至临清州三十里。（新改斗二十管零六。）

临清州：日日集。旧河下斛一百九十六管，车营旱市斗二十七管四，买清斛二十八管，使九八钱，九六使九八，市卖粮满钱入房，小车钱六十，入房钱二十四，上船小车钱六十，口见钱一十五，店用钱一十五，开钱二百三，二百上说小石，付芳一石二，平来每一百两小一两九，每石共打花（消）〔销〕钱五百五，船钱在外扣清斛一石四，船钱六百。（卖佣斛一百零二管，店用一百文，报关一毛，津至临水脚每津石河力钱五毛。）

3. 再将上海码头开列于后

尖庄：一六、四九集。清斛五十七管，付芳一石五，使满钱净钱上船花（消）〔销〕钱一百五，大力钱三十，临清关钱二百四，每万共打花（消）〔销〕钱六百，船钱在外。

北管陶：单日集。旧市斗二十五管，买佣斗一百九十二管，上船花（消）〔销〕钱一百四，关钱八十，每斛石新斗二十六管六，斗钱八十，大力钱二十，捐钱一十六，平来大六两五，平比二八法大四两四，比芳大二两五。

南馆陶：一六、四九集。市斗清斛二十管，每万斗钱二十，用钱二十，大力钱二十，买手一十，付芳八斗二八，平来每个大七钱五。

善乐营：三八、七十集。清斛二十三管，每石用钱六十，斗用钱六十，大力钱四十，买手三十，船用钱三十，每个银用钱二百，船期不论大小，花钱二千，使九九四钱，买粮花满钱扣清斛，每万水脚钱七百上下，平来均大六钱七。［新改清斛一一七，一切东西本地花（消）〔销〕四百文，市斗一一一八五，由集上就首上船上一一一八五，如无船归坊，再上船上一一一七，当地报关按卫斛十，每石报六分三八，管陶报关五分，临清报关一毛四五，装津水脚，至津每营石打五毛。］

冠县：二七、四九集。旧市斗二十七管六，买佣花（消）〔销〕四百，平来大一两一。

小滩：三八、五十集。清斛二十二管二，每万用钱八十，店用五十，大力钱五十四，买手三十，斛钱二十，船用钱每石二十八，无论船大小一样，买粮使九九八钱，四斗一斛一百七十七管六，入房上船二二一扣，船钱八九上下，平来每个大八钱。

韩张：旧市斗二百五十一管二，平来大五钱。

南乐县：日日集。旧市斗付乔锁一石九五，斛三百七十二管四八。

元村：清斛三十五管四，一六、三八集。每石付芳一石五二，斗用钱六十，买手二十，店用八十八，大力钱五十，拉房钱一十四，车期钱八文，临清关花（消）〔销〕每石约大船钱二百二，小船二百三四，使九九六钱，来平每个大六钱五，龙王庙捎钱按清斛一石，捐钱八十。（斗一一七七，每石花（消）〔销〕约在三百六，船用五十钱。）

双井：旧市斗二十七管，平来大三钱。

大名府：旧市斗二十六管六，清斛一十四五，佣发龙王庙上船店用钱三十，堆用钱二十，入房大力钱二十，斗用钱四十八，发卖钱十文，买手八文，二文发六文，车脚钱三百五。（平比天津每一百两大二两八。）

边马：二七、四九集。旧市斗二百九十五管六，平来大一钱。

楚旺：二七、四九集。旧市斗二百九十六管，每石花（消）〔销〕钱二百九，平与芳对清斛十五五。

河口：旧市斗二十二管四，斗用钱一百，店用钱五十，平来大六钱。

伏恩镇：二七、四九集。旧市斗二十三管二，平来大三钱。

五陵固：日日集。旧市斗二十四管，斗用钱一百六，店用钱一百六，买手钱五文，入房大力钱四九，套斛钱四文，平来七钱。

屯子：双日集。旧市斗二十二管一，花（消）〔销〕钱一百，平来大六钱五。

宜沟驲：双日集。旧市斗二十一管二，平来大六钱五。

道口：日日集。旧市斗三十八管四，连船用花（消）〔销〕共打四百文，平来大七钱。

新镇：二七、四九集。旧市斗付本地斛二石五六，平来大五钱五。

马营：旧市斗二百七十四管，平来大六钱。

淇县：单日集。旧市斗二十六管五，平来大三钱。

新乡县：旧市斗二百六十一管一，平来大八钱五。

卫辉府：二七、四九集。旧市斗付本地斛一百八十五管，扣三百七十八管，付通州一石零一五，花（消）〔销〕每大石二百。

魏家湾：旧斛一百九十二管，上俩花（消）〔销〕钱二百，平来大一两七。

东昌府：旧斛二百零三管五，付通州一零九斛，河下过坝钱四十，斛钱二十，准用钱三十，州班钱一十，旱市买脚钱六十，平来大三钱八。

（张秋）〔章丘〕：旧市斗津斛一百一十七管，扣二百二十四管六四，平来大九钱。

开河：旧市斗一百九十二管，付津斛一石。

河间口上村：（缺失）。

吕瀚：市斗，信安去付一石零五，平来大六钱五。

堂二里：一六集。市斗二十三管六，付芳一石零五，斗用每万钱六十，大力钱三十，斗上酒钱四十，车拉至芳脚钱六百，使九四钱，如去九六钱，不申底钱丁开钱。

容城县：一六、三八集。市斗二十二管，芳斗去付一石零二，每石花（消）〔销〕少钱七十，船钱二百，船至后台脚钱二百五，至西淀孔家房钱一百八，北河住后台至城一十五里，车钱一百，南河住西淀孔家房至城二十五里，车钱一百二，使九八钱，平来大八分九。（芝麻斗二十管六五，斗用每石一百七，大力钱三十文店用。）

定兴县姚村：二七集，市斗二十五管，斗用钱六十，上车大力钱五文，至定兴五十里、河边三十里。

王家泊：二七集。二十管，硬些斗用钱每万二十，大力钱一十，此处有私斗，两张陈家斗打二十零七管，马牲斗打二十零三管。

王庄子：斗二十零五管，付芳九斗四，每大石斗用钱一百，大力钱四十。

靳家铺：斗付芳九斗二三，每万斗用钱四十，大力钱三十，至芳水脚每万钱五十，使九六钱。

霸州师城村：斗付芳九斗二三，斗用每万二十，上车船大力钱三十四，拉河边车钱一百，船钱至芳每万六十，使九五六钱。

李杨家堡：斗随策城二十五管，车拉河边每万脚钱一百，使九四钱。

黄庄子：斗二十零七管，付芳九斗二，每万用钱四十，大力钱二十，至河边一里，买俩管送河下斗子黄少琴。

青口：斗二十管，付芳九斗，斗用钱四十，每万大力钱一十六，至芳平脚钱每万一百，使九六钱。

田家口：斗二十管，每万斗用钱四十，大力钱三十，使九六钱。

双堂：二七集。市斗二十零八管，每万斗用钱四十，大力钱二十，平来每个大三钱五，使九四钱。

府河老河头：二七集。市斗二十五管，每万斗用六十，大力钱二十四，使九六钱。

杜林：二七集。市斗清斛二十一管，付芳九斗八，每万斗用钱六十，大力钱二十，至芳水脚钱三百上下，平来每个大一两五，属青县管。至（仓）〔沧〕州一十五里。

留信：三八集。卖秋麦子斗二十一管，粗粮斗二十管，说斗一十一五，石足斗用每石七十，使九八钱。

龙华镇：五十集。麦斗二十三管，粗粮二十二管，斗用钱一百，使九八钱，平来每个大五钱，斗说一十一五。

果义村：二七集。市斗二十六管八，庄斗二十七管七，斗用钱一百，每万五斗，大力钱八文，使九八钱。

审坡：三八集。市斗二十三管，使九八钱。

孙寨：四九集。市斗二十六管五，庄斗二十七管，使九八钱。

苏曹：斗二十九管，花（消）〔销〕钱一百四，每石加各子八升，平来每个九钱。

御河故城县：单日集。市斗四十三管，清斛斗用钱一百，脚钱九十，芝麻斗二十七管四，双斗用，平比芳每一百两大二两三，使清九八钱。

获鹿石家庄：市斗二十八管，斗钱一百文，店用五十文，由粮店拉栈房小车上脚栈用洋，每车一十元，货捐局每车一十元二六，由店至府火车费八十元一六，府南关卸俩每车花（消）〔销〕洋三元，如赁芝麻袋一万，每天五九，俱使大钱。

河南彰德府：老、斛斗二十七管，平比京市平大二两九五，由彰发京火车脚洋一百元九九三，脚力洋四元，捐钱洋一十元四一，零费在外斗付京一石三五。水路到津每石船费捐款六两五，老斛一十三五，付津一石二，银色津公砝一千两，按九七二扣平，口付平一百两零零七，斗付口一石二八，所上俩车拉安阳桥五里，脚钱每石大钱六十六文，如拉郭家湾至府三里，脚钱四十文，在车站拉脚钱三十文，河边上船大力钱六文，回城里发车站入栈房小车脚钱四十文。彰德至范阳河口水路二百里，旱路九十里，所买粮发河口装大船，由安阳桥上小拨船发运大船拨船脚钱大钱二百零五文，平比津平每百两大二两八钱，使九九四钱。

新花（消）〔销〕章程：每一火车装一百六十八石，斗用八千，出运钱一千五，逢口钱五百，绳子钱五百，送脚户钱一千，上站脚钱每石六十四，运京一车之费一百八十元零四，栈用洋六元，出境捐洋七元，捐洋十元六。

4. 奉化县管东省，四平街又名叫五站

斗清斛六十管，付津斗足够二石五，买粮店家代买，打用按钱二分，川换是车钱小洋元六千六，作准价警捐，每石车钱二百文，官捐按每吊抽五厘五，逢口钱每石车钱四百文，每万装五站斗，四斗装火车，从店家厂子装，日本车每三十吨火车加小洋花（消）〔销〕九元九，正车款以三十吨车费元期票一百元零五三，运至奉天日本车站，以每万四斗，日本车装津斗二百万九，合五站大石一百石一六，正一车到沈阳日本站了，以日本站甩勾再挂中国车站，二十吨车装津斗二百一十石七五，每二十吨车费到天津辛庄交卸，每车大洋二百六十元二九，上下脚行每车六元，甩勾过磅五毛，搭肩洋四毛，注册捐二毛五，装车小扛一元，海关税四元，奉天站洋七元，新民屯、沟邦子、锦州、山海关、唐山站洋十元，天津站洋六元，统共由沈至津每车装津斗二百一十石七五，共火车花费大洋二百九十元八零五。

又如粮石走轮船，每吨日本车费六元八七，共三十吨车装二百九十万，车费二百元零六一，老期票外加零费一十一元，至营口交卸，以营口至津五站斗四斗，每万大洋六元。

奉天：斗二十管，付津斗一石七六，装天津斗约在二百二十石，车费约在三百元之谱，买粮花（消）〔销〕每石约在四毛，关捐税捐每石洋四分六。

清风店：斗二十五管，卖俩店内吃一分，各子买洋元按交约加京钱四十文，别无花（消）〔销〕。

新民屯：日日集。青斛四十九管，买俩花（消）〔销〕三分，用每二十吨车装屯斗一百零四石，由店至站每车脚力洋四元，交栈房包运每二十吨车费花（消）〔销〕至丰台现洋二百四十元。（老斛四十六管五。）

新立屯：一、四、七集。青斛六十管，买俩店用三分，旱车脚至厉站每石一元，厉家窝堡至丰台二十吨车款一百四十元，至丰台沿路栈费关税花（消）〔销〕现二十七元。

5. 由榆次至石庄火车费花（消）〔销〕底

车款一百九十三元七，栈用十元，寿阳、阳泉并娘子关，打旗挂勾洋一元，榆车栈费四十元八，人票往返七元五，返一车袋子洋二元五，后新斗钱东装二百四十石二。

6. 由寿阳至石庄火车费花（消）〔销〕底

车款一百四十五元一，捐洋三十二元五，站毛洋二元五，打旗挂勾洋一元五，装车脚洋二元，送车站小斗报税洋十元五，往返人票洋五元二，返一车袋子洋二元五，石庄栈用津洋十元。均装二十吨车，黑豆二百七十石、小米二百五十石、高粱二百九十石。

7. 由石庄至北京车费花（消）〔销〕底

车款一百四十二元五，火车捐十元六，商捐二元四，栈用三十元，至西便门谷斗每石付京斗九斗。

8. 各府县集市规程

邯郸县：日日集。市斗卅管一，付便门西市斛一石五五，二十吨车装便门车款一百八十元四，捐钱洋十元六，装车洋二元，要车洋二元八，本地捐洋八毛，栈用八元。（买俩自理二十吨栈用十元，栈东经卖二十元，每走入栈垛走吊号二十文，佃车款每百元加费二元。）

新乡县：日日集。市斗二十管七，小米每斗重二十斤，麦子十斤九，付便门西市斛一石二八，栈用八元，运北京车款二十吨，车费洋一百九十元二四，捐洋十元六。买俩河路花（消）〔销〕每百石店用二千，解行钱五百文，补草钱五百文，收发买手钱四百五，草纸钱二百，过斗钱四百，斗捐一千二，上船力钱三千，船用钱八千。

郑州：日日集。市斗四十管，小米每斗重三十斤三四，麦子每斗重三十千二三，付便门西市二石，每斗行用十文，斗捐一文，厘金一文，公债款每吊钱二文，每包小费钱十文，每包送车站脚力钱四十文，使老钱运京二十吨，运费洋二百四十三元四，厘金钱一分六二四，装车脚力钱四千六二，使老钱力洋四毛，栈（缺失）如用蓬外加蓬费七元。

漯河：日日集。市斗四十管，小米每重三十二斤，麦子每斗重三十斤一，付西便门西市斛二石，店用每吊钱十文五，寨费每吊钱二文，起集每石力钱二十文七五，小斗十文，斗捐十文，火房底钱五文，摇色十文，出房挖斗七文，外坊用五十文，送站五十文，路捐每包一文，逢口钱每包三文，运京二十吨车费洋三百二十二元八，栈用八元，二道捐洋三十元二。

卫辉府：清斛十桶八二，上船花（消）〔销〕运店用共洋六先，如上火车送车站连店用共洋一毛，栈用每二十吨一车洋六元，当地花（消）〔销〕捐洋三元，捐洋十元六。（河路上船买俩每一百石店用二千二，解行钱二百，上船力钱三千，教育会捐钱一千二，财神会捐钱八百，商会捐钱一千，乘用钱九千。）

道口：日日集。清斛四十管，每石店用买平钱八十五文，入房脚钱六十上下，铺草三文五，每季堆房钱十文，斗捐寨会钱二十文，上船力钱五十钱，船用花（消）〔销〕钱十九三五，当地报关麦子、小米按每担八十文，玉米六十文，细粮五十文，各色豆子七十文，使老钱，龙王庙按每石报八十文，官陶报关按每石洋八先，临清报关按每石洋二元五。如装火车每大石至车站脚力花（消）〔销〕钱一百文，装车脚力每二十吨一车脚洋一元五，运至新乡每二十吨车运打旗挂勾共洋三十元六，店用钱一百文，毋同包逢包每大石五六十文，每车缝包绳子钱约在一千四五，送看车酒钱一千。

宿州：绍薄管，二十管零三，买俩斗用一百文，店用一百文，每包出风钱十文，毋同包十文，缝包二十文，西关上站小力钱每包九十三文，南北关上站小力钱七十三，东关上站小力钱六十三，每包财□捐钱五十文，麦子运洋每十吨车费捐税共洋一百零五元，细粮一百零一元，火车运津每津石，共加花（消）〔销〕二元之谱。

打虎山：斗二十管七五，在栈内买俩每石辛力小洋二毛，二十吨每车栈用小洋十元二，小积袋口洋四元，公用小洋二元，路捐八毛，打更五毛，沟帮子捐税二十吨十元零八，报税三元，锦州报税三元，山海关报栈洋三元。以上俱是奉票共五十元九一，下列现洋。二十吨站长大洋二元，山至丰台二十吨车款大洋一百二十元九三（按减价），唐山报税二元，天津印花一元五，免照一元二，报税三元，丰台报税三元，平租二元五，辛店车捐十元四五，报税七毛，丰台至。

黑山县：斗二十管七五，买俩每石洋二毛，拉打虎山车站车脚洋每包一毛五。

盘山县（又名双台子）：斗六十管，买俩辛力每石小洋二毛，出产捐每百石十元一，二十吨车栈根小洋十元二，扫地小洋二元，袋口绳子洋四元，由盘至丰台二十吨车款现洋二十五元五，如装船每石按大二元三四，沿路花（消）〔销〕与打虎山一样。

兴城县：日日集。青斛二十五管五，买粮辛力二分，由粮店至车站二十吨脚力洋五元，栈用八元，装车脚洋三元，至丰沿路花（消）〔销〕与打虎同，至丰台车款满价一百八十八元。

府南于庄：集青斛二十管，卖俩店内吃各子一分，别无花（消）〔销〕。

方顺桥：集青斛二十管，卖俩店内吃各子一分，别无花（消）〔销〕。

望都：四、九集，老斛二十管，卖俩店内吃各子一分，如不吃各子按钱一分打用，站上卸车二十吨，脚行洋三元，由站拉至城里车脚洋四元。

邯郸柳林桥：斗老斛三十管二，此处买俩如装火车发送车站。（至城三十里，至站五里。）

津蒲禹城县：买麦子按一十六六（缺失）一百六十斤六，可卖津斗一石，至津按津斗（缺失）洋元一元二。

济南洛口镇：青斛四十五管，卖佣按一分二，打用买佣无花（消）〔销〕，系住粮店，走火车包运天津，每十吨车款六十五元五，捐税在内，如河下买佣花（消）〔销〕列下，每百石公行钱二千，码头钱二千五，口绳一千，斗酒钱一千，缝口、搬坝八千，送站台脚钱二分四。每十吨至丰台车款七十五元，永定门七元一五，至前门八十六元。

西直门：老斛二十管买佣花（消）〔销〕，每（缺失）当地捐洋每石一分，道租每三十吨十元二。

9. 京绥路各站管数花（消）〔销〕列下

丰镇：斗三十管九四，买佣花（消）〔销〕以三十吨核算，三十吨栈用洋二十元三，拉车站脚力洋十元二，沙关捐税大同报栈洋三元，张家口报栈洋三元，康庄报栈一元，南口报栈洋一元，丰台报栈洋三元，丰台捣车费脚洋三元八，辛店报栈洋八毛，车捐洋二十元六四，至丰台车款三七四五五、三七六零五，前门至丰车票洋六元二五，丰台至流河车款四十一元，丰台至定兴车款八十元二二，涞水应同，丰台至天津车款八十八元五，丰台至芦台车款一百一十五元二，过津报栈三元，至西直门车款三百六十元二九五。由口外来粮至杀虎关各色列下俱按石上捐，小米每石一毛三，麦子一毛，糜子五厘，细粮四先，荞麦三先。（新加赈捐十元八七三，小米税二十元三四三，赈捐按车款四百元五成。如用袋皮，每十吨袋租洋六元。）

大同府：斗十管七六，买佣花（消）〔销〕以三十吨核算，栈用洋二十元三，斗用每千元十元，斗捐每石八十文（扣洋十元五），至丰台车款四百九十元五元三七四四，沿路花（消）〔销〕捐税与上同。丰台至涿州车款每三十吨五十三元，至西直门车款三百五七八。（至琉璃河每石加花销一元六，至西直门每石加花销一元二。）

张家口：斗十管九七八，包运芦台三十吨车款三百八十元，买粮二十吨栈用十元，车脚七元，装车一元四，斗用每石同元三枚，至丰台车款包运丰台二十吨，连捐一百二十元四五，装荞麦每车约在二百八十石。

绥远城：老斛三十管六，买粮本地店用每石三分，栈用二十元［车站一切花（消）〔销〕在内］，脚用二十元，口绳一元，道租五元，至京沿路报栈房车十元，至西直门往返人票十元九二，本地出境捐洋十元七，至西直门三十吨车款五百七十元三七，至丰台车款五百八十元三八。杀虎关各色捐税列下：小米每石一毛三，麦子一毛，糜子五分，细粮三分，荞麦二分。

平地泉：老斛斗四十管三四，买粮每石店用二分，商会捐洋一分，拉车站车脚洋每石五先，至丰镇三十吨款七十三元。

沙岭子：老斛二十管一六，花拢每沙石至西直门、琉璃河，每沙石加花（消）〔销〕（缺失）。

宣化府：老斛二十管一三，花拢每宣石至西直门、琉璃河每宣石加花（消）〔销〕六毛、九毛。

阳高县：老斛三十管六，花拢每阳石至西直门、琉璃河每阳石加花（消）〔销〕三元三。

10. 专治胃火牙疼秘方

生军、熟军、虾石膏、甘草，以上四位共六十文，用开水冲服立止。

11. 醒极妙眼药方

珍珠子二百文、冰片一百文、牛黄一百文、熊胆一百文、卢甘石五十文，以上只为极细末。

12. 平头处

京市平每百两到天津付公砝平短三钱二，付芳平钱一两九二。京公砝付天津公砝每百两大二钱八，付芳平小一两三二。七厘京平付天津公砝每百两小四钱二，付芳小二两零二。京公砝比京市六厘平每百两大六钱。湾平比津公砝每百两大三两三六。湾平比京公砝每百两大三两零八。天津西公砝比津公砝每百两小六分。天津鈔平比津公砝每百两小三钱二。二分七厘京平付天津公砝平每百两小二两四二，付芳小四两零二。二分六厘京平付天津公砝平每百两小二两二二。临清钞关上南去空船，每一只不论大小，应完粮钞粮银一两零二六、公款银一钱九四、公费银四钱三，三宗共库平银一两六五。此银船上花。

13. 天津新例报油粮花（消）〔销〕

如黑豆青斛一石扣一百六十斤；每一百斤税银三分，捐银一分五；每船一只加银二钱，加单费四钱。再将捐税二宗该银若干，每一两加平一钱一二，如交洋元每元按七钱二作银，每船花（消）〔销〕验票洋元四角。如去油粮开石验单，如芳斗百两少开算清斛多少不用扣斗。

14. 瓜子进津即卖的花（消）〔销〕列后

进津税每百斤银一钱三分，银子扣洋一毛九，由船发店内脚钱每包同元十枚，店用每千元抽洋二十元，卖货三厘洋秤。

15. 卫辉每百石花（消）〔销〕底

店用钱二千二，斛行钱二百，上船脚力钱三千，教育会捐钱一千二，财神会捐钱八百，商会捐钱一千，船用钱九千

16. 新乡每百石花（消）〔销〕底

店用钱二千，斛行钱五百，上船力钱三千，补草钱五百，收发买平四百五，斗捐钱一千二，草纸钱二百，过斗钱四百，船用八千。

17. 绍北淂川

买佣斗用一百文，店用一百文，缝包每包二十文，风缝贯包四十文，贯缝包三十文，西关上站小力每包九十三，南北关上站小力每包七十三，东关上站小力六十三，每包财政捐五十文，麦子运津十吨连捐代税一百零五元，粗粮一百零一元。

18. 里山县新立屯

一、四、七集。清斛六十管，买佣辛力每斗三分，发历站脚力钱每斗一

毛，厉站栈栈用每三十吨车栈洋八元，装车脚洋现三元，打更洋六毛，公捐洋三元，沟邦子报税洋八元二五，报栈费洋三元，景州报栈费洋三元，山海关报栈费洋三元，唐山报栈费三元，天津报税报海关共费洋现六元，丰台报税费现三元，辛店报税费倒车洋现三毛。厉站至丰台二十吨，车费、杂费共现洋一百四十元，每二十吨车装该斗八十石，每该石至系钱花（消）〔销〕均十二。

19.（缺失）

（缺失）十米税洋二十一元三，沿途报税五元五。

20. 每三十吨

至丰台三百元七六零五。至西直门三百元六二九五，栈用一十元五，车脚一十元二，道租四元五，上绳一元（缺失）。沙岭子，十管二一六，西直门七毛，琉璃河一元。宣化府，二十管一三，西直门六毛，琉璃河九毛。大同府，十管七六，西直门一元二，琉璃河一元六。阳高，三十管六，琉璃河三元三。沙岭细粮三元五，黑豆六元八。宣化细粮一斗二，小米七升五，黑豆六升。绥远至丰台按当付减价车款，三十吨四百六十二元五。西直门四十七元四，装丰斗一百石六八，每石二元八，付一石九五，扣京米五元二，麦子扣七元八八。天津五百八十一，装丰斗一百六十石八，每石三元四六，付一石七二，扣津米六元一、麦九元三二。

清至民国山西杂字选录

一、《训蒙杂字》

（中华民国四年二月初三吉立薛南为记）

训蒙杂字　手头所用　一切农器　随务精通
耧耩锹镢　惟在春耕　钢刃锄镰　利于夏耕
楼房石窖　门窗俱新　板橙椅床　风瓮磁瓶
铁勺铁匙　酒壶茶钟　火柱炭锹　盆大锅砂
醋壹碗碟　箸则几根　提起吃得　是要满拥
软谷硬米　韭菜水葱　高粱糜则　豌扁豇红
春莜蓄麦　大麦亦同　线片漏粉　干粉可称
砂糖冰糖　赤糖足斤　麻油大盐　海带硇冰
黑口白礁　豆腐面筋　酱醋姜辣　木耳荆针
花椒茴香　萝葡几根　虾米其干　菜薹蔓青
莙荙芫荽　瓜果枣红　桃柿李杏　果木亦精
提起穿得　匹丈尺寸　灰蓝红布　驼毛可称
袍套袄裤　梭缎最精　靴鞋顶帽　袜带头绳
琉璃扣则　洋布斜文　匣镜环镯　首帕簪缨
生熟棉花　杂货俱明　提起银钱　利贯金城
凭帖现钱　纹白宝银　以有益无　买卖所通
南蒲对方　广丹京红　中表小纸　大小门神
逮千色表　五色罗文　天牌皂牌　花纸改京
大炮边炮　白炮几根　开门小炮　正炮南京

灯炉香炉　才香几根　提起过年　一盏都新
流水老账　能买卖人　出入收取　无不心清
能写能算　生意最精　一石二斗　三升四合
骨月手足　血气体身　耳目口鼻　肺脾肝心
地亩山川　岩峁塌坪　河海坡窊　洋乐畦堎
舍窠房屋　墙壁院门　揭借赊欠　两家要公
租典寄赁　要说分明　念完杂字　随记心中

二、《紧要杂字》第一种

（紧要郭修正念通，紧要郭修正习念，
民国十五年十一月初七日抄完，郭修正习抄）

天天地元　赵钱孙李　周吴郑王
天生庶民　出收钱粮　紧要杂字　眼前使用
一石二斗　三升四合　五勺六抄　七撮八粒
九两十钱　三分七厘　五系八微　二毫一忽
排年都者　摊算差粮　春夏秋冬　四季办纳
黎民丁数　上中下门　穷富不同　帮补贴赔
朝廷官员　各有奉禄　州县衙役　口人不同
门子书吏　户房刑房　礼房里书　牢禁快手
暮夫皂隶　驿递骡马　庄家百姓　土产所出
使用工费　麻子黑豆　莞豆小麦　糜黍粟谷
荞麦糁子　米面茶食　稻粿籽饷　秘秕粗细
苍窖寄藏　耕种盘费　乡村地土　圪崂坬岔
平地水园　石崖险堎　沟渠界畔　崖窑寨则
杏树圪塔　桑枣梨果　阴塌阳坬　沙滩深塌
陡坡圪埚　高原下流　庄则舍窠　齐有生畜
牛羊满圈　骡马成群　鸡鹅鸭蛋　猪腿羊胛
礼羊乙只　宰猪一口　兔儿猫狗　养育使用
犍犊牲犊　租雇赊买　揽工顾人　山川牧养

酒肉饭食　日用不离　梭布绸绢　丝麻线索
长短精粗　各有贵贱　青红蓝禄　黑白黄色
价银多少　随时买卖　赊三现二　权变交易
朝夕不停　到处通行　茄瓜葫芦　葱韭薤蒜
帽儿毡袜　沙绵纺圆　靴鞋裤则　缠腰带则
口袋褡裢　宽窄广隘　耳目口鼻　心肺肚肠
脊背后心　手足股肱　胳膊腿胯　后粪水门
叫骟草驴　孳牲驹则　驼驮粪土　播种田苗
山绵羯羝　母羊羯则　绒毛羔儿　为人分养
老本多少　头皮耳记　有子补数　其余伙分
牛料穰草　锄杖镰镬　庙宇殿宫　峰墩草垛
河湾平川　各有地界　东西南北　分明不混
婚书文约　画字窝间　天平戥则　轻重大小
籴粜米粮　路途不止　坠库官钱　丁数滩派
年月日时　起解催收　因时吉日　出嫁女子
目前字样　农家常用　小文学子　熟记心中
演习抄念　防备人昧　四方鸿儒　莫要见笑
庄户人民　不图大事　火烧眉毛　且顾眼下
当差暂用　计账清算　官票使换　紧要字终
典债活契　有钱回债　揭借欠债　秋成交还
买卖赊欠　放账讨债

三、《紧要杂字》第二种

（中华民国廿八年十月廿四日晚抄完王先生拙笔）

天生庶民　出收钱粮　紧要杂字　眼前使用
一石二斗　三升四合　五勺陆抄　七撮八粒
九两十钱　三分七厘　五丝八微　二毫一忽
户首老人　摊算钱粮　春夏秋冬　四季辨纳
黎民丁数　上中下门　穷富不同　帮补贴赔

朝廷官员　各有奉禄　州县衙役　众人不同
门子书吏　户房刑房　募夫皂隶　驿递骡马
礼房礼书　牢禁快手　庄家百姓　土产所出
使用公费　麻子黑豆　莞豆小麦　糜黍粟谷
荞面糁子　米面茶饭　稻粱籽饷　秘秕粗细
仓窖寄藏　耕种盘费　乡村地方　圪崂坬岔
平地水园　石崖险塄　沟渠界畔　崖窑寨则
杏树圪垯　桑枣梨果　阴塌阳堌　沙滩深墕
陡坡圪埚　高源下流　庄则舍窠　骑有牲畜
牛羊满圈　骡马成群　鸡鹅鸭蛋　猪腿羊甲
礼羊一只　宰猪一口　兔儿猫狗　养育使用
犍牸牲犊　租雇赊买　揽工雇人　山川牧羊
酒肉饭食　日用不离　梭布绸鞋　丝麻线索
长短精粗　各有贵贱　青红蓝绿　黑白黄色
价银多少　随时买卖　赊三现二　权变交易
朝夕不停　到处通行　帽儿毡袜　纱绵方员
靴鞋裤则　缠腰带则　口袋褡裢　宽窄广隘
耳目口鼻　心肺肚肠　骒骟草驴　孳牲驹子
驼驮粪土　播种田苗　山绵羯羝　母羊羯则
绒毛羔儿　为人俸养　老本多少　头皮耳寄
有子补数　其余伙分　毛头定则　反字大烟
罗文净红　五色云笺　黄表京香　南红万□
锡箔千章　老蒲染□　长尾大纸　染连毛编
双响花炮　边炮一串　五子登科　一转高升
门神皂君　天皮窗眼　棕色桃红　缸青月白
苏蓝罩梭　毛灰京定　藕黑松花　印花标布
芋头茴白　芫荽芹韭　鹿角芥丝　海蜇山药
磨菇木耳　竹笋荆针　葫芦瓜茄　葱韭薤蒜
萬苣莙荙　蔓菁莙□　芫荽桐蒿　萝卜辣角
花葫椒姜　油盐醋酱　沙糖藕粉　核桃柿饼

裤子缠腰　带子荷包　天平戥子　轻重大小
牛料穰草　锄杖镰刀　庙宇殿宫　峰峁草垛
河湾平川　各有地界　东西南北　分明不混
婚书文约　画字窝家　籴粜米粮　路途不止
坠库官钱　丁数摊派　年月日时　起解催收
因时吉日　出嫁女子　目前字样　农家常用
小子幼学　熟记心中　演习抄念　防备人昧
葡萄柿橘　核桃桐杨　猫头滴水　砖瓦院墙
四方鸿儒　莫要见笑　庄户人民　不图大事
火烧眉毛　且顾眼前　当差暂用　记账算账
幼学小童　使用毕终

四、《紧要杂字》第三种

天生庶民　出收钱粮　紧要杂字　眼前使用
一石二斗　三升四合　五勺六抄　七撮八粒
九两十钱　三分七厘　五丝八微　二忽一毫
户首老人　摊算差量　春夏秋冬　四季辨纳
黎民丁数　上中下门　贫富不同　帮补贴赔
朝廷官员　各有俸禄　门子书吏　户房刑房
礼房里书　牢禁快手　募夫皂隶　驿递骡马
庄家百姓　土产所出　公费使用　麻则黑豆
豌豆小麦　糜黍粟谷　荞面糁子　米面茶饭
稻粱籽饷　秕必粗细　仓窑寄藏　耕种盘费
乡村地土　圪崂坬岔　坪地水园　石崖险堎
满渠界垪　崖窑寨则　杏树圪塔　桑枣梨果
阴塌阳塌　沙滩深墕　陡坡圪窝　高源下流
庄则窠窑　齐有生畜　牛阳满圈　骡马成群
鸡鹅鸭蛋　猪腿羊甲　礼羊一只　宰猪一口
兔见猫狗　养育使用　腱馔舍牛　祖分赊买

揽工雇人　山川牧羊　酒囱饭食　日用不离
梭布绸缎　丝麻线索　长短精粗　各有贵贱
青红蓝绿　黑白黄色　价钱多少　随时买卖
赊三现二　权变交易　朝夕不停　到处通行
茄瓜葫芦　葱韭薤蒜　帽儿毡袜　纱棉方员
靴鞋裤则　缠腰带则　口带褡裢　宽衺广隘
耳目口鼻　心肺肚肠　脊背后心　手足股肱
胳膊腰胯　腔肝腿腕　叫骟草驴　滋生驹则
驼驮粪土　播种田苗　山乜乞瓶　母羊羯则
绒毛羔儿　为人吩羊　老本多少　头皮耳记
有之补救　其余伙分　牛料穰草　锄镰鋋杖
庙宇佛殿　墩台峰则　河湾平川　各有地界
东西南北　分明不混　天平戥则　轻重大小
婚书文约　画字窝家　籴粜米粮　路途不止
坠库官银　丁数摊派　年月日时　起解催收
良时吉日　出嫁女子　目前字样　农家长用
幼学必读　熟记必中　演习勤念　防备人用
四方鸿儒　莫要见笑　庄户人民　不图大事
火烧眉毛　且在眼前　多少暂用　记账清算

五、《文约契书（山西太原　汾州府属）》第一种

山西太原　汾州府属　西都临县　有十七都
南北二都　在城永吉　安业善训　崇礼招贤
太平长乐　禾丰甘泉　师庄东柏　孝才义居
大吉而终　居士人民　士农工商　各务生理
交易贩换　粜籴经营　买卖生意　赊欠与现
官凭印信　私凭文约　契书文约　开列于后

典　契

立典契人　赵钱孙李　因为事急　无处迟起
今将自己　原分祖业　某村地名　山地平地
几亩几垧　东西四至　各依旧界　土木石水
一并相逢　情愿出典　某都某甲　某人名字
永远为业　同中言明　典契价钱　几十几千
当日支足　处无欠少　就认本地　原粮石斗
升合勺抄　长年送纳　不许失误　恐后无凭
典契存照

死　契

立死契人　周吴郑王　因为紧急　无处迟取
今将自己　原分祖业　山坪塌地　疙瘩梁岭
湾嘴峁洼　坞坑圪坝　陡坡斜侧　凹凸脚渠
岩崖沙滩　块段亩垧　十百千万　东至高埈
西至低畔　北至天河　南至沟渠　四至明白
各依旧界　土木石水　一并相连　情愿死卖
与某都甲　某人姓名　永远为业　同中言定
死地价银　几十几两　当日交足　外无欠少
就认本地　原粮石斗　升合勺抄　即可提过
恐后无凭　死契存照　房亲画字　中见姓名
每月日期　立死契人

租　约

立租约人　冯陈褚卫　今向某处　名下租到
山地几垧　坪地几亩　同中言定　租籽几石
秋成谷豆　官斗交还　恐后无凭　租约存照

欠　约

立欠约人　蒋沈韩杨　今向某处　名下欠到
租籽几石　来年秋成　官斗交还　恐后无凭
欠约存照

分　单

立分单人　朱秦尤许　今向某处　山地千百
坪地亩垧　东西四至　各依地界　土木石水
一并相连　认到本地　原粮石斗　升合勺抄
各提完纳　不许失误　恐后无凭　分单存照
年月日期　中见姓名

分　单

立分单人　何吕施粮　分到某处　舍窠一处
内有石窖　几十几眼　房楼厅厦　街门马棚
几座几间　碾硙锅槽　几合几件　骡马牛驴
猪样鸡犬　粟物千百　石斗升合　银钱亿万
两钱分厘　木柜笼箱　盒瓮坛罐　查明件数
经收为业　恐后无凭　分单为用　年月中见

收　付

立收付人　孔曹严华　今向某处　名下细粮
一并收足　恐后无凭　此约存照　某年某月

租牛约

立租约人　金魏陶姜　今向某处　名下租到
黄牲牛具　角尾俱全　同中言定　租籽几石
秋收交还　此约存照

分喂牛约

立分牛羊　感谢邹喻　今向某处　分喂黑犁
犍牲牛犊　一只作本　同中言定　几两几钱
以后迟本　赊利共分　恐后无凭　分约存照

截　约

立截约有　云苏潘葛　今将某人　所短钱债
谷豆粟物　一并收足　同中言定　以后再有
文书账约　不中使用　恐后无凭　截约为用

曷　约

立文书人　奚范彭郎　今向某处　名下取到
银本几两　钱本几千　同中言定　出利加几
赶约计算　此约存照

借约式

立借约人　鲁韦昌马　今向某处　名下借到
银子几两　钱儿几千　米麦谷豆　石斗升合
同中言定　用日交还　恐后无凭　借约为用

分喂羊约

立分羊人　苗凤花芳　今向某处　分羊一群
山羊绵羊　几百几只　同中言定　绒毛两家
计算公分　大羊有失　羊羔补赔　迟本赊利
两家公分　恐后无凭　立约为用　中见日期

凭　约

立凭约人　俞任袁柳　今向某处　名下凭到

舍窠一处　内有石窑　土窑几眼　门窗俱全
房楼马棚　几座几间　言定凭钱　几千几百
对年交还　凭约存照

佣工约

立佣工人　丰鲍史房　某人跟前　佣工一年
正月上工　十月为满　同中言定　工钱几千
工半钱半　工满钱足　柴草上垛　粪土出圈
恐后无凭　立约为用

分种地约

分种地人　费廉岑薛　今向某处　种地一伙
山地坪地　几垧几亩　同中言定　就债谷豆
石斗升合　秋成公中　倍五交还　籽偿种见
算数清还　牛公地主　迟债剩赊　两分公分
柴草上垛　粪土出圈　两不失误　立约为用

领本钱约

立领本约　雷货倪汤　今向某处　财主名下
伙领本钱　万千百十　或开当铺　杂货酒馆
或屯粮粟　贩换银钱　大家同心　协力公办
起本余力　计股公分　如心不诚　动念诡伪
罚裁分股　不入同分　恐后无凭　立约为用

写戏约

立写戏约　某人写到　某村神戏　某月某迟
某月日止　同中言定　戏钱几千　草料火气
一属在内　戏完钱足　两不失误　恐后无凭
立约为用　做主纠首

婚约书

立婚书人　滕殷罗毕　因男弟侄　某人病故
遗妻甚氏　年岁多少　待欲守即　无人抚养
今凭媒人　通知娘家　媒人知悉　商议情愿
别行改嫁　与某都甲　某人为妻　同中言定
受礼价银　几十几两　当日交足　外无欠少
倘若户内　有人开口　卖主某人　一面承担
恐后无凭　婚书存照　年月日期　村牌媒证

卖树约

立卖树约　郝邬安常　今将自己　某处树林
松槐杨柳　榆檀枣杏　括柏椴桐　桑椿等树
几百几千　情愿卖与　某都某甲　某人为业
同中言定　树价银钱　千百十两　当日交足
树长年满　用日即伐　恐后无凭　立约为用

禁赌约

立禁赌约　乐于时传　因为赌博　失误正业
央众亲友　沽酒割肉　情愿禁赌　几年不复
至今以后　勿蹈赌场　如不改赌　仍蹈前辙
一同捉获　罚猪一口　罚酒百壶　叩拜酬人
如有捉犯　容情受贿　私昧放者　与赌同罚
恐后无凭　禁约存照

合食伙约

合村人等　同食合伙　以防贼盗　民为邦本
食为民天　民赖生者　惟田禾耳　无耻贼徒
游手好闲　专偷为生　刁糜捎谷　偷瓜换菜
假采樵薇　田场负荷　农民耕种　贼盗荣身

国税何供　事畜奚资　因我农人　合村公议
宰猪沽酒　合伙同食　自食以后　同心协力
防闲贼盗　倘然捉获　通知村牌　以礼讲说
罚猪一口　罚酒百壶　如贼发强　不肯认罚
合村迟钱　鸣官九处　如有捉获　容情受贿
私昧放者　与贼同罚　恐后无凭　合伙为用
年月日期　经理人等

往年约

立住年约　皮下齐康　度日不过　情愿某人
名下往年　几年为满　同中言定　几年聘妻
几年完婚　年满归家　分到谷豆　麦稷豌豆
石斗升合　升合并收　锅是碗碟　风厘盆瓮
多少件数　经收为业　恐后无凭　立约为用

回赎契约式

立回赎契　某人名字　因为所典　某人地土
某处地名　几百十亩　东西四至　各依旧界
土木石水　一并相连　情愿回赎　与地原主
某都某甲　某人为业　同中言定　赎地价银
几百几两　当日交足　认到本地　原粮石斗
提回完纳　以后典主　某人家里　再有契书
不中使用　恐后无凭　故主回赎　契约存照
年月日期　中见姓名

过继约

立过继人　某人缺嗣　家长说合　某人名下
续后为子　倘中缺嗣　端受家产　亲枝近叶
不得分争　再有二子　三子受产　喧你长子

同家言定　受礼设席　家族产内　商议情愿
恐后无凭　继约存照　合同人等　年月日期
聊编草稿　传受稚童　内有不妥　用时变通
明智见笑　愚陋勿哂　庄家实做　字要专工
存心思索　颇不求人

六、《四言杂字（荆针木耳　蘑菇竹笋）》

荆针木耳　蘑菇竹笋　龙爪海带　虾米海蜇
桂圆荔枝　海珍紫菜　银鱼蛏虷　海参鱼翅
花椒胡椒　墘子白糖　黑糖茶叶　干粉羌黄
海白橘饼　荤油花粘　油果卓面　炉食烧饼
餳糖炒米　蜜脱饼儿　二蒲出连　放样顶纸
南红刷绿　条画车轮　镇江表纸　光红丹红
天牌皂牌　净红染纸　粗围细围　绵连绵纸
朱红蜡纸　黄蜡白蜡　蓝夫染连　白东官全
罗纹匹纸　官绿铜青　黄丹水银　雄黄朱砂
京丕府丕　大红杭丕　春帽孤帽　缨帽暑袜
海南首帕　烟袋荷包　靴鞋毡帽　匾扣翠花
杭锁钥匙　火炼解手　棉花扣带　绣线茶褐
灯台蜡烛　花瓶香炉　梳笼蓖镊　镜架牙抿
项冠束带　杭线丝条　瓶口扇面　蜜蜡花箍
宫妆云肩　幅巾领袖　胰匣手巾　羊绒尤墩
套褂袄裙　汗衫夹夹　鹅黄鸭绿　东坡蓝袍
白布套梭　京靛毛蓝　漂白桃红　茶褐绛色
闪白遍金　翠蓝果绿　扪青鱼红　羊绒尤墩
银鼠貂鼠　水獭银针　猫狟猪狗　虎彪狼熊
麒麟狮子　白象猩猩　牛羊鸡犬　骡马毛驴
绵羯羝叠　儿犊驹羔　紧急缓慢　躁暴迟松
肥瘦软弱　刚强勇猛　痴蠢呆呆　恨浊愚顽

真确不乘	拙懒怪丑	欺心拐骗	满昧藏埋
苏醒悔过	善恶相连	迎宾待客	洒扫庭堂
答报神恩	杀猪宰羊	酬神献牲	弄璋弄瓦
助喜践行	婚姻嫁娶	亡故死袭	逝殁终尽
守望相助	帮帖亲朋	状元榜眼	秀才童生
会试进士	黉门监生	儒释道教	士农工商
五伦九族	百姓黎民	顾觅长工	乞丐歹人
庵观寺院	庙宇山门	和尚道士	塑画雕变
栲栳簸箕	辘轳水桶	铡刀斧镰	腰刀弓箭
旗杆牌匾	座褥棹衣	牛车马鞧	屜韂鞍鞭
轿夫马器	鼓乐迎见	领谢赏赐	预备堤防
花红表裹	何侯端庄	绸绫緞绢	绫机潞纱
蜜绸葛布	院绸绒花	织绒石青	元青水纱
针工裁绞	裰补成衣	行常只咫	时样不同
松柏榆槐	柳条杆榑	枇椺梧桐	杨杶椵楝
栽椿材直	身稍根株	莲花芍药	牡丹菊花
竹芦苇荻	金钱苘麻	尕苞蕊瓣	娇嫩枝叶
玉簪海棠	采来插戴	葱韭白菜	青菜豆芽
芫荽茄子	蒜苔碗脱	凉粉片彩	油醋盐酱
新旧菜蔬	胡琴山叶	枣儿柿饼	核桃栗子
杏儿西瓜	黄瓜菜瓜	麻糖葡萄	李子供茶
三教九流	乡党宗亲	三父八母	六亲宾朋
高曾鼻祖	父母己身	翁婆儿息	兄弟侄孙
伯叔哥嫂	姊妹姑妗	婶母妯娌	长幼早尊
姑舅两姨	女婿外甥	义子招婿	童养螟蛉
嫡庶另居	品格均匀	猜枚行令	殷实富家
贫窘消乏	逼迫艰难	胜败输赢	各逞英雄
笙箫钟鼓	埙乐歌舞	秋迁傀儡	戏耍玩景
合该移那	择定良辰	高低彼此	好歹相似
鹞鸟食母	獐兽食父	羊羔跪母	乌鸦反哺

忤逆相继　传于后世　檐前滴水　定不差移
誓不哄人　说咒感应　面目耳朵　鼻眼口唇
腰腿手足　肚肠舌心　拳头巴掌　指甲胯筋
行商贾坐　早起迟眠　夜防盗贼　备用盘缠
买卖交易　粜籴兑银　限定日期　收交还清
找算清楚　账目眷明　朋财合伙　协力应承
结交主顾　兑换公平　各省斛斗　天下皆同
尺有长短　称有重轻　天平戥子　一样为公
苏法广法　要记分明　元宝足色　新锭纹银
南炉水系　吹系画系　铜钱金银　酌夺认真
放钱举债　利息不同　赚钱折本　亏本营生
除收净欠　共总通浑　万千百十　匹丈尺寸
零趸发卖　杂债俱全　烦劳转递　藏掩凭据
慷慨聪慧　赀财施舍　耽搁隐昧　假公济私
势压奸硬　侵业霸地　吞谋勒肯　图财害命
机关计策　占些便宜　攒板手鈕　夹棍脑箍
吊捆审问　斗欧词讼　森罗宝殿　玉皇帝君
五狱四渎　梓潼帝君　金銮宝殿　六院三宫
州城府县　南北二京　计地赋役　大小不均
假亩顷亩　四至为凭　典置寄赁　质当租儑
房屋舍基　园圃田场　楼基庭院　偏房粪厕
厢关镇店　官厅衙门　仓厫府库　馆驿剩停
儒学教谕　手下差人　提拿拘到　当堂开刑
原告被告　诉状批准　窃取拐骗　藏证为凭
当票粮串　册簿券文　鬏髻纽扣　桃牌排环
耳坠戒指　龙头手镯　龙钗抱花　回回狮吼
龙烟竹节　螟虫蛛花　圪塔块器　碎破零星
氅衣坎肩　架娑法衣　锞钞蚕系　风领衣裳
毛青油绿　皂青豆绿　灰色天蓝　葱白绛色
榴红鱼红　朝裙宫裙　镜架食盒　茶碗漆盘

妆奁首饰　拜贴封筒　新旧赔妆　嫁娶毕姻
街市估价　牙行言定　更替顶换　认识不肯
立凭契卷　中见保人　陆续讨要　推闪不久
现舆齐足　稳实妥当　碾磨碌碡　木杈锄钩
风匣笼床　油岑饼鏊　鞴火钉锄　劈斧钻头
车辐辕辋　槅头箩口　麻绳草绳　猪圈鸡笼
监禁囹圄　縲线之中　阴阳二宅　鬼怪佛山
医卜星相　堪舆风鉴　修文习武　行术疗医
竹筛蓝篓　踏阶楼梯　土墼砖瓦　石灰麦糠
填垫厚实　泥水木匠　柁梁椽柱　栈板门桄
沟渠界半　做井垒墙　创建重修　增补添减
广宽窄狭　小器迂阔　老实质朴　的确斟酌
辛苦费力　现成安逸　卤侪执拗　器杂薄溷
充暴惫赖　拙懒丑陋　外躲避难　羞辱无妨
圣贤之道　礼乐文章　引门须知　器物当先
爱昔如实　莫弃知风　窈窕淑女　月貌花容
骨牌骰子　嫂陵围棋　真草隶篆　彼此一理
纸墨笔砚　从头细论　周而复始　推古念今
古今字体　每举南裙　如常用者　四百句零
谁未全备　时过半云　从头至尾　要记分明

七、《春学必用（字始何代　仓颉羲农）》

字始何代　仓颉羲农　会意想像　鸟样树形
天将粟米　鬼哭神惊　美哉斯举　拨开医蒙
村庄堡镇　县府州京　寺庙庵观　峪郡关城
假此笔书　名物通情　深岳雅造　浅近俗尘
乾坤日月　凉热寒温　风云雷雨　雹电阴晴
飞霜降雪　山川沟平　坡湾沟凹　垠岭河坟
囧囤嘴凸　滩濠渠坑　来往男女　呼唤叫称

鱼樵耕牧　熟疏孰亲　爷娘爹嬷　侄婿叔婶
姐姐嫂嫂　弟妹哥兄　姑父姨夫　母舅外甥
姐夫岳父　善友相公　亲家贤弟　炉头匠人
掌柜伙计　师傅先生　和尚道士　把拾老公
乘马坐轿　驴骡登程　问其何之　各有原因
做些喜事　因男完婚　告资布助　具酌宅芹
本月次日　乞驾光临　顿首申拜　眷弟完生
道助竖喜　请会祀神　候叙候教　敬治杯茗
酬谢恭祝　奉迎肯曾　孤子父故　哀子母终
祸延先祖　承重长孙　泣血稽颡　不幸伤心
卜吉发引　届期光送　殁存均感　帖式讣闻
吊奠盒礼　分资人情　粮急差紧　追逼纳分
展转无处　取办脱空　典宅置地　立契铺纹
世祖之业　南北东西　塅堰数就　亩亩步真
今将言定　价受纹银　到后无财　由主耕种
恐人失信　同众作凭　随带收伏　税粮亲征
通完四季　都甲查明　故主永远　原替愿更
租地纹约　揭举合同　房窑铺店　茅厕粪坑
担驼送驼　好歹轻重　烟炮包束　油酒壶瓶
盐囊面块　条副麻绳　扛连古连　表纸双红
绵连四裁　锡箔金银　刀批张篓　累垛重层
黄丹白岩　铜录辛红　鳔胶黄蜡　胭脂定粉
席帘伞扇　把柄架领　炉窑供备　柴煤炭硔
软硬堆块　炒炼熟生　风榧橐拐　钟钳砧墩
箔捶梁子　钉吊铁绳　粪杈拔转　车钉瓦丁
炉条耙齿　筋头二捆　发帖牌号　方圆尖平
铁杓烙铁　鐧剪锄链　泥匙火柱　鋜斧锹枕
种金铧子　火盆铁盘　铫熬鐁子　锅别州县
灯台熨斗　勾心车尖　秤钟卜吊　磬儿币镩
口副个锭　封双只件　酌量足价　争兢脚钱

买卖捣换	贵贱频反	三梭粗布	红绿紫蓝
青黄赤白	艳色多般	匹丈尺寸	勾甬整半
换货婆妇	茭子当前	莜麦麦子	黑豆小豆
黄米扁豆	粗秕直嫌	谷黍糯稻	升斗不官
合勺添补	积粒成石	宅舍家富	绫罗緞纱
茄色柿黄	织锦羽毛	细青鸭蛋	鹤顶红罗
桃红柳绿	杭潞广倭	雁绒绛色	绉茧绵漕
布衫外套	单褂夹袄	氅衣裤裙	绵衣絮袍
手帕汗巾	暖冠凉帽	翠花鬏髻	珍珠玛瑙
鞋袜罩靴	美丽俊俏	香囊顺袋	发积穿着
贫躬眼企	戒指荷包	新时体面	再看窝巢
顾工修造	砍树修房	椂檩砖瓦	檄板柱梁
猫头滴水	客位厢房	勾笈石灰	拨缝围墙
凉厅暖阁	兽头张皇	歪斜残缺	巧语嘣呋
摆席邀请	杀猪宰羊	牙脚蹄腿	肥瘦肚肠
羝羊蚤户	谷吕绵羊	十班二岁	羯羔为良
骑驴骗马	草料灰黄	揵字卖持	人工牛晌
酒楼饭馆	盘碗杯觞	蒸炮煎炒	朴鼻馨香
燕窝虾米	鹿角熊掌	竹笋海带	醋蒜葱姜
磨菇木耳	花椒茴香	菜蔬调料	包裹封藏
终日交易	钱财相换	金银珠宝	宝贝罕见
铜钱铸造	铅锡窝元	万为十吊	千此云串
文个百把	皮好皆观	纹银细丝	成色难看
半斤八两	十分一钱	厘毫系忽	天平戥现
取去收来	找兑佃完	该与支使	借还赊欠
寄放晋拿	退贴赔赚	费骗送带	登账勤算
出入流水	记明查点	本月正腊	仝日初廿
康熙雍正	乾隆万年	圈活勾倒	排名打完
合共折作	除零截短	细详系索	周回盘旋

壹一贰二　叁三肆四　柒七捌八　玖九拾十
谁肯轻饶　伍陆五六　暗画马子　〡〢〣〤
〦〧〨〩　〥号切记　公平各顺　亏屈仇冤
吵嚷詈骂　斗欧撕打　禀状呈诉　忿怒投衙
吏工礼户　兵刑承发　按行酒撒　蚊蛟蜂螯
准典不准　听审讽夺　该这乡保　公处更查
原中处覆　严究重责　绞斩徒流　笞杖撍枷
输者呼呼　赢家哈哈　警怕惧怕　饭伤湿熟
内起疾病　外结疮痂　疗理服药　熟地白芍
黄芪白术　人参甘草　茯苓肉桂　二枚大枣
刻刻小心　替头频考　建沟平收　黑道当晓
除危定执　属在黄到　成开皆用　斟酌闭破
甲乙丙丁　戊己庚辛　壬癸十干　地支十二
子丑寅卯　辰巳午未　申酉戌亥　六十甲子
开市交易　慕绿伐木　畋猎捕捉　修造动土
启攒立券　招进人口　修置产室　竖柱上梁
挥扫舍宇　移徙安床　裁衣冠带　结婚姻良
纳财嫁娶　会亲友藏　安碓硙磨　沐浴收养
载种穿井　上官表章　破屋坏垣　疗病针刺
出行入学　剃头祭祀　宜者可也　看那不字
春夏秋冬　循环天道　街坊闹嚷　皂王神灵
你我他咱　预备年事　染茜缝纳　煮煠炉蒸
肉菜切割　刷洗门庭　千祥云集　百福并臻
江山依旧　人物更新　东风解冻　斗柄回寅
迪吉纯嘏　戬谷宜春　喜笑欢乐　孩娃儿童
神迎元旦　跪叩祖宗　爹嬷康健　同胞暂亲
妯娌具敬　族党谦恭　玩及元霄　闾巷燃灯
金吾不禁　戏要喧哄　鳌山砂打　鼓响锣鸣
火树银花　嗤叭咕咚　牌楼柏叶　辉亮月输

琵琶弦子　虎拍笙箫　吻的这个　酣歌醉翁
终夜不眠　抖擞精神　有兴未歇　一刻千金
维弦维晦　夜静更深　士农工商　归位还宫
听彼鸡声　利名复兴　抬头四顾　又起波尘

《道光年间蒙古蕃语》

一、天文四时集句

天：廷各利。地：各扎见。日：那见。月：沙见。年：几尔。时：侧克。云：会里。风：色坎。霜：缠太。雾天：补坎启吉白恼。白日：义汗哦启。黑夜：昔尼。亮上来拉：合牙吓利吉。早晨：而各流见。午时：五爹。晚晌：五爹申。黑拉：合兰跪波罗。日出：那尔吓利吉。日落：那尔申更吉。响雷力：吞各利刀吓尔力。旧年：以当年。今年：哼内几尔。明年：回头几尔。前年：五尔几尔。今月：哼内沙尔。明月：回头沙尔。前月：五尔道沙尔。今日：哼内启尔。明日：马力吓什。前日：五令启尔。后日：逆各启尔。昨日：扭各启尔。春：合波尔。夏：中内。秋：拿毛尔。冬：哦波尔。正月：义汗沙尔。二月：合波尔东达沙尔。三月：合波尔书尔沙尔。四月：中内秃弄沙尔。五月：中内东达沙尔。六月：中内书尔沙尔。七月：拿毛秃弄沙尔。八月：拿毛尔东达沙尔。九月：拿毛尔出见沙尔。十月：哦波尔秃弄沙尔。十一月：哦波尔东达沙尔。十二月：哦波尔出见沙尔。闰月：以流沙尔。星：哦启。参：古力办麻挠尔。南斗：竹力吓普而汗。北斗：刀洛普而汗。明星：曹力孟。旋风：灰言力。河雪：义塔参达吉。雾：麻纳。地气：木登。天阴：补坎吉。天晴：哈里里吉。大经：必兔太。小经：必兔无贵。初几：昔尼圪吞。十几：哈力办圪吞。二十几：合令圪吞。东：中太。西：托兰太。南：五见善。北：灰申。前：五见列。后：灰申。虹：束弄吓。闪电：拆坎尔吓吓拆坎力纳。天河：廷各利哦英扛达见。下青雪力：坎拉吉白恼。春风：合波尔吓。或雷雨：昔流波罗数。连阴雨：竹束波罗。刮风雪力：烧力吓。冰雹：门启利。下雨力：波罗哦劳纳。下雪：义数哦劳纳。日蚀：克力铁吉、那见招色纳。月蚀：各什坎吉、沙而克力铁吉。半夜：宿尼东达。后来：或俊马。

二、颜色丝水梭布集句

颜色：哼更。杂色：补令哼更。元青：合泳。大红：五兰。桃红：鸭干。银红：公鸭干。宝蓝：合洛可可。蓝的：可可。月蓝：青坎尔可可。黄的：什泳。金黄：公什洛。绿的：恼告。油绿：合泳恼告。松绿：什洛恼告。紫的：哭伦。白的：义汗。无白：青坎尔。灰的：会尼数。花的：未号尔。缎子：桃尔号。线缎：各铁桃尔号。袖子：盘丝。绸袖：启见洞。绫子：甚各林。加长梭：桃登。皮梭：土坎。毛布：买卖大布。平几布：大布。印花布：长号尔大布。斜纹布：达连洞。苫布：不添尔吓。皮布：哦见兔大布。京绒：北京坎令。广绒：南京坎令。袜边子：合烧会托数。京绒线：北京五托数。缨子线：南京五托数。直缨子线：桃尔号则泳。广珠见线：棉达数扎泳。棉线：五托数。织绒：刷印。章绒袖口：坎令扭启尔吓。袋子：不史。挺袋：达连不史。大片袋：哦见肯金。小花袋：吔林几不史。棉花：克奔。花见氆氇：长号尔青奔。合子：铁力孟。三白：合达。大三白：完登合达。九寸有布：口肯大布。雨毛袖：波罗桃尔号。宁袖：（仝）〔同〕。宫袖：（仝）〔同〕。棉袖：（仝）〔同〕。茧袖：（仝）〔同〕。纱：（仝）〔同〕。上海：（仝）〔同〕。达连布：（仝）〔同〕。拔尖布：（仝）〔同〕。

三、数目类

一：逆各。二：合以见。三：古力半。四：狄力半。五：托布。六：竹力吓。七：刀泳。八：乃马。九：以数。十：哈力半。十一：哈力半逆各。十二：哈力半合以见。十三：哈力半古力半。十四：哈力半狄力半。十五：哈力办托布。十六：哈力半竹力吓。十七：哈力办刀泳。十八：哈力办乃马。十九：哈力办以数。二十：合令。三十：古庆。四十：狄庆。五十：托并。六十：甲兰。七十：达兰。八十：乃言。九十：以令。一百：逆各招。二百：合以招。三百：古力办招。四百：狄力办招。五百：托布招。一千：逆各明安。一万：逆各土牧。十万：奔。百万：节言。千万：甲瓦。万万：东几尔。一两：逆各兰。一钱：逆各办。分厘毫：与咱皆同。

四、杂货集句

砖茶：尺劳才。帽盒茶：何包才。白毫茶：（仝）〔同〕。本号茶：哈明内才。银珠：巡乎。京砖茶：爹连秃弄才。桐油：麻巾。大黄：什泳不启。水银：孟谷五数。硫磺：苦了见。松香：达必尔害。苏木：五兰卯启。官粉：义汗不启。砒硝：或浪。白矾：义汗白奔。黑矾：合泳白奔。针：周。海灯：初各处。钉针：或芦不气。扣子：讨不具。烟铁：以流见。刀销子：活秃吓内灰。刀忍子：以力。尺子：卯启。火石：插口见。火镰：各铁。格纸：勿泳。边蛋：它各。烟袋：干史。烟袋杆子：干史内卯启。鼻烟：合麻尔托木坎。鼻烟壶：可力可。小蓝花：铁不克。红烟：丘兰托木坎。伐烟：伐州托木坎。梳木：色木。帽刷：刷子。篦梳：肖见。桃单：温洞哼更。笔：别见。黑墨：别克。砚瓦：砚台。鳔：拆报。黄烟：巡色子。香：苦儿。栽绒毯子：坎不史尔。锁子：曹儿。钥匙：秃口尔。镊：清木可尔。斜皮：沙力数。帽沿子：沙力不气。帽面子：麻力盖毫赖。达子药：吔蜜。汉药：干挠尔。罗底：沙。纸：义尔数。金花纸：唵托义而数。连士纸：磨令义而数。薄纸：毛头义而数。镰刀：合刀见。铁盒子：八古尔。刀子快：或尔义。刀不快：单户贵。磨刀：必留启。磨石：必留。鞍铁条：坎留尔。

五、金银珠宝集句

金：唵托。银子：孟国。铜：高利。红铜：机史。铁：土牧尔。生铁：昔力数。锡：义汗秃乎而吓。宝：耳的尼。铜：干。玉石：喜见。珠子：述不启。铅：秃乎而吓。假珠子：可数。珊瑚：虚见。云母珠：砇纳。云母牌：砇纳它各利。龙油珠：虎卜。素珠：吔力坎。千里眼：补弄。铜钱：招数。青金石：恼明。玻璃：昔里。

六、庙宇山河住宅集句

庙：束木。房子：板申。石头：尺劳。土：失劳。泥：失板见。沙子：吔力数。海：达赖。河：稿而。井：活洞。水池：挠见。水：木数。清水：同古见会数。混水：失板尔太会数。河森：或利吉白恼。擦住河拉：稿见合达吉。冻拉：口尔启拉。消拉：孩力生。城：合套。圈子里：买卖爹力。路见：占门。坡：各的扦。凹子：红或蓝见。沟子：高角力吓。渠子：节力。圪塓：红或尔。圪机圪塔：刀奔。山：勿泳。山前：勿洛内哦波尔。山后：勿泳内哈鲁而。山跟前：述木。山顶：勿泳桃力害。草：丘不数。青草：失泳无不数。皮尖草：楚各骂。水獭子草：合达哦林。烧草：胜根五数。打草力：丘不数合达吉。水深：公扎盖。水浅：归音肯。河边子：合铁吉牙布。水长拉：丘数吴尼吉白恼。河上水大了：稿见内无数以坎白恼。难过：吓力吉波罗户贵。船：哼各处。渡口：哦力盖。偷走拉：不说吉牙布生。牛皮秃轮：吔力各内色罢。

七、帝王人鬼宗族类

神圣：普而汗。朝廷：也今汗。官府：恼言。将军：古节唵办。道官：梅令。钦差：唵办。县官：甲力古沁。兵丁：七令。门公：尼尔骂。查边的：拆各达。伙计：合烧。当家的：（仝）〔同〕。掌柜的：笔斜气。画匠：竹泳沁。拿锅的：讨蓝气。长工：苦计内空。匠人：达尔汗。剃头的：五数沁。木匠：卯启沁。针工：为林沁。讨吃的：归林沁。老实人：恼木汗空。和尚：喇吗。忠厚人：失劳汗空。小和尚：班定。年迈人：哦不生空。年轻人：作劳汗空。有钱人：白言空。莫钱人：毫送空。好人：节空。赖人：毛空。人：空。聋子：启利。受戒僧：各楞。瞎子：锁行尔。戈子：波各儿。急克子：克力干。疤子：长号尔。秃子：或力盖尔。斜眼子：坎拉而。疯子：干交尔生。（或）〔豁〕唇子：刁的而看。伶俐人：吉庆空、五花太空。蠢人：寒报尔空。鞋匠：活秃尔庆。俏皮人：告天太空。骗子手：片各闹庆。贼：活各海气。医生：也木庆。仔细人：纳令空。嫖子：言汗。小伙儿：草帽见。脚夫：斤庆。住家的：捎林空。生的好：瓜太。面丑：插赖毛。屠家：约力吓沁。毛毛匠：忍的尔沁。祖父：哦不更哈布。祖母：哦不更也儿。父亲：哈布。母亲：也儿。继母：回头也儿。叔叔、伯伯、长辈等：俱叫“哈不盖”。婶母：哈不盖也儿。兄：哈罕。弟：丢。外爷：孔淂命空。外婆：孔淂命牙布难。姑姑：哈拜。姑父：哈失看。姐姐：也各气。妹妹：也肯丢。姐夫：哭录亘。妹夫子：哭录丢。嫂嫂：别力更。弟妻：丢内别力更。侄儿子：哈七口。儿子：口。女子：口肯。丈人：合达孟哈布。丈母：合达孟也内。大兄哥：合达孟哈令。小舅子：或尔丢。小姨子：托子丢。连襟：托子。男人：也连空。女人：也蜜空。同胞弟兄：踢留生丢。结拜弟兄：磨力古生哈合丢。媳妇子：也肯尼儿。儿妻：鼻力更。孙子：七了口。舅舅：纳各处。外甥：贼。亲家翁：或启。亲家母：或启慅。女婿子：窟力更。公子：哈哥。姑娘：哈拜。夫人：合同。下夜的：麻挠沁。守门的：罕力罕庆。有才干：哈力扛太。仙家：虎必而吓。活佛：可可。姑子：吃不吓才。阎王：录顺汗。糊气人：踢腻各。相面的：申几庆。有本事人：吃托而太空空。莫本事人：托什毛太空。

八、身体面目集句

头：桃力灭。脸：插赖。面：牛儿。眼：扭启。鼻子：合麻尔。口：哈没。舌头：克力。耳：七坎。眉：也力数。头发：丘数。辫子：各吉盖儿。脖子：苦巨。口唇：五罗尔、五泳。牙：血启。身子：本英。圪肘：秃林、怀。圪膊：达兰磨而。肚：各铁数。心：轴力坎。手：吓尔。手心：哈泳吓。手背：哈鲁尔。指：活芦而。圪膝：哦不启。骨头：岳数。筋：昔力木数。骨脊：丘移。肝花：也力干。肺子：五失看。膊脐：奎数。乳乳：可可。指角：红木数。血：出数。肚子：苦之。大腿：古晏。小腿：昔力并。屎：托史。尿：赊数。屁：温谷尔。苦胆：述了。足：口尔。脑子：托力坎。腰子：波而。小各肚：不固。胡须：色乎尔。眼包皮：竹木数、旱坎。眼扎毛：说力木数。嗓子：毫赖。脸蛋子：合插儿。不赖股：达劳子。大肠：或力都。小肠：纳令各铁数。屁（骨）〔股〕：或什为囊。启子：不克史。尿泡：达不生。胸膈：各生。花肚：节波坎浪。百折儿：毛波坎浪。泪：牛力骂数。包皮：的流。耳腮：或力坎。鼻涕：纳数。牙干：七各其马汗。肚里物件：以力木器。连二杆：尺木谷。旦子：土木史。耳垂：七坎各的数。拳头：扭启吓。义儿窝：红或尔害。上嗓：爹申唐为纳。胳肢窝：捎。口义：扎不甲。后脑勺子：昔令苦计。小服：合不托害。所子骨：色盖。鬓：会或力害。鼻梁子：沙力谋儿。眼弯子：达坎木克。奔头：昔利。浓滋：奴或。唾沫：奴力数。腰：诺弄。足汗：昔必力。汗：哭力数。脉：束启数。气：哈以系庆。胰胞：竹其。胁巴：合必力扛。咽喉：口皆克力。手纹：谷力半。指头：或炉。大指：也力坎或炉。二指：力個尔或炉。中指：东达或炉。四指：以的孟或炉。小指：几各儿或炉

九、衣服冠戴吃食类

帽子：马力盖。凉帽：滕系马力盖。领子：扎罕。袖子：寒虫。袖头子：扭启而吓。缨子：扎泳。雨褂子：处托。雨帽：由登。股子皮靴：沙林活秃儿。靴底：勿泳。靴帮子：竹洛。靴（要）〔靿〕子：秃吕。袜子：也木说。鞋：色灭。皮袄：五数太爹力。袍子：铁力力。衫子：义木义。裤子：丘木启。裙子：板扎儿。袋子：不史。背心：窝计。马褂子：哭录孟。褥子：的不史儿。盖窝：孔足令。枕头：的令。荷包子：合不托吓。扣门子：昔力并。扣子：讨不气。义子：哦闹。缝力：哦要力。补力：驽哭吉哦各各。拆开：寒扎儿力。吊面子力：户不义托了力。莫面子皮袄：亘各爹力。打围力：克波尔力。沿边子：托史孟坎力。襟子：毫尔麻。穿力：木束力。引力：合八纳。脱力：台力吉儿坎。领衣子：扎合不气。翎子：哦秃户。铁袜：摄不铁。铺盖：空足弄。行李：爹连或秃数。戒指儿：不各气。

顶子：金系。顶座子：捎命。便绳绳：圪吉盖内包头。手镯：补怪不气。银牌子：稿。耳坠子：碎克。扣带：亳朴不史。帽结子：三盆作懒。帽攀子：厕各达力。帽沿子：色力不其。帽面子：哦赖。白面：义汗谷吕尔。豆面：波尔次谷吕尔。莜面：恼灭合烧。糕面：色各旦谷吕尔。小米子：不达。稻米：义汗不达。黄米：什洛不达。口外炒米：青敢磨尔。熟面：哈力拜谷碌力。麦子：包代。豆子：波而次。糜子：合泳不达。肉：马汗。油：讨数。烧酒：哈力坎。汤油：昔流讨数。信油：不几尔害。磨肚油：生不气讨数。生油：阿克讨数。黄油：什洛讨数。白油：义汗讨数。奶子：数。奶皮子：哦力孟。奶豆腐：必史楞。奶渣子：哈鲁尔、也力干。酸奶渣子：哈鲁尔。奶饼饼：活芦尔。黄酒：达泳数。粮：七坎尔。蜂蜜：巴尔补弄。枣：吃不吓。核桃：活失吓。杏儿：哈力骂。果木：哈力孟。菜蔬：恼告。葱儿：葱各囊。蒜：沙力木数。蘑菇：（仝）〔同〕。木耳：合洛蘑菇。黑糖：补力孟。葡萄：丘足孟。高粱：舌什。谷子：红纳吓。麻油：麻油讨数。石榴：生不路。松子儿：色毛尔。酸：苦几太。甜：哈麻托太。苦：各少内。辣的：哈各太。香的：五尼力太。臭的：丘木坎。辣（角）〔椒〕：了青交。

十、走兽虫蚁类

狮子：哈色楞。龙：录。虎：巴儿。狼：朝恼。狗儿：恼灾。狗熊：合洛谷吕数。骆驼：添蜜。儿（它）〔驼〕：波儿。母（它）〔驼〕：英哥。马：磨利。（而）〔儿〕马：哈托尔吓。（果）〔骒〕马：勾。牛：旦克尔。儿牛：补花。母牛：五移。驴儿：耳只更。骡子：老三。绵羊：合尼。羯羊：也力黑尼。儿羊：或义。母羊：也蜜黑尼。羊羔子：活洛吓尔。山羊羔子：移昔盖。猪儿：各害。猴儿：蜜气。鸡：托恰。蛇：木怪。鸭子：弩谷数。鹰：各劳。蛤蟆：蜜力坎。蚊子：约洛。老鼠：活洛灭。蚁儿：合洛次儿。鱼儿：扎各数。（次尾）〔刺猬〕：扎洛。虱子：波数。蚁子：托土各那。壁虱：五兰波数。山羊：也马。黄羊：驹儿、谷恋数。公山羊：五或那。母山羊：也蜜也马。蚁蚁子：波力光数。猪儿：各灭。四不相：寒达灭。兔儿：亳赖。公鹿：补怪。母鹿：東告。

十一、牲畜口齿色气类

一岁：温纳吓。二岁：大吓。三岁：东启弄。四岁：坎扎兰。五岁：東羊弄。六岁：毫庆東羊弄。七岁：归车生。八岁：的力半扎合。九岁：当力扎罕。十岁：当力无贵。十一岁：寒达。十二岁：爹力的力半扎合。十三岁：爹力扎罕。十四岁：爹力扎罕。牛犊：秃乎。二岁口：必劳。三岁口：東启弄。（它）〔驼〕崽子：波秃号儿。二岁口：桃力孟。三岁口：失尼台连。四岁口：毫庆台连。一对牙：合以儿合尔不吓。二对牙：的力半合尔不吓。六个牙：归连生。扫一对：坎力不扎。立鞍子：昔力不克。半倒鞍：合纳不克。一倒鞍：捻各太申不克太。鞍子：也蜜尔。鞍坐：哦愣次。皮毡：谷录孟。镫：的留。镫踏皮：的留内书儿。鞍泡子：达涝儿吓。绞子：合扎尔。车手：足劳。缰绳：出录棒尔。笼头：恼托。后秋：活秃儿吓。马屉：桃或孟。马绊：曲的儿。备马力：也蜜吉坎户。接了鞍子：也蜜哈巴吉尔坎。袋上绞子：合扎尔洛。托了绞子：合扎哈巴吉尔坎。上上绊：曲的尔坎。上顺绊：以流尔启吉坎。鞭子：托肖尔。上扣绊：罕达劳儿。捆肚：哦力孟、王弄马。后捆肚：插不流尔。攀胸：坎目启力扛。捎绳：干只更。粪泡子：温足尔灭。后巷儿：散刀而吓。晏磁扳子：合木托数。破窝头：波力盖尔。吉枣子：前足孟。小屉：哭录数。串住：克力看吉而坎。马病了：气太、磨利哦不東吉。放牛儿力：五克儿合流尔纳。牛梳：托罕。套马杆子：窝儿吓。杆子绳子：灰不。龙邦力：甲硕力。缠长力：出灰吉白恼。谷眼：纳命启吉。牛屉：桃数马。白的：义汗。银合：什洛吓。粉青：义汗波罗。青的：波罗。铁青：合泳波罗。红的：几儿登。红青：丘兰波罗。红枣留：丘兰坎尔。银鬃：义必达尔。兔虎：沙洛洛。黄色：什泳古尔活泳。红沙：丘兰波罗。票色：合托尔。紫色：哭弄。青花：波罗哈拉。黑花：合洛哈拉。红花：几而登哈拉。枣留红：坎而哈拉。豹花马：卡号尔。玉顶：沙而太。卸脸：寒见。托唵：各力干而。银蹄：狄力半口尔义汗。孤蹄：别力不生口而。狼力：托疼害。（或）〔豁〕鼻子：温谷灰、刁铁尔看。秃耳子：或录古尔七坎。它腰：活秃号儿。雁脖：各劳苦巨。绣尾子：奔出儿。云脖子：扎稿而太。秃尾：三白出儿。烧嘴：五兰合少。色蹄：包太。烧嘴烧眼：坎力盖义汗、拓登。斑点：包伐太。尾子：出儿。次尾蹄：习必而太。马鬃：的命。马蹄：桃赖口尔。蹄牙：各灭。走马：足劳太。小走：节波罗。大点：合铁而太。大汗步：哈罕太。软辍：血血尔吉牙步。

十二、一应杂货类

房子：各儿。顶子：底纳。墙子：寒纳。房围子：合牙不气。内围子：各可可。床：哦楞。桌子：习利。山角子：秃利吓。门子：哦登。大门：罕力罕。屜：习尔登。火剪：海气。饭盘儿：片洛。锅：讨号。铜锅：吉史讨号。打铁锅：土牧讨号。圆盘：铁不史。三捎口：纳命谷吕兔。锅盖：托力波而。茶壶：川乎。账房：埋汗。梁子：怒弄。柱子：巴各纳。称儿：金。账房钉子：圪达数。戥子：等史。酒盅子：红托吓。酒壶儿：沙乎。大铁勺：什纳吓。漏勺子：哨儿什纳吓。明勺子：罕儿不吓。招户只：韩达户。二捎窝：申力不气。橙子：扁登。水桶：乎平、捎力吓。木槽：哼各处。狗槽：以流丢。轿车子：苏肯铁力盖。车儿：铁力盖。车轴：扛儿。车头：合儿看。勾心：（仝）〔同〕。羊角庄子：七看。车并子：启归。立柱子：合必尔吓。车辕子：哈鲁儿。勾角：包力吓。色绳：托托尔吓。（钜）〔锯〕：坎料。鐨子：毫利。斧子：束克。斩儿：粗次。推创：合浪。棚子：哦狸。羊蹄斧：哈力户哈。粪杈子：色巴儿。钟：红或尔。鼓：吞各利。一桶：业各讨力灭。一匹：逆各也留松。一串：克力看。一对：逆各合少。一把：（仝）〔同〕。一绺子：逆各生儿。一共：新吓儿。一层：逆各无移。一件：逆各扎罕。一捆：捻各板各浪。一箱：逆各哈不达尔。一条：哦出儿。一尺：逆各卯启。一方：捻各哈没。一仪：逆各它。一各扭：逆各秃怀。一步：恼木。一里：各扎儿。一托：韩托。一寸：逆各寸。面子大哈喇：合以哼各兔。大哈喇：合泳明金。哦噔紬：（仝）〔同〕。三达子：（仝）〔同〕。青奔：哼不浪失。

十三、各样皮毛回货章

银针皮：明镜。番板水皮：束卜海流。锅盖水皮：添蜜海留。无皮：合布扎各数。太平貂皮：（仝）〔同〕。香鼠皮：哦秃各绌太。貂皮：不泳吓。银鼠皮：会移。红狐皮：丘兰无尼盖。黑狐皮：合洛无尼盖。黄狐狸：什洛会尼盖。二性狐皮：（仝）〔同〕。合獭见狐皮：（仝）〔同〕。白狐皮：义汗会尼盖。月儿熊：尖克哈尔数。虎皮：巴儿哈儿数。狼皮：朝恼哈儿数。鹿皮：补怪哈儿数。灰鼠皮：克力孟。猫皮：迷内哈儿数。兔皮：桃赖内哈儿数。獭见皮：托儿不吓。秋子皮：合络乍。黄羊皮：母古的儿居尔哈尔数。香子皮：苦的尔内哈尔数。鹿子皮：盈扎吓。鼠狼皮：束弄扛。野猴皮：卜洞苦巨。猞猁狲：昔流数。兔儿孙：麻挠尔。山羊皮：也马内哈儿数。野山羊皮：也马谷吕数。羔子皮：活洛吓哈儿数。圪狸皮：儿力克。黄鼠皮：轴录内哈儿数。老羊皮：业坎儿。香牛皮：不洛吓儿。香羊皮：色皮彦。金花牛皮：唵托不洛吓尔。香脐子：渣儿。沙狐皮：坎尔史。香腿子：苦的儿内稿启。腿子：稿启。前脊子：前儿。后脊子：卜克史。尖毛：捎儿。嗉子：可梅。肷皮：可梅。皮渣子：哦的数。回回布：哦而史大布。回子绒：坎命。回回花单子：哦而史内单子。回回斧：束克。回回刀子：活秃吓。回回胰子：色奔。回回剃头刀子：哦而史内同古儿。回回扣子：达涝吓。回回纸：哦尔史内义而数。金线：沙丘托数。牛皮镜子：桃利。匣匣镜子：以看桃利。牛角梳子：也必儿色木。天皮：干托各那儿。弓：恼木。箭子：束木。弓靶子：以力干。箭杆：束木。手捉处：巴留儿。弓毫：各七儿。弓扣：铁不气。箭头：土牧儿。绫花：哦启。鸟枪：包。枪床子：灰。枪探子：松布。出门：哦登吓到。火门：占门。计玉：肯儿。模子：克波。铅子：束木。火药：达连。刀砍力：插不气力。枪见：甲远。枪打力：包打力。箭射力：合洛不力。顺刀：昔力孟。镰刀：合力儿。厨刀：渣刀。火机子：占门罕。

十四、日常生意用词用语

好的：节内坎。赖的：毛内坎。大的：以坎。小的：等汗。中的：东度儿。长的：五尔免。短的：波各尼汗。宽的：哦尔共。窄：纳命汗。穿的东西：木束乎羊毛。重的：空洞。轻的：肯各肯。厚的：主占。薄的：艮各肯。细的：纳令。粗的：不冻。横的：空启弄。顺的：以流儿。圆的：波弄跪。扁的：合扎灭。方的：的力半斤。肥的：托儿混。瘦的：也青坎。稠的：哦启肯。稀的：行各肯。硬的：合套。软的：绢命肯。新：昔尼。旧的：毫庆。整的：不克利。零：扎达灭。生的：土坎。熟的：波罗生。真的：长巷马。假的：号尔骂共。干的：毫赖。湿的：乃痛。有力：白恼。莫有：无贵。要力：哈布力。不要：哈户贵。多：哦楞。少：朝肯。与：哦哥力。不与：哦户贵。迟拉：哦赖。早力：耳太、哦兑。远：合劳。近：也力汗。冷：奎痛。热力：合劳。滚拉：不义尔生。挑拣力：昔利。我：明尼、马内必。你：七尼、他内。谁力：肯肯尼、内。贵：各臭。贱：情达汗。买：哈布纳。卖：或旦都、扎泳。上头：爹申。下头：刀申。里头：刀秃尔。外边：各塔。完拉：度力生、倒束生。等只：哭吕录吉白恼。快些：不少。慢些：哈音达。坐下：捎罢。问好：孟斗。掀开：台力。包住：包。装上：刀秃尔坎。开开：台力。闭住：罕。捉只：等利吉白。放下：托被。计只：车几尔。听只：刀洛吉白。忘计拉：马尔托。甚力：牙毛儿。只会见：哦兑的。为甚：由的。怕力：哎力。不怕：爱力户贵。住只：白扎。丢拉：韩达生。拾见拉：哦罗生。别人：空内。他：铁力空。谁知道：肯蜜的。相跟走：达合吉、初太牙布。愿意：启洛太。不愿意：启洛户贵。

礼信：养数。说力：克力纳。打帮买卖：扎色力。打烂股：詄坎力。后悔力：高门启力。不要动：别的盖各铁儿。玩要力：桃各浪力。唱力：刀洛力。有账力：单史白恼。勾了账：单史罕。翻过：也力古尔。拿出来：吓力吓。我保着：必打力。不相干：高茂五贵。不中庸：高难五贵。扫地力：各扎尔哨尔启力。算账力：单史包启力。拉勾力：不义力。利钱：口肯。温一温：启洛次。等一等：哭录吉白。磨坏拉：也炼生。要账力：也流捻坎力。

过不去：吓利吉波罗户贵。你要甚货力：七牙马尔托拉哈布力。你预备咱力：七牙也各吉。几时与力：可兑的哦歌力。莫与的：哦户的五贵。咱亦不咱：牙力户贵。任凭你罢：七也连蜜的力。你的货我不买：七尼托拉必哈户贵。你取货时就是只话：七巴拉哈户添蜜会官夭。你说只话亦过的去了：七添蜜五官克力吉波力户贵。定拉：喜的生。高：温启尔。底：等启尔。捉驿力：丘泳等利力。醉拉：捎托生。你在哪里住力：七罕捎吉白恼。你叫甚名字：七尼尔肯不力。你是谁的儿：七肯尼口。你是谁家人：七肯尼坎。你跟那里来：七罕内是以来生。你买甚货力：七由哈布力。你卖甚货力：七由或旦都吉白恼。甚亦有：由其白恼。白与你：必长毛的白托泳尔哦哥力。你带来甚货力：七由哈七来生。你与多少力：七牙加哦哥力。

东西有好歹：夭毛吉力哥太。你的货几时来力：七尼把拉可加以来力。少了不卖：那申或旦都户贵。多了不要：以留哈户贵。你要多少力：七各庆加哈布纳。只里人多到家内说罢：也的空哦楞白恼各尔太哦罗克力罢。正经说：什劳汗克力。知道：蜜的力。不知道：蜜的户贵。你来：七那申以来。那里去：罕其生。几时：可加。使的：波罗力。使不的：波力户贵。少上些：等汗沙力吉。添上些：等汗捻蜜吉尔坎。只厢：哼太。那厢：铁太。哭力：为纳力。笑力：以尼儿力。海倒：亦青太。不要多说：以流别的盖克力。忙急：招不浪太。不与你相干：长毛的合麻会贵。张急力：由牙力。仇恨：哦少太。混帐：色填无贵。不要动火：别的盖丘儿哭录吉。坏拉：也别的儿生。一定：渣不洛。欠多少：余的生各庆加白恼。寻力：也炼力。寻见拉：也炼生。不敢定：麻各塔无贵。限期：包交太。

佃力：捻蜜儿力。下力：渣子儿力。再添：把是捻蜜。再少：把是沙。价钱贱些我要力：五尼情达汗必哈布力。停当拉：讨力生、他力生。不的停当：他力户贵。你不要哄我：七马内别的盖行力吉。不好罢：毛波罗白各。好拿的去：节波罗哈巴其。就是只货：也的巴拉。见过：丘扎生。莫见过：丘扎无贵。你告与我：七马内克力吉哦哥。不告你：克力吉哦哥户贵。你自己取来罢：七也连以来哈巴其。你做甚来：七由坎吉以来。不作甚：夭毛坎户贵。闲来：主谷尔以来生。你不许换过：七别的盖刷利。你卖我拿上：七或旦都必哈巴其。你做买卖不可太硬了：七买卖坎吉必的盖合奈。只会见：木启。定一会见：哈牙儿。我与你：必卡毛的哦哥力。恼拉：丘来力。你不别拉勾：七别的盖不义。怪力：也炼力。定一会见我就不要拉：哈牙儿必哈户贵。分开：虎巴。你伙谁是伙计力：七肯尼内合少。

喝茶：才旲。平安：孟斗。拴住：为约生。睡只拉：温拉生。写字力：必气坎力。漏力：高儿力。你的错：七尼补路生。说力：克力纳。说礼力：养数吓尔克力纳。梳头力：色谋尔力。小心：各七吉白。吃饭力：何劳以地。工钱：哭录数。瞌睡拉：内力哭录吉。张过去拉：哼各尔生。醒来了：习力生。退回来拉：卜义拉。劈柴薪力：秃利罕罕尔生。过夜力：红怒力。莫听见：刀洛丘贵。有信见：尺蜜太。根前：狄力古儿。有驿力：耳气太、丘泳太。正配合：早坎太。正使的：他太。断拉：托牧尔拉。放不下：板托户贵。喂力：铁加力。担力：担谋尔力。通认的：补庸托尼力。熟皮子力：哈而数忍的尔力。误拉：或俊启拉。买甚力：由哈布力。一只：初太。肥实：托而混。上了膘拉：铁必而力吉。卧下：各不铁生。慢慢地走：色儿吉牙布。打皮条力：轴束力。接上绳子：咱力吓。定日子力：哦启包交力。

吊马力：磨利帅吉白恼。马失惊力：吉失力。打下疮拉：打儿太。出了汗拉：哭录数吓利吉。饥拉：也力束纳。钓子：的干而。吃拉：以地生。渴拉：哈没轻敢吉。天旱：干达吉。事情：丘其尔太。相跟半见力：合保力也儿儿色纳力。不强买：硕吉哈户贵。拐角扯开拉：长力生。吊马力：磨利各铁而力。烧的走力：推留吉牙布拉拉陶留尔牙布拉。吃饱拉：侧启拉。兑面茶力：谷吕才成纳力。恶心力：波儿出秃尔力。心跳力：竹力坎托托力。拉架：束泳汗空。笑化力：也力于尔力。讲就力：克力吉白恼。将就些：登各吉。指望不上：卜添户贵。照住：色坎吉。平地：托泳。扑了水拉：五数哈色生。发力：以其力。不欠多少：余的生朝肯。赶快：活尔洞。牲口打鼻力：或坎力。立只：高哉吉白恼。风吹只拉：不启吉。误拉：沙托。不隐昧：达泳吉以地户贵。甚会儿拉：哦兑坎尔哭录拉。现成：必命肯。不现成：必令五贵。挟出来：约力吓。学好力：补英坎力。赖力：来达力。牛角：昔力木数。耗腰力：本英卜坎力。亲力：孩力太。不稳：桃秃户贵。吐力：波儿纳。不要推辞：必的盖间毫尔。官马群：无尔哈力。跌力：哦什坎力。准不听：无艮肯都力户贵。木炭：牛儿数。前蹄议力：拆卜气纳。运气来了：哉牙以来拉。实述：达色生。谪议去：会艮失吉。莫出喜：夭毛吓利户贵。有本事：哈不达尔太。各馊力：七七各吉白恼。打架力：招启坎力。

量宽：色纳丘俊。量窄：处或力。

铁绳：更儿。毡子：以史盖。不少欠：耳追户贵。咬力：合扎力。台路：耳土。龌龊：不扎尔太、朱的尔太。干净：七必而肯。跪下：東奎启吉。马插力：昔力干吉白恼。站住：早東吉白。你谓甚占苦他：七由的头内哦磨尔力。下马驹子力：温纳吓吓利力。营盘：扭兔。生产力：口铁流而力。俸禄银子：插利孟谷。香的：五尼太。臭的：五木坎拉。马伤只拉：什泳泳吉。看不起来：桃户贵。不放心：以的干户贵。伙骑马：松启弄吉温纳力。闻力：丘尼尔力。不失羞：以其户贵。脓：以地尔。拍着拉：合牙哭录吉。咳嗽力：合牙力。有缘法：因纳太。火亮了：吓尔松尼生盖。前头过去房子拉：秃弄内埋汗哼更生。刀鞭子：活秃吓内出的儿。柴火：秃吕。人情：必命。顶住：秃吕吉尔坎。当住：或厘吉儿坎。借力：尖力纳。赊账力：单史尖力纳。发誓力：哈麻启力。信力：丘艮失力。不信：五艮失户贵。吵闹：克林启力。定住：合达吉尔坎。打赌：包子托彼力。打力：招启刀。骂力：合洛力。打喷嚏：乃托力。死拉：五克生。冻拉：口儿启生。冷拉：奎痛。凉快：昔流肯。熟力：合劳。暖和：启泳汗。使礼力：招力吓。伙房力：各儿罗吉白恼。可惜：海兰兰夭毛。稀罕：刷硬。左：居托泳。右：补路太申。下冷子力：门启尔哦浪力。杀力：哈拉力。滚罢：哼克尔罢。包袱：瓦登儿见。知只力：妥妥吉白纳。受苦：招尔急白纳。你与我无赔：七马内铁炼吉哦各。计号：挺铁而太。

（快）〔筷〕子：色或。洗力：娃力。有气力：苦几太。活只力：哈名太。敞中：爹力。够了：合色。够了的东西：合色生夭毛。莫气力：廷坎丘贵。卷住：哦不克。不懂世事：秃毛丘贵。无益：秃東无贵。竹子：活录数。碱子：或几尔。盐：达不数。铁锹：苦尔计。钚钚：吓力汗。膏药：义见数也墓。流沟子：竹東而庆。几沙：也力数力。挤奶子力：出沙力。灰：丘尼数。火谢拉：各尔温托泳。念经力：恼木温失纳。叩头力：磨力古力。莫吊过：帅力丘贵。打前失：不的吉。打脑川力：卜力干。打滚力：克力波纳。倒斗力：坎卜纳。抖毛力：昔昔力纳把力。索驮力：哈却力。露水：苏的尔。阴凉：出的儿。卸力：包力吓。套力：坎利利力。仰一仰：等汗合交力。翻过：也力吉尔。赶上走：桃吉牙布。相跟的走：达黑吉牙布。兑力：秃硕。拉力：托托。我不管：必苦计力户贵。游玩去：各史吉牙布。砍拉：合牙生。受罪：巴吉白恼。接去了：无秃吉哦其生。好价钱：丘尼出贵。大概力：玉尔道。麻烦：言失太。信大拉：八其而吉白恼。叫唤力：拔坎而力。只些：以迷。那些：添蜜。打印子：托木吓启力。哨哨底：道归吉白。假妆只力：不其尔启吉白。福不住：早坎户贵。一定与力：渣不泳哦哥力。你还我的些不力：七马内那的把汗盂谷白恼不向。艰难：扣力跪。你不与我要行利：七那的哦户贵口太色纳各样。义生力：烧坎吉白恼。雪忙了眼拉：扭启色洛干吉。你该我钱只以早下些安治下：七马内哦户才太肯不添力吉白吓。分道：東启尔吓。商议：丘官失吉。牲口起了疯子拉：昔力看启吉鹿包。

角角：号达害内也别尔。鹿鞭子：七必而。鼻甬眼：三木沙。铜盆：高利各达而。鹿胎：竹气。巴豆：舟各浪。紫草：别力木为。野鸡林：桃各数。弩弓：杜力。开光力：哈龙纳。冰片：各布尔。明火抢夺：爹力盂启力。乾隆：挺各利铁铁看罕。雍正：乃力兔罕。嘉庆：节西牙兔以流各兔罕。康熙：哈麻尔哭伦罕。顺治：温启尔波各庆罕。缺少：扣气启吉。火内白灰：青的尔力。红曲：的力生。双单眼林子：哦秃吓。花草：七七。木头疙节：言而太。桦树：或数。杨树：丘良数太太。柳树：卜泳吓数。松树：纳而松。柏叶：哈而义。水旦：茄巴数。乏拉：牙达尔拉。息一息：等汗哈麻尔。莫大的：以坎丘贵。夹住：青干合匣不气。抱住：铁必吉尔坎。莫多少：抽肯白恼。莫正经：马各搭互贵。

牲口吃到哪里拉：马尔罕必其尔生早。迭下来拉：温纳生、歪西拉。生牛皮：西而昔利。请人力：空代力纳。寻不见：哦而启户贵。赊东西：力夭毛借力纳。昨日在那住来：丑各启尔罕红奴生。不要误下：必的盖五达。飞力：逆史力。翘官了：达泳不气。文书：包轴。告示：杂利利。禁力：托林启力。作经的人：松本庆。下来乳子拉：的令生。有伤恨：東力并。饱川拉：秃古什吉。犯禁的东西：义子太夭毛。烟油子：不史、坎。骆驼吼力：田蜜早力纳。牛顶力：磨力古力。牛铁力：达哈力。驼铁力：合耒力。身子臭力：活力木数太。应冰水：秃申五贵。河开拉：稿尔几力吉。展腿力：口尔几力纳。挽腿力：口尔托托力。驼鞍子：唵托不气。挂骑马：烧登温纳。人无头儿不行：空桃力灭无贵牙布吉波罗户贵。鸟无翅儿不飞：失报达泳不气无贵业史吉波罗户贵。人的名头：空波罗罢尼而太。树的荫凉：卯启不罗罢出的尔太。人不可貌相：空内申今吉波罗户贵。海水不可斗量：达赖五数连达吉波罗户贵。抽扯力：五尼而灭力吉白。皮袄铁鞭：合吉尔吓。毕拉结枣子：桃吉孟。送的去：哭录哥吉哦哥生。不一般：廷失肯互贵。不齐：吉力盖七五贵。不平信：以的盖力互贵。它喷力：昔不数哈牙力。它朝力：波尔哦罗吉。习麻竹：合洛盖。远轻：灰申启吉。坎住拉：温怀启吉。莫驹子骒马：温纳丘贵勾。梦见：绢力纳。克卯子：五罗吓则色吉。藏草：古失。

遗失、潮湿、摩擦损坏等情按口市价赔补：唵达生挠而生也力生也必的尔生唵达利张家口无尼秃吕力。下来：包。风匣：吓而内坎力个。足登子：五泳。铁袜：启圪退。火圪栽：朝干。考火力：吓而也力。横盖：也流而启。顺盖：朱圪而或车。按按：达泳。顺风：色坎哦罗。逆风：色坎哦登。上坡：圪扎而哦登。下坡：圪扎而哦罗。好好挺，不要挺上双挺绳：节包吉必的盖合以挺绳包。只跟断了，咱使用力：也内托牧尔生牙加扎洛乎。结上些：等汗咱力吓。不要割了好的：必的盖节内坎哦秃儿。你有羚羊角借的使：他内束羊白恼借力吉等汗扎泳也。站站打上印子再驮：白扎托木吓生回奴或拉。垒开：贼力。浮捎：达劳尔力。公平道称：公公道斤。伙拿力：合以而空寒木束吉。分（两）〔量〕高：千千。分（两）〔量〕底：束泳汗。与我念念发单来我听：濮单那的克力气必刀泳也。我定了别人家的，你添上几包：比空尼喜的生回奴他内那的各膝搬各浪呆蜜尔力。

买下了与你再说罢：哈布生回奴卡毛克力其。此刻莫买货力：为兑的哈布等拉白的五贵。计放的你家：他内的托比也。你驼脚亦是做买卖：七斤它吉等是买卖坎力。走的好了就增拉，走的赖了就赔拉：节牙步不力罢红居力毛牙布不力罢唵达力。赔增不敢定：唵达户红居户马吓的互贵。天知道：廷各利蜜的力。房顶走烟口子：哦力看。它的脚来：斤它吉以来生。谁们家的力：肯尼白。有你的力罢：托乃坎被白吓。有书字发单：必气太濮单太以来生。是罢：孟白吓。你等一等喝了茶再送别人书字去：七等汗哭录才吴生回奴空尼必气哭尔哥哦其也。是拉咱吃油粿子：波而次以地。路上走的平安罢：门爹力猛斗牙布生。走的平安：猛斗牙布拉。驼只乃膘气怎说：田蜜内苦计牙马尔白。可以：改贵白纳。路上雪大小：占门爹力义数以肯等汗。

库伦南还可以，库伦只厢阿弥陀佛实再大力：圐圙义纳可而太白圐圙那纳哥哥吉圪吉以坎白恼。只儿天将骆驼使乏拉：也内各吞红奴添蜜尼哭录数岛束吉。盖莫契的东西：玉而道以地乎天毛五贵。你从口儿时起身：七尼本英罕力罕乃是可加吓力生。随驮子一天起身：哈恰太捻各红奴吓力生。路过库伦，进营子去来莫有：圐圙哼各尔买卖爹力歹力生会贵。莫进去：歹力生五贵。听见库伦时景艰难：刀泳生圐囵爹力插克各臭保力生。吃食贵：以地户夭毛出尼太。你从那里转出来：七罕古尔秃弄弄生。从合洛河上转出来：合泳稿尔爹力秃弄弄生。过了几夜：各吞红奴生。骑的马来：磨利温纳吉以来生。不是骑的骆驼来：不细添蜜太温纳吉以来生。你家街门口（栓）〔拴〕的：力他内罕力罕爹力为约生。骆驼身上莫有东西：田蜜本英爹力夭毛无贵。有皮被套力：波各处被。拿进来，街上丢了我家不管：刀秃尔哈七来盖爹力唵达生回奴马内坎合麻无贵。就走亦：木启不义也、木启牙布也。驮子几时来力：哈却可加以来力。还得三四天：等史古力半红奴以来力。你在谁家下的力：七肯尼坎包吉白。你明后出去接驮子去力不：七马力吓什捻圪启尔吓力吉哈却无秃吉哦其乎白乎。去也：哦其也。你看（只）〔这〕些书字是拿（道）〔到〕街上的铺家，你与我挑出来，（兑）〔对〕我说，我好送去：七哎内必气各五之淂哈利盖尼甫子七那的约力吓吉尔坎明尼咱计哦哥必哭录吉哦其。

挑出来拉，只是东街铺子：约力吓生也内中盖尼甫子。只是中街：也内东达盖。只是西街上的：也内等兰盖内坎。你家的货来拉：他内等拉以来生。到了栅子上拉：栅子爹力白恼。全来拉：初太以来吉。莫有来了一半拉：五贵哈哈是以来生。留下的就来力：余的生尼木启以来乎。不中用，明天来拉罢：高利互贵麻力吓什以来力白。些许等一等，报了衙门力再进：把汗哭录力衙门爹力秃硕生回奴哦罗吉。（仝）〔同〕是我家的，还有别人家的力：补仝马内坎等史空尼坎白恼。莫别人家的，就是你一家的：空尼坎白户贵干只汗他内坎。走罢兑拉：牙布兑力生。慢慢走，不要刮的门子上：哈因达达达达牙布罕力罕爹力别的盖歹力。慢些儿，不要坠断鼻巨缰绳：哈因达牙布必的盖贝泳波就兔虎或尔。坠蹩鼻子利害力不是：合没而习铁而生回奴各臭不上。重过数目力：达坎吉桃泳乎。数目（兑）〔对〕拉：陶泳的兑力生。破烂短少不知道：狠克而生它它生尼蜜的户贵。揩完了告你罢：台力生回奴未毛克力其哦哥力。我问你家寻些柴薪，捎出帐房力使用：比他内坎等汗秃吕归吉埋汗爹力哈等其扎泳牙。不与我们些骨头：那的等汗岳数哦户贵。站一站，你喝了面茶走动了与力：贝扎七吕尔才吴生回奴牙布乎爹力哦哥纳。好干骨头莫肉：尼力毫生约数马汗五贵。要肉大买上一只羊，你又舍不的砖茶：马汗太不力罢捻为黑尼哈布七等史尺劳才灭力太。不化茶吃不上好东西：才化力户贵节夭毛牙加以地力。黑夜好罢：节红奴生。扽拉：訞贵白。你家账房里过夜来：七尼埋汗乃是新奴生。

帐房在哪里打的力：埋汗罕古而摘吉白脑。南鄂波北：哦波那的坎。喝青茶力：青才五户。后碰子货有了信见拉：书尔爹力等拉尺蜜太。昨日卸下的茶箱破了三箱，短了八九斤茶：丑各启尔包力吓生才古力办多而丝狠克而生乃马以数斤它吉。全来清了再说卜：补仝以来生回奴刻力气也。咱们两个做些买卖：必的合意而把汗买卖坎手。买东西我家有力：夭毛哈乎马内坎些。绸子、合洛、回绒、香牛皮、狐皮全有：白套尔二合泳坎今尔泳吓儿无尼盖新吓而白恼。贱卖与你：青达汗哦个也。拿出牛皮来我看：不泳吓而吓力吓必五计也。身称好，张页好，花样好：约数节哭录数以肯花而太。要甚价钱力：五尼牙加哦哥力。添上些：捻蜜吉。少上些：把汗樀计坎尔。下力：渣子而坎。多了不要：以流哈户贵。妥了放在你家：讨秃生回奴他内托此也。是的：波罗纳。妥拉：托力生。

我家世不哄人，不信（计）〔记〕上个（计）〔记〕号见：马内坎玉而道空毫力户贵丘艮什户贵捻为廷铁而吉坎。麻烦：眼什太。使用砖茶咱们有力：尺劳才扎泳明尼坎比。不敢定用不用：麻吓的丘贵扎泳纳丘贵。喂骆驼，办盘缠，你不用砖茶：添蜜铁加乎空尼数哈巴的尺劳才扎泳乎贵。照街上别人家使的价钱：唵达利汗盖爹力空尼扎泳生丘尼。时候赖雪大，走的赖，当家的们看的罢，可怜路远拉：侧克毛白恼义数以坎毛亥牙布生当家的蜜的吉口力跪点一合劳。恳求当家的：比当家的归也。莫甚恳求，一定要罚力：归乎夭毛丘贵泪不泳卡毛巴吉哦个。主小的：大户贵。你是头目，谓甚主不住：七达尔卦空由的大户贵。我少使用上些砖茶，下余银子与我还口里账罢：比他内等汗尺劳才扎洛牙余的生猛谷那的哦哥比刀秃尔单丝的哦个牙。你随便用茶，不用再你，我又不是包住你：七也连启洛吓而才扎泳乎以史扎泳比卡毛包为秃乎不细。又不是仗地欺人：也的哥把利户不细。你破了的箱子、短了的茶叶咱牙力：七罕罕生灭尔次妥妥古牙牙以达。你不信到后院里看去：七五艮什户贵回坎合摘哦共吉丘计的。破烂箱子多来（仝）〔同〕将就的驼拉，就留下短茶叶的拉：单罕罕生尼哈尔次哦寒白恼新登各吉或拉生白汗才它它生尼余的生。怎就短了茶叶拉：才牙加妥妥生。破了铅砀漏拉：秃或而吓罕罕而生高几生。回回家不要亦非自己喝：哦而史哈户贵哈明尼丘乎不细。讹你力：长毛赖达乎。刀扽子：活秃吓以什。

《初级小学补习科用商业课本（第一册）》

（山西省教育厅编辑，1926年12月第3版）

第一课　商业

商业和农工业，同是社会上的普通职业，农业人中种植收获原料，工人加工制成物品，都能供给人类生活的需要。至于商业乃是介乎生产者和消费者之间买卖物品，为有无之相通以谋需要供给的适合，并增进生产消费的便利。他的功用并不在农工业之下。社会上如果没有商业，可就非常困难了。我们生活一天就有一天的需要。若购买些微物品，也要跋涉山川来找生产者；而生产者要出卖他们的物品，也不能不搬运各处，来找需要的人。这不是徒费许多时间劳力，互感不便么？有了商人，在各地开设铺店贩卖各种物品；自然消费者可以就近购买，生产者也能专心生产，各安其业，是何等的便利！且当此国际贸易盛行的时候，欲将本国的制品销售外国，以增本国的富力，更非借商业的势力，不能成功。所以世界上的商业发达的国家，农工业没有不兴旺的，富力也没有不增加的，就是这个缘故。商业的起源，较农工业稍迟。但他的进步是很快的。当最初实物交易时代，固然没有商业。以后改为货币交易，商业因而勃兴。到了现在，又多凭信用交易，于是商业的发达，可谓圆满了。欧战以后，商业更为列强所重视。将来各国国势的盛衰，恐以商业发达与否为比例。商业之关系国家社会如此。

第二课　商业种类

商业的种类很多：就其本来性质上，可分为主要商业和辅助商业；就其营业方法上，可以分为自营商业和代理商业；就资本的多寡，可以分为大商业和小商业；就营业的地方，可分为陆上商业和海上商业，或国内商业和国外商业；就营业的处所有定无定，可分为行货商业和居货商业。这些都是学理上的区别。兹根据我国商人通例所规定的各种商业。列举如左：

（一）买卖业。

（二）赁贷业。如租赁器具房屋之营业。

（三）制造业或加工业。加工是就已有的物上，再加工作，如刺绣雕刻等类，所以和制造业不同。

（四）供给电气、煤气或自来水业。

（五）出版业，即编印书籍之营业

（六）印刷业。只印刷不编辑，所以和出版业不同。

（七）银行业，兑换银钱业、贷金业。

（八）担承信托业。如代人保管财产、代募公司的债、代人存放款项等类。信托公司便是这种。

（九）作业或劳务之承揽业。如包揽工程，即作业的承揽；夫头脚行，即劳务的承揽。

（十）设场屋以集客之业。如旅馆、戏园、澡堂、饭庄、茶楼等，均属于此。

（十一）堆栈业，即代人保管货物的营业。

（十二）保险业。

（十三）运送业，如铁路公司。轮船公司

（十四）承揽运送业。转运公司，即属于此。

（十五）牙行业。如洋行及发行业，代人买卖者。

（十六）居间业。介绍买卖，介绍职业等，均属于此。

（十七）代理业。

第三课　商业道德

经营商业，所应恪守道德上的约束，叫做商业道德。亦就是养成商人完全资格的一个要素。这个要素，较之商业智识，且更重要。商人如果道德高尚，不独可达营利的目的，简直于国家社会的前途，大有裨益。所以现世的各国，把培养商人道德一件事，为战胜商场的大准备。我国商人，从前曾受贱商的影响，有些人就自暴自弃，只知图利，把“道德”二字，搁过一边，很是错误。兹将商业道德的内容，略述如下：

（一）爱国。商人也是国民的一份子，负有爱国的义务自不待言了。现在世界各国，仗着商业的力，扩张国势，亦就如利用兵力一样。我国商人，务要注意于此。

（二）信实。信实不欺负一定是人人所亲爱的，诈伪无常一定是人人所厌恶的。商人若到人人厌恶，他的营业，岂有发达希望。且一次虚，累及百次实，迨至臭名日彰，就想挽回，也不容易。减轻分量，和劣质，真是自杀的法子。落一个后悔无及。

（三）公正。公正是美德。商人如能公正居心，人格自然高尚，名誉亦必隆起，何患事业不成呢？但是甚么叫做公正？须有判断的识力。真理、法律以及善良风俗，此三者可为判断公正的标准，如有违犯，自当力戒。

（四）勤俭。我们常听人说，“勤俭黄金本”，这话真是不错。勤则能劳苦，俭则可节省。办事劳苦，用钱节省，不是生财的第一要件么？商人若失此精神，即流于堕落，他的事业，也就不堪问了。

第四课　资本

资本为经商的第一个要素。营业所得利益的大小，每以资本的多寡为比例。所以资本越多，获利越厚。古语说“长袖善舞，多财善贾”，是自然的道理，但近世因信用发达，资本的运用较易。如果信用素著，可利用他人金钱，当做自己资本，发展营业。此可说是信用经济时代的特效。资本有流动和固定的区别。如银钱、物资、证券等就是流动资本。商业上多是运用这种资本去经营的。又如机械、房屋、器具等，就是固定资本。这种资本不能直接生利，不过是辅助商业的进行。商人运用资本，有两个原则：

（一）固定资本，要省到最小限度。就是固定资本愈少愈好。不作无益的设备。流动资本，要增到最大限度。就是流动资本，愈多愈好，方免临时竭蹶。

（二）运用资本，回数愈多，收益愈大。如一千元的资本每年运用一次，获利二百元，若能运用三次，即获利六百元，商人能力的大小，于此可见其一斑。

第五课　合同

我国从前对于商业，没有专定的法律。各处的大小商号，都是由商人自由组织，国家概不干涉的。组织的契约，名叫合同。这合同的写法，没有一定的方式。但是商号的名称、营业的范围、财东的权利义务，都要记载于合同上面。合同这个东西，有似乎现在公司条例所定公司章程的一部分，又似乎公司的记名股票。合同上不记铺长姓名，亦不记载号伙身股。因铺长非确定不易的人，身股又常有增加或减少的时候。顾名思义，合同当是合伙营业才用的。但习惯相沿，就是独东商号，亦间或写立合同。因为财东所作的股份和营业的范围，往往以合同为凭据。附合同式：

立合同交约（甲乙丙），某彼此缘系知交情谊相孚协力经营，继管鲍之遗风，立陶朱之事业，订定在某处开设某行生理成立某号，计共资本洋若干元分为几股，以若干元为一股，自开张后每年揭账，三年总揭，获有赢余，与身股合计，按股均分，倘不幸亏折，仍照资本股数均摊，各相允洽，永无异言，欲后有凭，立此合同一样几张，各执一张，以一张存号备证。计开：

某甲或某堂入资本大洋若干元作钱股几分几厘。

某乙或某堂入资本大洋若干元作钱股几分几厘。

某丙或某堂入资本大洋若干元作钱股几分几厘。

中华民国某年某月某日　某甲押　乙押　丙押　立。

代笔　某甲押。

对号。

上列式样，就是合伙的合同，若是独东商号，合同的写法只不用开首的几句。从立合同文约甲某下，就接写兹定在某处开设某行生理。以下便同一样。

第六课　商号

凡开设一个商店，必先起一个字号，作为代表商店的名称。这个名称在法律上叫做商号。和人的姓名，是一样的用处。商号关系甚大，如果有一个商号，能博世人信用，营业前途，必受良好的影响。商人使用商号，都有一种专用的权利。凡已经注册的商号，他人不得再用。如果有使用同样的商好者，可以禁止他并可请求损害赔偿。若有信用素著的商号，一旦歇业，又可出售于人，听其继续使用。法律上叫此为转让权。采用商号，原可自由选择，毫无限制。按我国商界习惯，多是选择几个吉祥、和顺、公正的文字，亦有以姓名为商号的。字数的多寡，亦无一定，普通多用二字或三字。但于此有一应注意的事项，凡不是公司的组织，不能用公司的字样。若是公司的组织，要分别出无限、有限或两合的字样。这是为名实相符，使人一目了然。我国商家，为使不识字的人，易于记认，每于商号之外，另设特别标记，如“三星牌”“双钟牌”等记号。在招牌仿单上，都可随意刊印。很有似于商标，亦有专用的性质。

第七课　商标

商人为表彰自己货物起见，常随意选择一个图形，作为特别标记，叫做商标。这种办法，是世界通行的。创作商标的时候，有几件事要注意：

（一）须用特别显著的文字和图形，以期一见易解。（二）商标形式的取意，要和自己商品的名称或实质有关系。（三）须指定所用的颜色。因为商标的用处，就是要使自己的商品，和他人的有所识别，以免购买者误认，故必须注意上列各项。商标必向政府注册以后，才得着专用的特权。我国于农商部设商标局，于江海关、津海关设商标分局，都是登录商标的机关。但犯了下列两项规定，就不准注册了：（一）为公益而禁止者，如国旗、国徽、军旗、国玺、官印、勋章等类，都是属于国家专用的，不能仿照他的式样，作为商标。（二）为私益而禁止者，如用假冒影射的方法，使用他人商标，是侵害他人的权利，所以也要禁止。外国商人，要在我国使用他的商标，也可以呈请注册。注册后，即与本国商人，受同样的待遇。我国商人，想在外国使用他的商标，也是这个办法。商标有效的期限，在我国法律上定为二十年。就是从注册之日起，二十年内为有效，过此便失其效力。商标是一种独占的权利，谁注册谁能享用，有时想把商标让于他人，还须呈报主管官厅，给他接领的执照，方可有效。

第八课　钱股和身股

我国商界习惯，有钱股和身股的区别。财东所出的资本，总额定为若干元，每若干元作为一股，这就叫做钱股。铺掌等大都只凭人力，不出资本，但他们的人力亦可准照钱股的比例，定为某人一股或几厘，这就叫做身股。到分红的时候，所享权利，身股、钱股是一样的。商家普通多是三十年结账一次，叫做账期。到了账期，将三年中所得的余利，按钱股及身股均分，叫做开股。不过财东家资殷实，可以等待三年分红；凭人力吃身股的，全家赖此生活，如何能等待三年呢？因此商界习惯，不论是钱股、身股，有每股每年准支钱若干的规定，叫做应支。应支有扣除、不扣除的区别。扣除者，三年中所使的应支，至结账时，必在应分余利中扣除。不扣除者，每年实支之数，作为营业开支，账期并不扣除。财东对铺掌等，给与身股，为我国商界最好的一种习惯。其法是将号中出力的人员，按服务的久暂、能力的高低、成绩的优劣，给与身股一份，或几厘。这种办法，很可以奖励铺伙的努力。

初进号的人，虽每年薪金不多，因为有取得身股的希望，亦就勤勉办事，不敢稍懈。此外还有一种好处，就是可以免资本家的独占。现在世界上有一个大问题，为劳动者和资本家的仇视。若用这个法子，劳动者可与资本家立于同等的地位，自然能够同心协力，往前进行，还有甚么仇视可言。

第九课　铺规

甚么叫做铺规？就是商店内部各人应守的规约。与国家官吏遵守的官规一样。如有违反，便要受相当处分。事业越大，用人越多，他的规约，就不能不特别详密。我们每到一个商店，常见他们墙壁上挂的一个牌子，写的什么不许长支短欠啦，不许私改账目啦，不许承担铺保啦，在从前的商业里，这也就是铺规，不过他的规定简单罢了。我国旧日铺规，原有成文的和习惯的两种。成文的，是用明文规定。习惯的，乃是历来相传，不用明文规定，凡是商人，都承认的。如有一个不遵守，大家都来责备他、制裁他。有时习惯的铺规，实际上却比成交的效力还大。现在商业发达，大规模的商业，日渐加多。从前的铺规简单，多不适用。各大商店，都有详密规定，其名目亦各不同。但其性质，无非严定约束，给大家遵守，和从前铺规的用意是一样的。至于铺规内，究竟应定何等事项，这却是因地制宜，并无限制。只看现下情形，防止商店内部各人，不要做危险于本号的事，也就尽铺规的能事了。

第十课　办货

古语说："商人懋迁有无。"这句话的意思，是怎么讲呢？就是把没有的东西，到有的地方买着。把有的东西，到没有的地方卖着。换句话说，就是办货销货的两件事。兹先将办货时应注意的要项，分述于后。

（一）调查产额。同一货物，何处产的多，何处产的少，都是办货前应当知道的。但调查产额，分经常、临时两种。经常产额，即每年常常有若干的产额，此种数目，平均无大变化。临时产额，如因年岁丰歉不同，自然就生出农产物多少的问题，但此现状，为一时的，非必年年如此。调查产额，这两方面都要切实注意。

（二）审查销路。每审查一种货物的销路，必须先分别他是必需品、非必需品。如米面布匹之类，是人人所必需的东西，只可以审查这个地方共需若干。办货时，酌量实在情形，不要出了所需的范围以外，他的销路，亦就可预想而知。若所办的货，非必需品，这东西，是一种可有可无之物，那可就要考察这地方的风俗习惯，普通喜爱着甚么。如背了大众的嗜好，就是办的货少，也要伤手。

（三）鉴定品质。各处所出的东西，是有一定的地道。甲地出甚么，乙地的便顶不住。乙地出甚么，甲地的便顶不住了。试看卖药材的，他的招牌上，常写着地道药材。其实不止药材为然，各物都是如此。但亦不能一概而论。同一产地而优劣互见，这也是寻常有的事。至于制造物，牌号固是区别的最要标准，然亦当细考其内容，并须采探新牌号，方为周至。

第十一课　销货

办货时应注意的要项，前课已经说明白了。再这里再说说销货。销货时唯一的问题，就是决定价格。定价固然是比成本愈高，获利越多。但有两点要注意的。是甚么呢？（一）市面商情；（二）买主心理。甚么叫做市面商情？就是需要、供给的关系。如货物缺少，需要的人多，或是专利包销的货物，别处不能够买，他的定价，不妨抬高。若普通货物，而来路并不缺乏，宁可比别家价廉，利益虽小，可是销路畅旺，能够以多胜人。甚么叫做买主心理？就是买主对于货物效用的认识。若是买主对于某种货物，认为效用不大，他的销路，自然是不能畅旺。此外买主的嗜好，亦有关系。如对于很喜爱的东西，定价稍高，愿意购买。否则视为无足轻重，置之不理，这也是人之常情。斟酌市面商情，及买主心理，虚拟一个极大的价录，叫做定价时最高的限度。若定价再高于这个限度，货物定然滞销。办货的原价，再加上运费、税金等，叫做定价时最低的限度。若定价再低于这个限度，便要赔累了。这两个最高、最低的限度，就是决定价格的原则。如能适用这个原则，所定的价目自然高低适宜，既容易销货，亦可获利，商之巧拙，端在于此。

第十二课　零售和批发

商号每因营业的方法不同，就有两种区别，一曰零售业，一曰批发业。凡将所贩的货物，在门市陈列，出售于一般消费的人，这叫做零售行业。他的业务，虽然琐碎，却与普通社会，关系密切。至于批发业，就与此相反。资本比较的雄厚，直接向工厂或产地办货，卖给一般零售商人。他所进出的货物，均系大宗，概不出售。此外有一种营业，他本是批发庄，同时又行零售。在通都大邑，多有这种商号。他们市上的定价，与普通零售业的定价，相差不多，所以有"让行不让利"之说。总之，零售业与批发业在法律上并无一定限制，完全为营业的自由。有些人对于批发业，称为大商业；对于零售业，称为小商业。这样区别，也不妥当。按之我国商人通例施行细则，凡资本不满五百元的，就称为小商业，若零售业，资本在五百元以上，岂得称为小商业么！零售业与批发业间应注意的地方，就是人才的选择。零售业只是销售于本地，所用铺伙，苟能勤慎将事，便可成功。至于批发业，他办货多在大商埠或产地，所需的人才，可就不同了。不唯要有筹划一切的智识。因为事体重大，交际广泛，法律的原则，也要知其大略。外国语方面也应有会话，及认识收据发帖的能力。若拘泥陈法，仍用不是学校出身的人，恐怕不免误事。

第十三课　晋商大势

经商为晋人的特长，全国之中，无论内地边疆，凡是有商业的地方，都有晋商足迹。就其大势而言之，可分为五部：

（一）在西北者。如东口、西口、丰镇、包头、库伦，以及恰克图、莫斯科等处，晋商势力甚伟。所营之业，以输出红茶、曲绸为大宗。其它如当铺、粮行、汇兑业亦无所不有。内中有些地方，他的金融权，几完全操于晋人之手。次若新疆、伊犁、青海等处，晋人在此经商者亦多，不过其势力较为狭小，将来再事扩充也不可限量。

（二）在东三省者。奉天、吉林、黑龙江寻常称为东三省。这三省地方，土地新开，物产丰富，又因人口稀少，谋生较易。向来晋人到此经商者甚多。近数十年，水陆交通，更为便利，东通日本，北达俄国，国际贸易，进步尤远。晋人在所营商业，亦与年俱进。从前所营的商业，不过为质当、烧锅杂货等类，今则兼营汇兑业、国际输出入业。他的前途，很是远大的。

（三）在长江流域者。晋人在长江流域经商的，两江以苏州、杭州、上海、镇江等处为最多，两湖以汉口、武昌、宜昌、沙市等处为多。所营商业起初不过是粮行、油缸等业，后来逐渐进步，则有茶叶、绸缎业、当铺、汇兑业等，而上海尤为外货输入的码头，办洋货者，多萃集于此。

（四）在陕、甘、川者。陕西、甘肃、四川这三省的商业界，晋人也有极大的势力。因为陕西和山西仅隔一河。沿河的渡口，如保德、碛口码头，禹门、吴旺、大庆、风陵等渡，又是往来很便。所以陕西一省，到处可见晋商。所营之业，亦是无行不有。甘肃虽距晋稍远，但其地风俗朴淳，利率较高，晋人多由陕至甘推广其商业的线路。若四川则土地肥沃，轮船可通，如成都、重庆，都可说是一个大商埠，晋商在此营业，其规模亦就和在陕甘不同。在甘肃所营之业，多为布匹、估衣、杂粮，在四川多为洋货、夏布。

（五）在直、鲁、豫者。直隶、山东、河南这三省和山西土地相连，言语风俗也相差不多，所以晋人在此经商者，无县不有。营业的种类，在直隶首推杂货、皮货、染房。在山东首推盐商、当铺。在河南除钱、当两行外，茧绸业，也大有可观。每年和外商交易，只鲁山、唐县、许州等处，不下数千万元。其事业之大可以想而知。至于天津，本是北省的一个最大码头，晋人在此营业的情形，又当别论了。

第十四课　银行

银行是一种流通金融的营业。他的效用，实在雄伟，在商业界上，居于首屈一指的地位。就是因为他一方面有吸收游金的能力，他方面以其所吸收之款，放于各处，而各种实业，得赖以发展。他既有这种作用，那么，就说银行有左右国民经济的力量，也无不可。银行约分三种：（一）农业银行；（二）工业银行；（三）商业银行。农业银行和工业银行是限定一种营业的范围。如农业银行，只放款于农业界；工业银行，只放款于工业界。他的宗旨，单是因为提倡一种事业而设。放款的期限极长，利率亦轻，均有特别的性质。这两种银行，有单独设立的，也有合并设立的，合并设立的，名为农工银行。我国近年来农工银行，创设的地方颇多。但他的业务，仍与商业银行无大差异，可说是名实不符。我们普通所说的银行，即专指商业银行而言。商业银行的业务，大略如左：（一）存款；（二）放款；（三）汇兑；（四）折息（又名帖现）；（五）买卖生金银；（六）买卖有价证券。以上所列，前三者为主要业务，后三者为附属业务。存款、放款与钱铺的业务相同，但有时为提倡储蓄起见，最小的存款，亦按日付利。这是与钱铺微有不同之处。汇兑与票庄的业务相同。折息是折扣利息的意思。如期票尚未到期，要想用现款项，将期票拿到银行，照额面数目，预先扣除应出的利息，折合成一个数目，付与现款。在持期票的人，可提前取用现款，在银行方面，也就因此得到一种利息，好似抵押期票借款的样子。想这种业务，在钱铺里，也该有的，但不如银行的那样发达罢了。买卖生金银，与钱铺的银钱易换相同。买卖有价证券，也无非是贱买贱卖，从中取利，钱铺业务，亦或有此。至于银行放款，肯用抵押物品的法子，这与当铺业务何异？由此观之，我国未有银行以前，他的业务，有钱铺、票庄、当铺三种商号去代替。不过是这三种商号，都不如银行的资本雄厚、规模宏大，所以他左右国民经济的力量，也就有逊色了。

第十五课　票庄

票庄是我们山西人发明的一种营业，专以经营汇兑专业为目的。这种营业，创于前清乾隆、嘉庆年间。当未设有票庄以前，各省的商人，买卖货物，或银钱往来，都用现款转运。转运的方法，除由商人自己携带外，系由镖局保送。这个办法，商人极感不便。于是平遥有个商号，他首先行用汇兑的法子，凡商人欲向各地汇款，无论大宗小宗，都揽收在他的商号中，代为收交。只通信一封，在各地分庄，就可按信交款。当汇兑时，酌量各地方银色高低、交通顺逆，各按所汇数目，加以汇费，叫做汇水。这就是票庄的起源。后来此种营业，日渐发达，遂有新投资本，专营此业的。他的业务范围，也就与从前不同了。汇兑之外，并注重存款放款，与银行立于同等地位，有操纵各处金融之力。获利之丰，亦为各商之冠。光绪末年，此业可谓极盛。辛亥革命，各省秩序，一时紊乱，他因为在各省分庄最多，所以受的损失最大，忽然现出衰退的状况，倒闭者十居八九。此为票庄最失意的时期。到了现在，又渐渐恢复他昔年的原状，但家数减少，远不如从前了。票庄既与银行有同一的效用，他的前途，自然仍是不可限量。又加以资本充实，号伙稳健，将来在银行同中，必能有相当的势力。现在他们营业的手段，也多数采用银行的法子。凡银行所有的业务，他们也件件都有。只是号内的组织不依据银行则例罢了。

第十六课　钱铺

钱铺也是一种流通金融的营业，他资本虽不及银行和票庄的雄厚，规模虽不及银行和票庄的宏大，但这种营业，却是到处皆有。在经济界上，很占有重大的势力。当没有银行的时候，钱铺可说是国内唯一的金融机关。因为票庄家数无多，总括起来，他的势力，实在票庄之上。钱铺最发达的地方，全国首推上海。上海的钱铺，大概分左列三种：（一）汇划庄；（二）跳打庄；（三）零兑庄。汇划庄，发出庄票，定期付款，信用极好，外国银行和洋行都可以收受的。跳打庄和汇划庄的业务相同，只是范围较小一点。至于零兑庄，则单营门兑，范围狭小，在金融界是没有多大影响的。我们既明白上海钱铺的情形，其它各处，都是和他大同小异；不难推想而知。钱铺营业，其主要部分，纯是注重存款放款。用较轻的利息，吸收外界游金，以较重的利息放出。因之从中取利，各种实业，亦就赖以发展，和银行的作用相同。存款放款之外，易换亦是他的主要业务。易换即买卖生银的变名。银行有买卖生金银的业务，钱铺亦有买卖生银的业务，可见他们性质相同，不过营业状况，有繁简的分别罢了。预想将来银行发达后，钱铺也要占优胜的地位。因为他的势力，是散布于各处，无论银行发达到甚么地步，也不能像他普及。他的业务，又与银行相似，就叫它是个小银行，有何不可。所以他的前途，是很可乐观的。

第十七课　当铺

当铺专以抵押放款为事。抵押之物，以动产为限。人如有急需，拿自己的衣物或器具，作为抵押，向他人借款。他按抵押物的价值，酌定贷款的数目，并附定率利息，限一定期间回赎。如过期不赎，他就自行变卖，叫做出号。这就是当铺的主要业务。当铺的定率利息，普通多是二分至三分。回赎的期限，大概以两年为限。近来因银币飞涨，百物腾贵，当商营业，日见衰退，为恢复振兴起见，多有加增利率，缩短回赎期限的拟议。但利率太大、赎期太短，又不足以广招徕。当铺对于社会的利益，是能救济普通人的缓急，也有流通金融的效用。在昔各种商业幼稚时代，当铺是比较殷实的。公家款项，有时存放于此，以图安全。所以有裕国便民的美誉。不过依现代经济的状况，这种营业，将来恐不免有一番变迁。此外有一种营业，与当铺相似，而资本不丰、利率之大、赎期之短，绝不可与当铺相提并论。名之曰小押当，又曰质店。他每为当铺所反对，且受官厅严重的监督，因此多开设大租界内，希图避免拘束。凡殷实东家，和志愿远大的商人，不愿贪此目前近利，他的前途可想而知。

第十八课　粮行

粮食就斗牙行的变相。在从前交通不便的时候，米粮是笨重物品，只能供给本地人的食用，不能像他种货物，由客商贩运远方，逐什一之利。所以买卖粮食，不过由籴主粜出，直接交易，斗牙商只是在中间过斗权粮，向籴、粜主两方面，抽取银钱。嗣后有善于经营者出，开设店栈，遇粜主有残余米粮，不便携回，或急于用钱，而预备欲售的米粮，却不能当时粜出，斗牙商即利用这个机会，以贱价收买。俟粮价昂贵时，再行粜出。比较单抽佣钱，获利备丰。因此各斗牙商都估有宽敞的店栈，并悬挂粮行的招牌。这就是粮行的起源，也就是粮食营业的目的。现在有轮船、火车等交通机关，运转货物，极其便利，不费服牛驾马的劳力，能收任重致远的效果，粮商遂能够装载米、麦、稻、蔬等粮销售远方。人民享移粟之益，商人获倍称之利，实在是两便之道。但有一等斗筲市侩，借囤积米粮为名，实际上却是过一笔空账，到约定的日期，只以粮价的涨落，结算赔赚，这就是刑律上所说的买空卖空。好商人断不敢冒着这种危险的。

第十九课　杂货行

一个社会中，供人类需要的东西，很是繁多，要是开设一个商店，只卖一种货物，在通都大邑还可，若在偏僻小地方，无论那样货物，销额均不甚多，单独售卖一种货物，生意自然萧条。因此有一种商店，同时兼售许多种类的货物，这种营业，叫做杂货行。杂货行大概可分两种：（一）米面杂货行。凡切近于食品的，如米面、油、酒、烟、茶、醋、酱，以及海味、纸张等类，均零售或批发。其规模者，并且自行制造。（二）京广杂货行。凡切近于服装的，如布匹、绸缎、巾帕、带线，以及化妆品等类他都出卖，其规模大者，并且贩外国输入之物。杂货行的好处有二：（一）所售物品，种类很多，贩运时有自由选择的余地。不怕因为一种货物产额销路的变迁，影响其营业。（二）于同一个地方，出售各种货物，在需要者、供给者两方，均可为时间和劳力的节省，很是经济。近来有一种杂货行，规模极大，凡是人类所需的物，无不毕备，建筑很壮丽的房屋，把所有的物品，各以其类，分布陈列，任人选购，叫做百货商店。这种营业，盛行于东西洋各国，我国尚不多见。

第二十课　标期

商人办货，用现金交易，当时钱货两清的，实在很少。大概都是先行交易，然后定期付。这付款的时期，每年中按照四季为春标、夏标、秋标、冬标。每季付款一次，叫做标期。“标”字本作“镖”。从前交通不便，每用车马运送现金，叫做起镖。我省人旧日在各处经商，因为不能汇兑，所有一切款项，也是用起镖的法子运去。西北路镖驮出发经过的地方，是由包头到西口，西口到东口，东口到忻州，忻州到太原，太原到太谷，太谷到汾州，每到一处，各商家都要把款付齐，这个日期，叫做镖期。到了后来成了一种习惯，虽然没有镖驮出发的事实，但是也要按照这个日期了结账务。因此就把“镖”字改成“标”字，好像有“标准”的意思了。现在山西各商家适用标期，最普通的是太谷标和太汾标两种。每季中还是按一定的日期过标，至标期和取货时的距离，亦不甚一致，大概隔一季的居多。例如春季买货，夏季付标；秋季买货，冬季付标之类。亦有隔两季才付标的，颇居少数。总之，无论标期长短，到期必要付款，倘到期失信，叫做顶标。顶标的字号，立时就要倒闭，所以顶标是商家的大忌。

第二十一课　广告

自从世界交通、商业繁盛，同业的竞争，亦就日渐激烈。凡经商的，必要想个方法，扩张销路，才能使营业发达。普通最肯用的方法，就是广告。因为广告的好处，能使远近各地的主顾，都知道本号所营何业、出售何物，自然可以招徕。广告不外口头、文字、图书三种。口头广告，无非对于社会上的消费者，时常为接洽宣传的举动，其效力很小。至于文字的、图书的广告，或登载报纸，或印刷仿单，或在舟车及公共游览处所，用种种表示，使人注意，他能于最短时间内，教多数人知道，所以商家广告，多用此二种。用广告的时候，要注意下列各项：（一）文字的意思，要浅近易解。（二）图画要简单醒目。（三）不可批评他家货物的长短。（四）无论文字图画，总要能感动阅者的情意。（五）要时时变换，免人生厌。（六）要载明要点，如价格、经售等处。（七）要斟酌形式大小，免滋滥费。

第二十二课　旅行须知

经营商业，大半是要到远处去的。所以旅行这件事，虽是人人不免，而在商人，尤其是要紧的。但无论作什么事，也得有一种常识，才不至于失败。现在将旅行必须知道的几件事，写在后边：

（一）语言。语言是交换智识的媒介，交际往来，无不用他。不过我们中国的语言，极其复杂。在家乡多用本地土话，要是出到外边，再说土话，人就不懂。所以旅行时，必须能说普通官话，这需要自幼读书时留心练习。

（二）衣物。出门的行李，固当力求简单，以防累赘。但应用的衣服、被褥，和防备风雨的斗篷、雨伞，亦是行囊中必不可少的。

（三）盘费。商人办货的资本，大概先从银行或票庄汇兑。惟自己的路费，总须随身携带。临启程时，不妨照预算的路费，多带四分之一，以防临时意外的支出。还有一层，在货币不统一的时期，要打听各处银洋的行使。往往因银洋行使不便，多费周折。这种无意识的阻碍，也不可以不妨。

（四）路程。要去那里，最好是向书店里买一本旅行指南。若是偏僻小地，没有这种书籍，可供参考，亦必须要把沿途路程的情形，打听明白，才有标准。初次出门，能和一个老于行程者相随，听他指导，便省事多了。

（五）遵时间。出外旅行，都有预定的时日，和寻常在家时不同。人往往初到都会地方，贪于游观，以致迟睡迟起，误事实多，这就是不遵时间弊害。至于火车、轮船的开驶，他的时间，尤是丝毫不差，自己若要误时，便要耽搁行程。

（六）守功德。我们中国各处的栈房，除靠近铁路的少为洁净外，其余差不多都是破烂污渍，简直不能居住的样子。这固然是开栈房的人，太不讲究。然而根本原因，亦是由于所住客人，不守功德所致。须知公共的物，要比我们自己的物，更宜爱惜，岂有任意蹭踏的道理。

第二十三课　太谷

太谷是山西全省的第一个商区。在商业界的势力，可以左右全省金融。城内商号栉比，又多为批发庄，他的支庄，遍满于全国。山西中部的商业，首推祁、太、平、榆。但祁、平、榆三处，固然各有所长，如祁县的茶庄、平遥的票庄，尤其轰动一时。不过要总括起来，还不能与太谷等量奇观。他们的历史，也不能与太谷同日而语。当明朝时候，外国人和中国通商，独在澳门一隅，我们北省距澳门很远，没有人敢放洋前往，独太谷人，具有远大眼光，首先去澳门行商。至于中国的境内，三百年前，就都有太谷客商的足迹，那更不用说了。所以参茸庄、绸缎庄、锦茧庄、洋布庄这些较大的商铺，都是先从太谷创办的，其它银行、布行、铁器行、竹器行、南京杂货行，亦莫不占有先进的地位。太谷有许多大商铺，所卖的货物，又是别处没有，因此全省的商务，就自然集中于太谷一县。省南的平、蒲、绛、解，省北的忻、代、宁、保，以至大、朔、归绥，各处的行商贩客，莫不来太谷采办货物，运回本处销售。要以寻常眼光看来，太谷居然成一个商埠了。自火车通行以后，中部各县，以及北省距京绥路近的贩商，虽多亲到外省办货，但是太谷主要货物的销路，并不减退。至于韩侯岭南的客商，仍是来太谷采办一切。这都是规模雄大、信用素著的缘故。

第二十四课　大同

大同为西北重镇，雁门道尹，即驻此地。北负阴山，南临恒岳，介乎内外长城的中间。以得胜口为出入要路。境内有桑干河，及御河支流。又扼京绥铁路的中枢，将来同成铁路，也要从此做起点。大同形势，既如此重要，他的商业，也自然和他处不同。大同商业从前本不甚发达。自京绥路通车而后，和包头、张家口的交通，一天比一天便利，各种商业，也就大为进步，有一日千里的趋势。就中规模最大者，为制皮业。此业创办多年，自新疆购买生皮，运回本县，制为皮衣，销于天津、北京、上海等处。至今他的销路，仍是很畅旺的。近来还有一种毛织业，也很发达。因为接近口外，驼毛、羊毛，所在多有。以此经营毛织，实在是相宜的很。大同更有一种出产，为煤矿。山西产煤的地方，普通最肯称道的，是平、盂、潞、泽。其实大同产煤极丰，且系烟煤，最适于汽机所用。近年保晋公司，在此开采，获利颇丰。将来再有企业者继续开采，必成一个最大的矿业区。矿业既如此发达，各种商业，自然要相随的发达起来。所以说到大同商业，将来的希望，实在无穷。

第二十五课　忻县

忻县在太原省城的北面，与太原相距一百四十里，也是山西省内的一个商业区域。境内四面多山，中间却是平原，广袤约百余里。有云中、牧马二大河流，灌注其间。近年在此两河间广开渠道，土质渐变，农业颇丰。但是全县地内所产，总不够全县人所用。人民职业，仍多数趋重于经商。凡新疆、伊犁、内外蒙古，及归绥、察哈尔，所属各地，无不有忻县商人的足迹。不独以劳力经营，在那些地方投资企业者，亦很不少。若确实调查西北商务的状况，忻县人实占有重要地位。忻县人具有勤苦耐劳的特质，他俭朴的风尚，尤不可及。故商业虽隆，不流于奢侈。县城华丽不及省南各县，而宏壮过之。内有大小的商号五六百家，货物除供给本地外，并销售于附近各县。归绥、包头、丰镇等处，所用的货物，有时也从此输出。钱行营业，尤特别发达。隐隐中为山西省北的商业中枢。交通便利，省北汽车路，及忻定台汽车路，均由县城经过。将来同成路开车，此地也是必由之路。

第二十六课　运城

运城在晋省西南，西与陕西接近，南与河南毗连，为秦、晋、豫三省往来的中枢。地形平坦，汽车路直达太原，交通上称便利。河东道尹公署，就驻在此地。当前清时代，道尹衙门，兼理盐法事宜。自民国成立，国家专设盐运使司，独理盐务，直接于中央政府。这个衙门，每年所收的盐课，也有数百万元，在这种情形之下，商业当然是要发达的。现在运城商业，仍以经营潞盐为第一。产盐的盐池，在运之南里许，每年四、五、六月间，为晒盐的时候。虽云天产，实赖人力。其产额甚巨，盐质色白如玉，系结晶体。行销于河南、陕西、山西三半省的地方。营此业的有坐商、运商的分别。坐商专司晒盐，运商专司运售。近年来盐税屡加，每斤价值，比从前高涨三四倍。复因长芦的盐侵占河南潞盐引地不少，花马池盐，行销于陕西潞盐引地者亦多，再加以连年兵燹，秦豫二省，运输滞碍，坐运各商，颇受影响。将来如能恢复秦豫潞盐引地，则营业发展，可立而待。

第二十七课　新绛

新绛旧称为绛州。俗语常说："南绛北代，忻州不坏。"但新绛的商业，不惟代县比他不上，即忻县也恐稍逊一筹。县城在汾河右岸，自绛而下，水可行舟，直通陕西。前清时属有稷山、河津、闻喜、绛县、垣曲五县。士宦往来，商贾云集，确是韩信岭南的一个商业中枢。刻下汽路由侯马直达，交通尤便。商品输出，不但及于邻近各县，且可西达陕西、甘肃，南达河南、汉口。所营商业，种类很多，择要列举几种：（一）皮衣业。这种营业，甚为发达，系用狐和羊的皮子，制成衣料。有狐腿、狐脊、珍珠毛、寒羊毛、大羊毛、二羊毛、小羊毛等名称。生皮来自陕西东部，及本省岭南各县。制成之货，行销河南、湖北一带。（二）革件业。用牛马的皮子，制成皮靴、皮条、皮脊、皮绳、弦、靴、鞋等物品。营此业者，有二十余家。销售于本省，及陕西、河南各处。（三）毛织业。专造坑毡、棹毡，染成各种颜色，水湿不变，向称贡品。行销陕西、甘肃、太原、北京各地。（四）杂货庄。此种营业，除过零售小铺，还有批发庄多家。运销邻近各县，及陕、甘两省。（五）铁货庄。生熟铁货，都从潞、泽两属办来。除行销本地，及邻近各县外，均由汾河直运陕西。（六）花店。新绛四处，皆产棉之区，近数年花店忽增至十余家。收集各处棉花，运往天津、汉口销售。岭南为花店营业者，尚有荣河、洪洞、解县等处，而新绛局面，亦称宏大。此外绣织业、尾织业、钢器铁器业，也算兴旺。民国以来，商民注意实业，工厂陆续设立，火柴公司已有两家，销路很广；纺纱厂也不久开工。前途发展，实有厚望。

第二十八课　碛口（附山西汽车路线全图）

碛口在临县和离石县的西旁，是我们山西最西面的个大镇子。有五里长的街市，和四五百家多的商区。西面临着黄河，渡河即是陕西的吴堡县，能通到陕北的神木、榆林及甘肃之宁夏。东路可以通至汾阳、榆次一带。南路顺着黄河，可通至永济。北路从黄河上去，可一直到包头。交通如此便利，自然与经营商业，有许多的好处。碛口所来去的货物，约记如下：西路来货皮、毛、碱，去货布匹、省南棉花、生铁货、磁器。东路来货河南布、洋布、省南棉花、熟铁货，去货皮毛、油碱、粉条、粉皮。南路来货——，去货小米、麦、豆。北路来货油、盐、鄂套碱、杂粮，去货——。据上所述，南路无来货，北路无去货，俱是因为黄河水逆，不能用木板船上行的缘故。但不过在群峰叠峙的区域里边，碛口总算是交通便利的地方。将来汾碛汽车路，完全修通以后，此处的商务，更是要发展的。

（图略。）

第二十九课　石家庄（附正太铁路交通图）

我们乘坐正太火车东行，到直隶获鹿县属的石家庄，见人烟稠密，商贾往来如织，几拟此地为燕、晋、豫三省中间的一大商埠。经营各种商业，都似有发展的希望。及实地考查始知石家庄系一南北交通的要道，货物运转，都要经过；并非百货聚集的商埠，亦非百货销售的商场。在此地营堆栈业，或运送业则可，若欲营规模较大的其它商业，刻下尚误不到。当三十年以前时，石家庄不过一百户以下的小村庄，清光绪二十八年，京汉铁路告成，北达京都，南达湖北所属的汉口镇，全路长两千四百里，于是直隶的花布、江浙的绸缎、两湖的竹茶、江西的瓷器，以及一切洋广杂货，都由京汉车运输，而石家庄遂变成了咽喉要路了。至光绪三十年正太铁路工竣。三十一年，津榆铁路与安奉线接连，改为京奉铁路。由是东三省的药材、米粮，亦皆由京汉车运往南省。而山、陕、甘三省的货物，无论输出或贩入，总以石家庄为集中地。客商往还，日累千万，无怪乎石家庄房屋棉叠，气象日新，将来沧石铁路再行告峻，石家庄更是四通八达，终久要成立一个商埠。

（图略。）

第三十课　弦高

商人以营利为目的，这是不用说的。但利己而兼利人，方是合乎道德的营利。若只图自己的得利，不愿别人受害，甚至妨碍国家社会的事，亦莫不在意，这就是孔子所鄙视的“小人喻于利”了。岂还是商人的资格吗！春秋时，郑国有个商人，姓弦名高，他将要到远处做买卖去，路过滑地，正遇到秦国的孟明，暗暗地领上兵，要袭取郑国。他一听见这个消息，不由引动他的爱国心。于是想了一计，就是假装成郑国的使臣，拿了四张熟皮、十二双牛，作为礼物，去犒赏秦兵。见了孟明，对他说道：不至于灭亡，可也就受害不堪设想了。如弦高者，才算是够商人的资格哩。

第三十一课　子贡

古书上有“士农工商”的一句话，一般妄解的人，便称士为四民的首，商居四民的末。其实这是说话的前后，并不是等级的分别。可以说农工商士，亦可以说商士工农，这个有甚么一定？春秋时卫国有个子贡，姓端木名赐，子贡是他的字，他是孔子门下高才弟子，长于言语，精于算术，在七十二贤中，亦是赫赫有名的。子贡常往来于曹国、鲁国间做生意，获得许多余利。积产既丰，为用自便，每逢出门，聘享诸侯，他便结驷连骑，光耀邻国。他所见的国君，莫不表示欢迎。声誉洋溢，名重一时。孔子曾赞美他道：“赐不受命，而货殖焉，意则屡履中。”这话的意思，就是说子贡为人有强忍的力量，能够抱住人定胜天的志愿，故不受天命的束缚。而度量商情，及辨别其它是非，屡次不差。由此观之，子贡本是士人中的一个名下，同时他又是个经营商业的人。再进一步说，他是孔门的大弟子，是我们所崇拜的大贤，后世的士人对于他，实在是望尘不及，谁知他却是个商人。那末商人不但是与士没有分别，与圣贤也没有分别。还说甚么士为四民之首呢！

第三十二课　货币一

商业未兴的时代，人民都是拿上实物互相交换，无所谓货币。后来文化进步，渐渐底觉着这种办法不太便利，于是想出了一个方法，指定一种共同的物品，作为交易的媒介物，这媒介物，就叫做货币。这种货币的原料，也不一致。如、皮贝壳等类，都可做的。这种货币，称为物品货币。物品货币，实际上却有种种不便。因为他的质料易于朽碎，难于分析，而且产额有多少，标准无一定，于是就改用金属货币了。古代的金属货币，种类很多，最著名的有刀币、布币、泉币等。所用的原料，大概不外铜、铁一类的贱金属。这类贱金属很是笨重，价格又肯变动，在商业发达的时代，他是不便于周转的。所以现在世界各国，都改金银做货币。这种货币，称为贵金属货币。贵金属货币，有几种好处：（一）性质一致，不容易变化。（二）携带便利。（三）可以随意分合。（四）可以永久收藏。（五）容易辨别好坏真假。（六）产额有定，价值稳固。

第三十三课　货币二

货币制度，为国家重要行政。故无论何国，都有一定的法令规定。我国于民国三年，也曾公布《国币条例》。照这个条例看来，我国是采用银本位制。主币叫做圆，每一圆的量目，合库平纯银六钱四分八厘。其它辅币，为角、分、厘之分。角亦以银为之，有五角、二角、一角，三种。分、厘用镍及铜为之，镍币只限于五分的一种，铜币有二分、一分、五厘、二厘、一厘，五种。一圆银币，用数没有限制。五角银币，每次授受，以合二十元以内为限；二角银币，每次授受，以合五圆以内为限；镍铜币，每次授受，以合一元以内为限。但租税的收受、国家的兑换，不适用这种限制。这都是币制条例所规定的。且明明规定铸发之权，属于政府。不料《国币条例》颁行以后，没生效力，各地的货币，仍是紊乱异常。他的缺点，约有三种：（一）种类不一。银圆有龙洋、袁像洋等等，银角又有大洋、小洋的分别。但每一种洋园，此地通行，他处或竟拒绝。（二）辅币充斥。新辅币，按条例本是十角可当一园。但因主币太少，辅币充斥，往往不能照抵。（三）银两不能完全废除。银两成色既有高低，称量又有大小，通行自属不便。乃自铸发银圆后，银两没有完全废除，反生出银两和银圆的比价。以上所列的缺点，都于商业发展有极大阻碍，很盼望政府早日整顿。

第三十四课　货币三

各国的币制，也各不同，有用金本位的，有用银本位的，有金银兼用为本位的。且量目不同，价值各异。兹将各国现行币制的大略，分述于后：英国是金本位。主币叫做磅，又叫做沙佛令。一磅的二十分之一叫做先令，先令的十二分之一叫做辨士。每磅合于国币，约值十元左右。美国也是金本位。主要叫做弗。一弗的百分之一叫做仙。一弗的价值，约合我国二元左右。法国是金银兼用为本位。主币叫做法郎，一法郎的百分之一，叫做生丁。一金法郎，约值我国四五角。德国是金本位。主币叫做马克。一马克的百分之一叫做分尼。以前一马克的价值，约合我国四五角。欧战以后，因为滥发纸币的缘故，价值大落。俄国也是金本位。主币叫做卢布。一卢布的百分之一叫做戈比。从前一卢布的价值，约值我国一元左右。自从苏俄革命后，也因滥发纸币（俗称羌帖）的缘故，价值大落。日本也是金本位。主币叫做圆。一圆百分之一，叫做钱。日本的一圆，和我国一元的价值相仿。外国货币，也有在我国流通的，例如鹰洋、站人洋、日洋等类，从前流通的很广，现在逐渐减少了。他日《国币条例》完全实行，外国货币，就不能通行了。

第三十五课　纸币

金属货币，做交换的媒介，虽然很好，但近世交通日广、贸易日繁，如果日常交易，都以金属货币相授受，数目不多还可。若用多数的时候，就有三种不便：（一）分量太重，数大路远，运送很难。（二）数目零碎，大宗的支付，计算上很费事。（三）容量太大，数目一多，无法秘藏。因此又想出一个方法，专用一种纸质票据，作为实币的代表，这就叫做纸币。纸币不过是一张纸，纸上写明数目，表示一定的价格。他本身是没有价值，不能独立做交换的媒介物，只能做本位货币的代表。所以，纸币能否代表实币，全以发行机关能否兑现为断。我国政府特许发行纸币的机关，是中国银行和交通银行。他们所发的纸币，可以通行全国。但是各省分行发行的纸币，不能互相流通。例如太原分行的纸币，不能在北京分行行使，汉口分行的纸币，也不能在南京行使，这个是一个很大的缺点。加以外国银行，也在我国发行纸币，各地之小商家，也私自滥发纸币，币制如此紊乱，所以现款日益缺乏，物价日益增涨，很是可忧的一件事。为今之计，要从速实行《国币条例》，并严行取缔滥发纸币。不然，金融的前途，可就不堪设想了。我国通用的纸币，有银两票、银圆票、铜圆票等类。银两票分百两、十两、五两、一两数种；银圆票分百元、十元、十五元、五元、一元等数种；铜圆票分一百枚、五十枚、二十枚、十枚等数种。银两票，近不多用。银圆票多流行于都会城市，大抵为国家银行和省银行所发行，受官厅严重监督。铜圆票多出自小商号，流行于乡间。

第三十六课　记账法一

商人们常有一句俗语话道："有账算倒人。"又说是："事忙先记账，免得日后忘。"由此看来，可见账簿是商家重要的东西。因为商人营业，每日出入银钱货物，是很烦多。要没有账簿详细记载，不惟是生意的赔赚不得而知，就是和他人的债权债务关系，亦无从考察。所以无论是何等商家，都有账簿。账簿的格式，有新式、旧式的不同。新式账簿又叫簿计。我国规模较大的商店，间有采用者，不十分通行。普通的商家，仍用多用旧式账簿。现就旧式账簿的组织约略说明：（一）流水账；（二）老账。流水账是商店的基本账簿，以日为纲，每日随时随事，凡和银钱货物出入有关的事，都要记到上边，所以又叫日行流水。他的种类，因业务的不同，分为银钱流水、进货流水、批发流水等类。银钱流水，专记银钱的出纳。进货流水，专记买进货物，卖主名号、货物名称、数量、进价，以及脚运、杂费等。批发流水，或称门市流水，专记卖出之货物。也有把赊账和现卖各立一账，分别登记者。老账是由流水账分类传记，以图结算时检查便利。也大概分为银钱账、进货账、人名账、字号账、日用账等类。银钱账专由银钱流水转入。进货账本专由进货流水转入。人名账是就各流水账上的往来存欠，以人名为纲，分别记载。字号账与人名账用项相同，不过彼记人名，此记字号。日用账是载记号内伙食、杂支、薪工等项。总之，无论何项老账，都是由流水账上转记而来。以上两种，是主要的账簿。此外还有暂记账、存货账、送货账、支使账等，是为辅助账簿。各商号或有或无，都不一定，只看他业务种类如何。用着甚么账，便添制甚么账，不能一概而论。

第三十七课　记账法二

账簿的效用，和种类，即如前课所述，兹再言其处理法及结算法。大概商店以内，无论何种营业，都把记账一事，看作重要的职务。除极小的商号外，普通有一人专负记账的责任。至于账簿的形式，虽无一定的标准，可是都要用很坚固的纸账，装订结实，每册页数，预先规定，皮面注明，并写出账簿名称和立账年月。记账所用之数字、码字，及习惯的省笔略字，必须字画明晰，而数字必要大写，以防涂改的弊病。若私自涂改或剜补，或偷扯张页，在商店以内，是大犯条规的事。学商者须要切记。结账之期，有以日结的，如流水账，每日总要结算一次；有以月结的，如各户往来的款项，多按月结清一次。至于内部营业的结算，每分端午、中秋、年节三个时候办理。年节更为总结算之期，无论对内对外，将全年各项收支的数目，一一揭清。商家对于记毕的账簿，必要加意保存，如有遗失，后来一遇纠葛，证据全无，可就吃亏不浅。各国对于保存账簿，法律上亦有规定。保存期限，多定为十年。我国商人通例，也是同样规定。

第三十八课　清单

无论大小商店，每到年终，总要揭账。揭账的结果，把一年内的共收共支，开列清单，报告股东。一个商店内，有几个股东，这清单就照抄几份，每一股东送给一份。清单的性质，和官厅的决算相同。商店一年的营业盈亏，一看清单，就能了然。现在商人的通例上所定的贷借对照表、损益表，这两种表合起来，就和清单一样。在商店一方面看来，清单是一年内的总报告；在股东一方面看来，清单是明悉一年内营业状况，及如何赔赚的根据。兹把清单的式样，举例如下：

清单式
外该：
存一宗贷出大洋四千元。
存一宗未卖货作大洋一千五百元。
存一宗货利大洋一千二百元。
存一宗钱利大洋四百元。
存一宗铺底家具作大洋一百元。
存一宗现大洋一千五百二十五元。
以上六宗共计大洋八千七百二十五元。
该外：
除一宗重伙薪金大洋三百一十五元。
除一宗火食杂废大洋二百三十六元。
除一宗欠外借贷大洋二千五百元。
除一宗欠外利息大洋二百元。
除一宗房租大洋二十四元。
除一宗上年余利大洋一千元。
除一宗福本大洋三千元。
以上七宗共计大洋七千二百七十五元。
本年净获利大洋一千四百五十元。

第三十九课　需要、供给的原则

人类生活问题，简单来说，无非是生产和消费两项。没有吃的饭，是不行的；没有穿的衣服，和住的房屋，是不行的。这吃的、穿的、住的，是从甚么地方来呢？无非是天然生下和人工制造罢了。这就是需要、供给发生的原因。生产少而消费多，换句话说，便是需要超于供给。生产多而消费少，换句话说，便是供给超于需要。需要、供给以两者相等为最好，一有超过，便失常度。这叫做需要供给的原则。商人是干甚么呢？就是把生产下的东西，送与消费的人消费。若是需要超于供给，市场上的货物必少，所谓缺者为贵，市价必要抬高。若是供给超于需要，市场上的货物必多，就要滞消。消路既不畅旺，势必减价出售，市价必因而降低。这是自然的道理。所以商人欲达营利的目的，必须随时注意需要、供给的标准。这个标准是什么？就是打量这一种货，今年可销售多少，我们照此标准贩卖去，不要过多了，也不要过少了。以上所说关于需要、供给的原则，固然是举其大纲，若论其详，还有许多小问题要研究。但不过千言万语，说来说去，亦只是求需要、供给的适合罢了。

第四十课　提倡国货

国货是甚么东西呢？就是自己国内所产生或制造的货物。无论那国人，都把他们本国的货物特别珍重，那么我们中国人，当然要把中国的货物，特别珍重，是不用说的。自从各国通商以来，外国货物，在我们中国销售，一天多似一天。到了现在，差不多用外国货的人，要比用本国货的人还多些。因此本国的金钱，大都流入了国外去了，根本原因，是由于我们的工业不发达。所以近来一般爱国的人，知道这种害处。提倡国货，先用两种方法：（一）赶紧研究工业，改良制造。（二）鼓吹裁厘加税，和改正关税的政策，及早实行。而在商人方面，也知以爱国为重，凡中国有的货物，他都要设法贩卖，去抵抗外货的销路，这是最可钦佩的。可是还有一部分不明大义、贪图小利的奸商，就是中国本有同样货物，他偏要贩卖外国的，只晓的多赚几个钱，却把国家放在脑后，道德搁过一边，这个实在不对的很。商人虽然是以求利为目的，但是要生财有道、见利思义。提倡国货这件事，自然要大家努力进行。而首当其冲的商人，更要注意实行才是。

参考文献

一、原始资料

《大公报》，1902—1948。

《东方杂志》，1904—1948。

《清实录》，中华书局，1986。

《申报》，1872—1949。

滨下武志等编：《山西票号资料集·书简》，日本东京大学东洋文化研究所，1990。

陈元晖编：《中国近代教育史资料汇编》，上海教育出版社，2007。

高春平主编：《国外珍藏晋商资料汇编》，商务印书馆，2013。

刘建民主编：《晋商史料集成》，商务印书馆，2018。

山西省晋商文化基金会编：《办布规程》，中华书局，2019。

山西省晋商文化基金会编：《交易须知》，中华书局、三晋出版社，2013。

山西省晋商文化基金会编：《民国商业课本　商人通识》，中华书局，2019。

山西省晋商文化基金会编：《商人要录　贸易须知》，中华书局、三晋出版社，2014。

山西省政协《晋商史料全览》编辑委员会编：《晋商史料全览·教化篇》，山西人民出版社，2006。

山西文史资料编辑部编：《山西文史资料全编》，山西人民出版社，1999。

山西文史资料编辑部编：《山西文史精选：建国前的山西教育》，山西高校联合出版社，1992。

舒新城编：《中国近代教育史资料》，人民教育出版社，1981。

王建军、潘杰、安志伟、刘涛主编：《清至民国山西杂字文献集刊》，广西师范大学出版社，2021。

王文素撰：《新集通证古今算学宝鉴》，清抄本。

王轩、杨笃等纂修：《（光绪）山西通志》卷八十二《荒政记》，清光绪十八年（1892年）刻本。

徐珂：《清稗类钞》，中华书局，1974。

中国第二历史档案馆编：《中华民国史档案资料汇编》第三辑《教育》，江苏古籍出版社，1991。

二、著作类

陈景磐：《中国近代教育史》，人民教育出版社，1979。

陈学文：《明清时期商业书及商人书之研究》，台北洪叶文化事业有限公司，1997。

董志坚：《商人快览》，上海锦章图书局，1924。

范金民：《明清商事纠纷与商业诉讼》，南京大学出版社，2007。

傅衣凌：《明清时代商人及商业资本》，人民出版社，1956。

郝锦花：《学制转轨与新旧之争——以20世纪前期的山西为例》，山西人民出版社，2010。

郝延平：《中国近代商业革命》，陈潮、陈任译，上海人民出版社，1991。

黄鉴晖：《明清山西商人研究》，山西人民出版社，2002。

李东福等：《山西教育史》，山西人民出版社，2010。

李琳琦：《徽商与明清徽州教育》，湖北教育出版社，2003。

李燧、李宏龄：《晋游日记　同舟忠告　山西票商成败记》，黄鉴晖校注，山西人民出版社，1989。

刘建生主编、郭三娟著：《晋商五百年·崇儒重教》，山西教育出版社，2021。

刘秋根：《江西商人长途贩运研究——〈江西商人经营信范〉解读》，河北大学出版社，2017。

刘玉梅、吕志茹：《中国近代教育史》，科学出版社，2017。

马敏：《商人精神的嬗变——近代中国商人观念研究》，华中师范大学出版社，2001。

穆雯瑛：《晋商史料研究》，山西人民出版社，2001。

邱澎生：《当法律遇上经济：明清中国的商业法律》，浙江大学出版社，2017。

山西省立商业专科学校编：《山西省立商业专科学校一览》，出版地不详，1932。

史若民等：《平、祁、太经济社会史料与研究》，山西古籍出版社，2002。

寺田隆信：《山西商人研究》，张正明等译，山西人民出版社，1986。

唐力行：《商人与中国近世社会》，商务印书馆，2003。

王振忠：《明清徽商与淮扬社会变迁》，上海人民出版社，2023。

吴承明：《中国资本主义与国内市场》，中国社会科学出版社，1985。

吴国荣：《清末民初职业教育研究》，中国社会科学出版社，2015。

吴玉琦：《中国职业教育史》，吉林教育出版社，1991。

许檀：《明清时期中国传统市场研究》，中华书局，2022。

阎广芬：《经商与办学——近代商人教育活动研究》，河北教育出版社，2001。

杨国强：《百年嬗蜕：中国近代的士与社会》，上海三联书店，1997。

杨丽萍：《近代中国商学兴起研究》，经济科学出版社，2012。

张海英：《走向大众的“计然之术”——明清时期的商书研究》，中华书局，2019。

张正明、张舒：《晋商兴衰史》，山西经济出版社，2010。

周山仁：《清末民初的山西教育：从传统到现代》，光明日报出版社，2016。

三、论文类

（一）期刊论文

卞利：《徽商与明清时期的社会公益事业》，《中州学刊》2004年第4期。

柴国珍：《明清山西商业教育摭论》，《太原师范学院学报（社会科学版）》2004年第4期。

陈学文：《从〈士商类要〉来看明代徽商经商之道》，《学术界》1994年第6期。

陈学文：《明清时期商业文化的代表作〈商贾便览〉——明清商书系列研究之十》，《杭州师范学院学报》1996年第3期。

邓亦兵：《清代前期的民商》，《中国经济史研究》1997年第4期。

段江波、朱贻庭：《试论明清社会的变迁及其商业伦理的发育》，《江苏社会科学》2011年第6期。

郭蕴静：《略论清代商业政策和商业发展》，《史学月刊》1987年第1期。

黄彩霞：《徽商的商业经营安全观述论——以徽商商业书为中心的考察》，《甘肃社会科学》2010年第6期。

李伯重：《中国全国市场的形成：1500—1840年》，《清华大学学报（哲学社会科学版）》1999年第4期。

李琳琦：《从谱牒和商业书看明清徽州的商业教育》，《中国文化研究》1998年第3期。

李琳琦：《明清徽州的蒙养教育述论》，《安徽师范大学学报（人文社会科学版）》2000年第3期。

李少华：《晋商的家庭教育》，《太原理工大学学报（社会科学版）》2008年第4期。

李媛媛：《从〈士商类要〉看明代徽州商业教育》，《黑龙江史志》2014年第23期。

刘建生、燕红忠：《晋商与传统文化》，《晋阳学刊》2002年第4期。

刘秋根、张丽：《商书所见清代晋商的商业教育理念——以〈劝号谱〉为中心》，《宁夏社会科学》，2020年第5期。

刘秋根、张强：《从“武氏家书”看晋商家庭教育》，《山西档案》2005年第4期。

刘永华：《清代民众识字问题的再认识》，《中国社会科学评价》2017年第2期。

刘毓庆：《中国历史上的三次商业革命浪潮及其启示》，《山西大学学报（哲学社会科学版）》2017年第3期。

邱澎生：《由〈商贾便览〉看十八世纪中国的商业伦理》，《汉学研究》2015年第3期。

森田明：《〈商賈便覧〉について——清代の商品流通に関する覚書》，《福岡大学研究所報》第16号，1972。

寺田隆信：《关于明清时代的商业书》，《东洋学》1968年第20号。

王日根、徐萍：《晚清杭州徽商所建新安惟善堂研究》，《安徽大学学报（哲学社会科学版）》2013年第6期。

王世华：《论明清徽商的职业教育》，《安徽师范大学学报（人文社会科学版）》2018年第1期。

王新田、汪立祥：《明清商人与教育》，《教育评论》1993年第4期。

王秀玲等：《明清时期晋商家族教育浅析》，《历史教学（高校版）》2007年第4期。

王振忠：《抄本〈便蒙习论〉——徽州民间商业书的一份新史料》，《浙江社会科学》2000年第2期。

王振忠：《徽州人编纂的一部商业启蒙书——〈日平常〉抄本》，《史学月刊》2002年第2期。

魏金玉：《介绍一商业书抄本》，《安徽师范大学学报（哲学社会科学版）》1991年第1期。

吴玉伦：《近代商业教育在清末的兴起》，《集美大学学报（教育科学版）》2008年第2期。

阎广芬：《试论明清时期商人与教育的关系》，《河北大学学报》2003

年第3期。

严雄飞：《清代民间教育的特点及其社会地位》，《北京理工大学学报（社会科学版）》2002年第4期。

殷俊玲：《晋商商业文化的新解读——新发现的〈生意论〉介绍及研究》，《历史档案》2005年第4期。

殷俊玲：《晋商学徒制习俗礼仪初考》，《山西大学学报（哲学社会科学版）》2005年第1期。

张崇旺：《试论明清商人的经营文化习俗》，《中国社会经济史研究》1999年第3期。

张海英：《从明清商书看商业知识的传授》，《浙江学刊》2007年第2期。

张海英：《明清社会变迁与商人意识形态——以明清商书为中心》，《复旦史学集刊》2005年第1期。

张明富：《明清商人投资文化教育述论》，《西南师范大学南学报（人文社科版）》1997年第4期。

张正明：《试论明清晋商文化》，《史学集刊》1997年第2期。

赵长贵：《明清行商所临风险及其规避》，《云南社会科学》2010年第6期。

郑淑蓉、吕庆华：《中国商学教育的历史演进》，《天津商业大学学报》2011年第3期。

朱华雄、杜长征：《中国近代商学教育的早期尝试与挫折——以武昌自强学堂为中心》，《高等教育研究》2012年第11期。

（二）学位论文

蔡晓梅：《探究教育对明清晋商兴衰的影响》，硕士学位论文，陕西师范大学，2015。

李和承：《明清传统商人区域化现象研究》，博士学位论文，台湾师范大学，1997。

刘莹：《明清时期晋商女子德育的内容、方式及特征》，硕士学位论文，山西师范大学，2013。

商雅琼：《论明清晋商的教育观》，硕士学位论文，华南师范大学，2007。

陶志叶：《1912—1937年山西省职业教育研究》，硕士学位论文，山西大学，2017。

汪婷婷：《明清徽商的商业教育研究》，硕士学位论文，南京师范大学，2016。

王瑛：《近代晋中商人的新式教育研究（1903—1937）》，硕士学位论文，山西师范大学，2014。

卫小明：《民国前期山西的职业教育研究（1911年—1937年）》，硕士学位论文，山西师范大学，2015。

闫彩丽：《清代晋商教育研究》，硕士学位论文，陕西师范大学，2011。

张敏：《清末民国时期鲁商教育研究》，硕士学位论文，华东师范大学，2016。